普通高等教育中医药类"十三五"规划教材
全国普通高等教育中医药类精编教材

针灸治疗学

（第3版）

（供针灸推拿学专业用）

主　编
高树中

副主编
孙忠人　赵吉平　杜元灏
冀来喜　王瑞辉　衣华强
　章　薇　赵　琛

上海科学技术出版社

图书在版编目(CIP)数据

针灸治疗学/高树中主编.—3版.—上海：上海科学技术出版社,2018.5(2025.1重印)
普通高等教育中医药类"十三五"规划教材　全国普通高等教育中医药类精编教材
ISBN 978-7-5478-3977-5

Ⅰ.①针… Ⅱ.①高… Ⅲ.①针灸疗法-中医学院-教材　Ⅳ.R245

中国版本图书馆CIP数据核字（2018）第080828号

针灸治疗学（第3版）
主编　高树中

上海世纪出版(集团)有限公司
上海科学技术出版社　出版、发行
（上海市闵行区号景路159弄A座9F-10F）
邮政编码201101　www.sstp.cn
常熟市兴达印刷有限公司印刷
开本787×1092　1/16　印张13.75
字数290千字
2009年9月第1版
2018年5月第3版　2025年1月第16次印刷
ISBN 978-7-5478-3977-5/R·1604
定价：30.00元

本书如有缺页、错装或坏损等严重质量问题，请向工厂联系调换

普通高等教育中医药类"十三五"规划教材
全国普通高等教育中医药类精编教材

专家指导委员会名单

(以姓氏笔画为序)

王　平	王　键	王占波	王瑞辉	方剑乔	石　岩
冯卫生	刘　文	刘旭光	严世芸	李灿东	李金田
肖鲁伟	吴勉华	何清湖	谷晓红	宋柏林	陈　勃
周仲瑛	胡鸿毅	高秀梅	高树中	郭宏伟	唐　农
梁沛华	熊　磊	冀来喜			

普通高等教育中医药类"十三五"规划教材
全国普通高等教育中医药类精编教材

编审委员会名单

名誉主任委员 洪　净

主　任　委　员 胡鸿毅

委　　　员 (以姓氏笔画为序)

王　飞　　王庆领　　李铁浪　　吴启南

何文忠　　张文风　　张宁苏　　张艳军

徐竹林　　唐梅文　　梁沛华　　蒋希成

编委会名单

主　编

高树中　（山东中医药大学）

副主编

孙忠人　（黑龙江中医药大学）	赵吉平　（北京中医药大学）
杜元灏　（天津中医药大学）	冀来喜　（山西中医药大学）
王瑞辉　（陕西中医药大学）	衣华强　（山东中医药大学）
章　薇　（湖南中医药大学）	赵　琛　（上海中医药大学）

编　委　（以姓氏笔画为序）

马文珠　（北京中医药大学）	马玉侠　（山东中医药大学）
王　颖　（辽宁中医药大学）	尹洪娜　（黑龙江中医药大学）
庄礼兴　（广州中医药大学）	杨　丹　（贵州中医药大学）
杨佃会　（山东中医药大学）	汪慧敏　（浙江中医药大学）
张庆萍　（安徽中医药大学）	邵素菊　（河南中医药大学）
郭太品　（云南中医药大学）	胡幼平　（成都中医药大学）
梁凤霞　（湖北中医药大学）	葛建军　（河北中医学院）

普通高等教育中医药类"十三五"规划教材
全国普通高等教育中医药类精编教材

前言

　　新中国高等中医药教育开创至今历六十年。一甲子朝花夕拾，六十年砥砺前行，实现了长足发展，不仅健全了中医药高等教育体系，创新了中医药高等教育模式，也培养了一大批中医药人才，履行了人才培养、科技创新、社会服务、文化传承的职能和使命。高等中医药院校的教材作为中医药知识传播的重要载体，也伴随着中医药高等教育改革发展的进程，从少到多，从粗到精，一纲多本，形式多样，始终发挥着至关重要的作用。

　　上海科学技术出版社于1964年受国家卫生部委托出版全国中医院校试用教材迄今，肩负了半个多世纪的中医院校教材建设和出版的重任，产生了一大批学术深厚、内涵丰富、文辞隽永、具有重要影响力的优秀教材。尤其是1985年出版的全国统编高等医学院校中医教材（第五版），至今仍被誉为中医教材之经典而蜚声海内外。

　　2006年，上海科学技术出版社在全国中医药高等教育学会教学管理研究会的精心指导下，在全国各中医药院校的积极参与下，组织出版了供中医药院校本科生使用的"全国普通高等教育中医药类精编教材"（以下简称"精编教材"），并于2011年进行了修订和完善。这套教材融汇了历版优秀教材之精华，遵循"三基""五性""三特定"的教材编写原则，同时高度契合国家执业医师考核制度改革和国家创新型人才培养战略的要求，在组织策划、编写和出版过程中，反复论证，层层把关，使"精编教材"在内容编写、版式设计和质量控制等方面均达到了预期的要求，凸显了"精炼、创新、适用"的编写初衷，获得了全国中医药院校师生的一致好评。

　　2016年8月，党中央、国务院召开了新世纪以来第一次全国卫生与健康大会，印发实施《"健康中国2030"规划纲要》，并颁布了《中医药法》和《〈中国的中医药〉白皮书》，把发展中医药事业作为打造健康中国的重要内容。实施创新驱动发展、文化强国、"走出去"战略以及"一带一路"倡议，推动经济转型升级，都需要中医药发挥资源优势和核心作用。面对新时期中医药"创造性转化，创新性发展"的总体要求，中医药高等教育必须牢牢把握经济社会发展的大势，更加主动地服务和融入国家发展战略。为此，精编教材的编写将继续秉持"为院校提供服务、为行业打造精品"的工作要旨,在全国中医院校中广泛征求意见,多方听取要求,全面汲取经验,经过近一年的精心准备工作,在"十三五"开局之年启动了第三版的修订工作。

本次修订和完善将在保持"精编教材"原有特色和优势的基础上,进一步突出"经典、精炼、新颖、实用"的特点,并将贯彻习近平总书记在全国卫生与健康大会、全国高校思想政治工作会议等系列讲话精神,以及《国家中长期教育改革和发展规划纲要(2010—2020)》《中医药发展战略规划纲要(2016—2030年)》和《关于医教协同深化中医药教育改革与发展的指导意见》等文件要求,坚持高等教育立德树人这一根本任务,立足中医药教育改革发展要求,遵循我国中医药事业发展规律和中医药教育规律,深化中医药特色的人文素养和思想情操教育,从而达到以文化人、以文育人的效果。

同时,全国中医药高等教育学会教学管理研究会和上海科学技术出版社将不断深化高等中医药教材研究,在新版精编教材的编写组织中,努力将教材的编写出版工作与中医药发展的现实目标及未来方向紧密联系在一起,促进中医药人才培养与"健康中国"战略紧密结合起来,实现全程育人、全方位育人,不断完善高等中医药教材体系和丰富教材品种,创新、拓展相关课程教材,以更好地适应"十三五"时期及今后高等中医药院校的教学实践要求,从而进一步地提高我国高等中医药人才的培养能力,为建设健康中国贡献力量!

教材的编写出版需要在实践检验中不断完善,诚恳地希望广大中医药院校师生和读者在教学实践或使用中对本套教材提出宝贵意见,以敦促我们不断提高。

全国中医药高等教育学会常务理事、教学管理研究会理事长

胡鸿毅

2016年12月

编写说明

针灸治疗学是研究和运用针灸方法治疗各科疾病的一门临床学科,是针灸医学的重要组成部分,也是对中医基础理论、中医诊断学、经络腧穴学、刺法灸法学等课程基本理论、基本知识、基本技能以及临床各科相关知识的综合运用。因此,学好本课程对于步入针灸临床实践具有重要的意义。

自在20世纪80年代针灸学专业从中医学专业分化出来后,各高等中医药院校针灸学专业使用的《针灸治疗学》主要有5个版本。最早的版本由南京中医药大学杨长森主编(上海科学技术出版社,1985年),突出的特点是较为传统简练;第二个版本由天津中医药大学石学敏主编(上海科学技术出版社,1998年),突出的特点是较为全面翔实;第三个版本由南京中医药大学王启才主编(中国中医药出版社,2002年),突出的特点是强调经络辨证,现代气息较为深厚;第四个版本由山东中医药大学高树中主编(上海科学技术出版社,2009年),突出的特点是精编实用,强调针灸自身临床特点;第五个版本是由山东中医药大学高树中、安徽中医药大学杨骏主编(中国中医药出版社,2012年、2016年),突出的特点是内容实用,强调针灸自身临床特点,并注重与现代临床的紧密结合。

本教材是《针灸治疗学》的第六个版本。在编写和修订过程中,遵照全国普通高等教育中医药类本科教材修订和完善的编写原则、基本要求,充分吸收和借鉴了前几版的教材特点,着重突出了以下几点:一是注重了针灸治疗学自身的特点和规律性,强调经络辨证、脏腑辨证和八纲辨证,阐述了经络辨证在针灸治疗学中的重要性和应用的规律性;二是注意了与《中医内科学》等中医临床学科教材,特别是与《针灸学》《经络腧穴学》《刺法灸法学》等针灸学教材的协调一致性和系统完整性;三是在教材的编写修订过程中,结合实际情况增加了部分内容,首先在针灸治疗原则中加入治神守气,疾病方面增加了痛风、面肌痉挛、肠易激综合征、小儿积滞、孤独症、湿疹、青光眼、鼻衄、肿瘤等疾病。本书为不同类专业的学生参加执业医师资格考试和考研等提供了方便。本教材适用于针灸推拿学专业本科学生使用,也可供其他各级各类学生学习和针灸临床医师参考使用。

本教材分为三篇。上篇为总论，是对针灸治疗学理论的总体论述；下篇是治疗各论，介绍了各科疾病的针灸治疗方法；附篇是参考资料，包括子午流注针法和灵龟八法、针灸临床研究进展。其中上篇由高树中、杨佃会编写，下篇治疗各论中的第二章头面躯体痛证由杜元灏、胡幼平编写，第三章内科病证由孙忠人、赵吉平、马文珠、葛建军、杨丹、衣华强、邵素菊、尹洪娜、马玉侠、赵琛编写，第四章妇儿科病证由汪慧敏、梁凤霞编写，第五章皮外骨伤科病证由王瑞辉编写，第六章五官科病证由冀来喜、杨佃会编写，第七章急症由章薇编写，第八章其他由庄礼兴编写，附篇第九章子午流注针法与灵龟八法由张庆萍编写，第十章针灸临床研究进展由王颖编写。全书由高树中、衣华强、马玉侠统稿。在此，对本书做出贡献的所有编写人员、相关资料的搜集整理人员、提供意见建议的人员一并表示衷心感谢！

在编写修订过程中，我们虽然一直本着时间服从质量，内容服从教学和临床的理念，尽心尽力地对教材精雕细琢，但由于水平所限，难免存在疏漏或不当之处，敬请读者提出宝贵意见，以便今后修订。

《针灸治疗学》编委会

2018年1月

上篇 总 论

第一章 针灸治疗总论 …… 3

第一节 针灸治疗原则 / 3
一、治神守气 / 3
二、补虚泻实 / 4
三、清热温寒 / 6
四、治标治本 / 6
五、三因制宜 / 7

第二节 针灸治疗作用 / 8
一、疏通经络 / 8
二、调和气血（扶正祛邪）/ 9
三、调和阴阳 / 9

第三节 针灸临床诊治特点 / 10
一、辨病诊治 / 10
二、辨证诊治 / 11
三、辨经诊治 / 11

第四节 针灸处方 / 12
一、穴位的选择 / 12
二、刺灸法的选择 / 14

第五节 特定穴的临床应用 / 15
一、五输穴的临床应用 / 15
二、原穴、络穴的临床应用 / 17
三、俞穴、募穴的临床应用 / 18
四、八脉交会穴的临床应用 / 19
五、八会穴的临床应用 / 19
六、郄穴的临床应用 / 19

七、下合穴的临床应用 / 20

八、交会穴的临床应用 / 20

下篇 治疗各论

第二章 头面躯体痛证 27

第一节 头痛 / 27

第二节 面痛 / 28

第三节 落枕 / 29

第四节 颈椎病 / 30

第五节 漏肩风 / 31

第六节 臂丛神经痛 / 32

第七节 肘劳 / 33

第八节 腰痛 / 34

第九节 坐骨神经痛 / 36

第十节 痹证 / 37

第十一节 膝骨性关节炎 / 38

第十二节 痛风 / 39

第三章 内科病证 41

第一节 中风 / 41

[附] 假性延髓麻痹 / 43

第二节 眩晕 / 43

[附1] 贫血 / 45

[附2] 白细胞减少症 / 46

第三节 高血压病 / 47

[附] 低血压 / 48

第四节 面瘫 / 49

第五节 面肌痉挛 / 50

第六节 痿证 / 51

第七节 癫病 / 52

第八节 狂病 / 53

第九节 痫病 / 54

第十节 震颤麻痹 / 56

第十一节 痴呆 / 57

第十二节 郁证 / 58

第十三节 不寐 / 59

［附］嗜睡 / 60

第十四节　心悸 / 61

第十五节　感冒 / 62

第十六节　咳嗽 / 63

第十七节　哮喘 / 65

第十八节　疟疾 / 66

第十九节　胃痛 / 67

［附］胃下垂 / 68

第二十节　呕吐 / 69

第二十一节　呃逆 / 70

第二十二节　腹痛 / 72

第二十三节　泄泻 / 73

第二十四节　痢疾 / 74

第二十五节　便秘 / 75

第二十六节　肠易激综合征 / 76

第二十七节　胁痛 / 78

第二十八节　黄疸 / 79

第二十九节　水肿 / 80

第三十节　癃闭 / 81

第三十一节　淋证 / 82

第三十二节　尿失禁 / 83

第三十三节　遗精 / 84

第三十四节　阳痿 / 85

［附］慢性前列腺炎 / 86

第三十五节　阳强 / 87

第三十六节　早泄 / 88

第三十七节　男性不育症 / 89

第三十八节　消渴 / 90

第三十九节　瘿病 / 91

第四章　妇儿科病证 93

第一节　月经不调 / 93

第二节　痛经 / 95

第三节　经前期紧张综合征 / 96

第四节　经闭 / 97

第五节　崩漏 / 98

第六节　绝经前后诸症 / 99

第七节　带下病 / 100

第八节 不孕症 / 101
第九节 胎位不正 / 102
第十节 妊娠恶阻 / 103
第十一节 滞产 / 104
第十二节 恶露不绝 / 105
第十三节 缺乳 / 106
第十四节 阴挺 / 107
第十五节 阴痒 / 108
第十六节 小儿惊风 / 109
第十七节 小儿积滞 / 110
第十八节 疳证 / 111
第十九节 遗尿 / 112
第二十节 小儿脑瘫 / 113
第二十一节 注意力缺陷多动症 / 114
第二十二节 孤独症 / 115

第五章 皮外伤科病证 ······ 116

第一节 瘾疹 / 116
第二节 蛇串疮 / 117
第三节 湿疹 / 118
第四节 痤疮 / 119
第五节 斑秃 / 120
第六节 神经性皮炎 / 121
第七节 扁平疣 / 122
第八节 疔疮 / 123
第九节 丹毒 / 124
第十节 腱鞘囊肿 / 125
第十一节 痄腮 / 126
第十二节 乳痈 / 127
第十三节 乳癖 / 128
第十四节 肠痈 / 129
第十五节 脱肛 / 130
第十六节 痔疮 / 131
第十七节 疝气 / 132
第十八节 急性腰扭伤 / 133
第十九节 急性踝关节扭伤 / 134

第六章 五官科病证 135

第一节 目赤肿痛 / 135
第二节 麦粒肿 / 136
第三节 眼睑下垂 / 137
第四节 眼睑𥆧动 / 138
第五节 近视 / 139
第六节 斜视 / 140
第七节 视神经萎缩 / 141
第八节 青光眼 / 142
第九节 耳聋、耳鸣 / 143
第十节 聤耳 / 144
第十一节 鼻鼽 / 145
第十二节 鼻渊 / 147
第十三节 咽喉肿痛 / 148
第十四节 牙痛 / 149
第十五节 口疮 / 150

第七章 急症 152

第一节 晕厥 / 152
第二节 虚脱 / 153
第三节 高热 / 154
第四节 抽搐 / 155
第五节 内脏绞痛 / 156
  一、心绞痛 / 156
  二、胆绞痛 / 157
  三、肾绞痛 / 158
第六节 出血症 / 159
  一、鼻衄 / 159
  二、咯血 / 160
  三、吐血 / 161
  四、便血 / 161
  五、尿血 / 162

第八章 其他 164

第一节 慢性疲劳综合征 / 164
第二节 戒断综合征 / 165

　　　　　　一、戒烟综合征 / 165
　　　　　　二、戒酒综合征 / 166
　　　　　　三、戒毒综合征 / 166
　　第三节　肥胖症 / 167
　　第四节　衰老 / 168
　　第五节　针灸美容 / 169
　　　　　　一、雀斑 / 169
　　　　　　二、黄褐斑 / 170
　　第六节　肿瘤 / 171

附篇　参考资料

第九章　子午流注针法与灵龟八法 ······ 175

　　第一节　子午流注针法 / 175
　　　　　　一、概述 / 175
　　　　　　二、子午流注针法的起源和沿革 / 176
　　　　　　三、子午流注针法的内容 / 177
　　　　　　四、子午流注推算法 / 180
　　第二节　灵龟八法 / 186
　　　　　　一、概述 / 186
　　　　　　二、灵龟八法的基本内容 / 186
　　　　　　三、灵龟八法的临床运用 / 187
　　【附】飞腾八法 / 189

第十章　针灸临床研究进展 ······ 191

　　　　　　一、神经系统及精神心理疾病 / 191
　　　　　　二、呼吸系统疾病 / 193
　　　　　　三、心血管系统疾病 / 193
　　　　　　四、消化系统疾病 / 195
　　　　　　五、泌尿、生殖系统疾病 / 196
　　　　　　六、运动系统疾病 / 197
　　　　　　七、内分泌系统疾病 / 198
　　　　　　八、妇产科疾病 / 199
　　　　　　九、皮肤科疾病 / 200
　　　　　　十、五官科疾病 / 200
　　　　　　十一、痛证 / 201
　　　　　　十二、其他病证 / 201

上篇

总论

第一章 针灸治疗总论

导学　本章是针灸治疗学的总论部分,包括针灸治疗原则、治疗作用、临床诊治特点、针灸处方和特定穴的临床应用等,是对针灸治疗学理论的总体论述。通过学习,要求掌握针灸治疗原则、治疗作用、经络辨证方法、选穴原则、配穴方法及特定穴的临床应用;熟悉针灸处方的组成。

针灸治疗学是在中医理论指导下,运用经络腧穴理论和刺灸方法,以治疗疾病的一门临床学科。具体而言,就是运用"四诊"诊察疾病以获取病情资料,以经络辨证为特色,结合脏腑和八纲辨证等方法,对于临床上各种不同的证候进行分析归纳,以明确疾病的病因、病位、病机和标本缓急,在此基础上进行相应的配穴处方,依方施术(或针或灸或针灸并用,或补或泻或平补平泻或补泻兼施),以通经脉、行气血、调脏腑、和阴阳,从而达到治疗疾病的目的。

第一节　针灸治疗原则

针灸治疗原则就是针灸治疗疾病时所必须遵循的基本法则,是确立治疗方法的基础。《灵枢·官能》说:"用针之服,必有法则。"针灸治疗的病种众多,针灸方法也多种多样,故从总体上把握针灸治疗原则具有化繁就简的重要意义。针灸治疗原则可概括为治神守气、补虚泻实、清热温寒、治标治本和三因制宜。

一、治神守气

治神守气是充分调动医者、患者双方积极性的关键措施。医者的治神守气,患者的意守感传,往往对诱发经气、加速气至、促进气行和气至病所起到决定性的作用。其中,医者应端正医疗作风,认真操作,潜心尽意,正神守气;患者应正确对待疾病,配合治疗,安神定志,意守感传。治神守气既能更好地发挥针灸疗法的作用,提高治疗效果,又能有效地防止针灸意外事故的发生。

(一) 治神
中医学的"神"是指整个人体功能活动的外在表现,是人的精神意识、思维活动以及脏腑、气血、津液外在表现的概括。治神是要求医者在针刺治疗中掌握和重视患者的精神状态和机体变化,主要包括两方面:一是在针灸操作过程中,医者专一其神,意守神气,患者神情安定,意守感传。二是指在施治前后注重调治患者的精神状态。治神对于针刺操作手法要求是否成功、针刺疗效能否提高都有其重要意义。

《素问·宝命全形论篇》记载的"凡刺之真,必先治神"及《灵枢·官能》记载的"用针之要,勿忘其神",意在强调"治神"在针刺中的重要性,旨在表明"治神"是针刺施治的基础和前提,在针刺治疗中居重要地位。而《灵枢·九针十二原》记载的"粗守形,上守神"也强调了"治神"在针刺治病过程中的重要性。可见,精神因素在针灸临床治疗中对医患双方都有密切关系。

(二)守气

气,主要指经气。守气,意即守住所得之气,主要包括两方面:一是要求医者仔细体察针下感应,并根据患者的变化及时施以手法,主要体现在行针过程中要专心致志,做到"神在秋毫,意属病者",一旦针下气至,就要"密意守气",做到"如临深渊,手如握虎"。二是要求患者专心体会针刺感应,配合医者治疗,促使气至病所,达到治疗目的。

在这些因素中,医者的治神守气,往往对诱发经气、加速气至、促进气行和气至病所起到决定性的作用。患者的意守感传,亦能为守气打下良好的基础。如能在医者进针、行针过程中配合做呼吸运动,其意守感传的效果会更好。

二、补虚泻实

补虚泻实即扶正祛邪。《素问·通评虚实论篇》说:"邪气盛则实,精气夺则虚。"其中,"虚"指正气不足,"实"指邪气有余。补虚就是扶助正气,泻实就是祛除邪气。疾病有虚实,针灸分补泻,如《灵枢·九针十二原》说:"凡用针者,虚则实之,满则泄之,菀陈则除之,邪胜则虚之……虚实之要,九针最妙,补写之时,以针为之。"《灵枢·经脉》亦言:"盛则写之,虚则补之……陷下则灸之,不盛不虚以经取之。"

(一)虚则补之

"虚则实之""虚则补之"意即治疗虚证用补法,适用于治疗各种虚弱性病证,如精神倦怠、肢软乏力、心悸气短、语声低微、自汗盗汗、面色苍白、形体消瘦、大便溏泄、遗尿或尿频,或肌肉萎缩、肢体瘫痪等。

临床上应用补法应注意以下几点:一是针灸方法的选择,针和灸皆可补可泻,但两者比较而言,针偏于泻,灸偏于补,故凡虚证(除阴虚外)皆可加灸。二是针灸补泻手法的选择,虚证当用补法,若偏于阳虚、气虚,针用补法,或用灸补法;偏于阴虚、血虚,针用补法,血虚也可用灸补法,但阴虚一般不宜用灸法;阴阳两虚则灸补为上,如《灵枢·官能》所言:"阴阳皆虚,火自当之。"此外,《灵枢·邪气藏府病形》曰:"诸小者,阴阳形气俱不足,勿取以针,而调以甘药也。"《灵枢·终始》也说:"如此者弗灸。"指出对六部脉小、阴阳营卫气血皆严重不足的病证,针灸并非是最好的治疗手段,当首先用甘味药物补益脾胃,以化生营卫气血,待营卫气血相对充足后再施以针灸。三是选用偏补的穴位,常取下腹部穴位如神阙、气海、关元,及其他穴性偏补的穴位如足三里、膏肓、命门、太溪等穴,对五脏虚证多用相应的背俞穴和原穴,也可用五输穴的生克补泻法选取相应的穴位。

（二）陷下则灸之

"陷下则灸之"之"陷下"，《内经》的本意主要有两个方面：一是指脉象，如《灵枢·九针十二原》说："凡将用针，必先诊脉，视气之剧易，乃可以治也。"此之"陷下"主要指脉象沉伏。《灵枢·禁服》："陷下者，脉血结于中，中有著血，血寒，故宜灸之。"唐代王冰注曰："脉虚气少，故陷下也。"明代张介宾注曰："沉伏不起也。"故脉之"陷下"主要见于血寒或气虚之证。二是指穴位，如《灵枢·经脉》说："实则必见，虚则必下，视之不见，求之上下。"意思是说实证在相应的穴位可见隆起，虚证在相应的穴位可见下陷。

"陷下则灸之"本意是说对脉象沉伏不起，或穴位处有凹陷者皆宜用灸法。其内在的病机是血寒，或经气亏虚。临床常见脾虚者多在脾俞、足三里有凹陷或按之虚软，肾虚者多在肾俞、太溪有凹陷或按之虚软，元气不足者多在气海、关元有凹陷或按之虚软，清阳不升者多在百会有凹陷，此类病证都可以用灸法治疗。

（三）实则泻之

"满则泄之""盛则写之""邪胜则虚之"意即实证用泻法，适用于邪气盛的病证（实证），如胸闷、腹胀、便结、尿闭、高热、中暑、神昏、惊厥、抽搐，以及各种原因引起的剧痛等病证。

临床上用泻法应注意以下几点：一是针灸方法的选择，一般多针少灸，或不灸。除毫针外，三棱针、皮肤针也较为常用。二是针刺补泻手法的选择，实证当用泻法。《灵枢·寿夭刚柔》说："有刺营者，有刺卫者……刺营者出血，刺卫者出气。"所以，对病在卫分的实证多用毫针浅刺出气，对病在营血的实证则必须刺后出血，以泻血分之邪。三是选用偏泻的穴位，多选用四肢末端和头面部的穴位，如十二井穴、十宣、水沟、耳尖、太阳等。

（四）菀陈则除之

"菀"同"瘀"，即瘀结、瘀滞之意。"陈"即"陈旧"，引申为时间长久、久病。"菀陈则除之"意即络脉瘀阻之类的病证用清除瘀血的刺血疗法，适用于病久入络，及跌仆损伤、毒蛇咬伤、丹毒、腱鞘囊肿等病证。

临床上运用刺血法应注意以下几点：一是针具的选择，一般多用三棱针或皮肤针，也可刺血后加拔罐。二是穴位的选择，一般多选局部络脉瘀阻处或反应点，及尺泽、委中、十二井、十宣等。如治疗痹证日久入络者，《灵枢·寿夭刚柔》说："久痹不去身者，视其血络，尽出其血。"再如痔疮，可挑刺腰骶部的反应点出血。

（五）不盛不虚以经取之

"不盛不虚"，《内经》的本意是指人迎脉与寸口脉大小相等（《内经》多以人迎脉和寸口脉大小的不同判别病在何经），说明其病与其他经脉无关，病在本经，如《灵枢·禁服》曰："不盛不虚以经取之，名曰经刺。"《难经·六十九难》曰："不盛不虚以经取之者，是正经自生病，不中他邪也，当自取其经，故言以经取之。"所以，"不盛不虚以经取之"并不是指病证本身无虚实，而是指本经自病，不涉及其他的经络或脏腑而言。本经自病，自当取本经穴。

临床上应用"不盛不虚以经取之"应注意以下几点：一是如何辨病在本经，《内经》所记载的通过对比人迎脉、寸口脉大小的不同，来辨别病在何经的方法已较少使用，但仍有深入研究的价值，现在临床一般根据经脉的循行及"是主……是动……所生病"来判定病在何经，可参见经络辨证一节。二是针刺补泻手法的选择，一般可用平补平泻手法。三是穴位的选取，一般以五输穴和原穴最为常用。

补虚泻实既是针灸治疗原则,又是针灸治病的重要方法,《灵枢·九针十二原》说:"无实无虚,损不足而益有余,是为甚病。"《灵枢·邪气藏府病形》亦说:"补写反则病益笃。"都明确指出补泻不可误用,勿犯虚虚实实之戒。对虚实夹杂或本虚标实之证,针灸应补泻兼施。

三、清热温寒

寒与热是表示疾病性质的两条纲领。在诸多疾病的演变过程中,都会出现寒热的变化。外来之邪或属寒或属热,侵入机体后或从热化或从寒化,人体的功能状态或表现为亢进或表现为不足,亢进则生热,不足则生寒。

"清热"就是热证用"清"法,"温寒"就是寒证用"温"法。《素问·至真要大论篇》云:"寒者热之,热者寒之,温者清之,清者温之。"这是关于清热温寒治疗法则的最早记录。《灵枢·经脉》说:"热则疾之,寒则留之。"这是针对热性病证和寒性病证制订的清热、温寒的针灸治疗原则。

(一)热则疾之

《灵枢·经脉》说:"热则疾之。"《灵枢·九针十二原》亦云:"刺诸热者,如以手探汤。""疾"与"急"相通,有快速针刺之义,"以手探汤"形象地描述了针刺手法的轻巧快速。"热则疾之"意即针灸治疗热证的原则是:浅刺疾出或点刺出血,手法宜轻而快,少留针或不留针,针用泻法。适用于各种热证的治疗,如发热、中暑、咽喉肿痛等病证。例如,风热感冒,常取大椎、曲池、合谷、外关等穴浅刺疾出,即可达清热解表的目的。若伴有咽喉肿痛者,可用三棱针在少商、商阳点刺出血,以加强泻热、消肿、止痛的作用。

(二)寒则留之

《灵枢·经脉》说:"寒则留之。"《灵枢·九针十二原》亦云:"刺寒清者,如人不欲行。""留"有留针之义,"人不欲行"形象地描述针刺手法应深而久留。指出寒性病证的治疗原则是深刺而久留针,以达温经散寒的目的。主要适用于各种寒证的治疗,如风寒湿痹为患的肌肉、关节疼痛和寒邪入里之证等。若寒邪在表,留于经络者,艾灸施治最为相宜;若寒邪在里,凝滞脏腑,则针刺应深而久留,或配合施行"烧山火"复式针刺手法,或加用艾灸,以温针法最为适宜。

在临床上热证与寒证的表现往往是错综复杂、变化多端的,如有表热里寒或表寒里热,有上热下寒或下热上寒等,故温热清寒的治则应灵活掌握,若寒热相间当温清并用。如素体阳虚又外感风热之证,既有发热、咽喉肿痛等风热表证,又有脘腹冷痛、大便泄泻等里寒证,则可外清手太阴、阳明表热,毫针浅刺曲池、合谷、列缺、外关、大椎等穴,内温足太阴、阳明之寒,取足三里、中脘等穴,针用补法或用灸法。

四、治标治本

"标""本"是一个相对的概念,在中医学中具有丰富的内涵,可以说明病变过程中各种矛盾的主次关系。例如,从正邪双方而言,正气为本,邪气为标;从病因与症状而论,病因为本,症状为标;从疾病的先后来看,旧病、原发病为本,新病、继发病为标。

《素问·标本病传论篇》云:"病有标本,刺有逆从,奈何?……知标本者,万举万当,不知标本,是谓妄行。"明确指出治标治本是重要的针灸治疗原则,强调了标本理论对指导针灸临床具有重要意义。对于如何治标与治本,《灵枢·病本》云:"谨详察间甚,以意调之,间者并行,甚者独行。"概而言之,治标治本的基本原则是:急则治标,缓则治本,标本同治。

(一) 急则治标

急则治标就是当标病急于本病时,首先要治疗标病,这是特殊情况下采取的一种权宜之法,目的在于抢救生命或缓解疾病患者的急迫症状,为治疗本病创造有利的条件。《灵枢·病本》曰:"先病而后中满者,治其标……大小便不利,治其标。"例如,不论任何原因引起的昏迷,都应先针刺水沟,在患者恢复意识时再根据本病的情况选择相应的治疗;由于某些原因引起的小便潴留,应首先针刺中极、膀胱俞、水道、秩边、委阳,急利小便,然后再根据疾病的发生原因从本论治。

(二) 缓则治本

在大多数情况下,治疗疾病都要坚持"治病求本"的原则。即正虚者固其本,邪盛者祛其邪;治其病因,症状可除;治其先病,后病可解。这就是"伏其所主,治其所因"的深刻含义。缓则治本尤其对于慢性病和急性病的恢复期有重要的指导意义。如肾阳虚引起的五更泄,泄泻为标,肾阳不足为本,治宜灸气海、关元、命门、肾俞以温补肾阳,肾阳得温则泄泻自止。再如脾胃虚弱、气血化生不足而引起的月经量少或闭经,月经量少或闭经为标,脾胃虚弱为本,治宜针灸足三里、三阴交、血海、中脘以补益脾胃,脾胃和气血足,则月经自调。

(三) 标本同治

当标病和本病处于俱重或俱缓的状态时,应当采取标本同治的方法。如体虚感冒,应当益气解表,其中益气为治本,解表为治标,宜补足三里、气海、关元,泻合谷、风池、列缺以达到益气解表的目的。再如肾虚腰痛,治当补肾壮腰、通络止痛,可取肾俞、大钟补肾壮腰以治本,取阿是穴、委中通络止痛以治标。

五、三因制宜

"三因制宜"是指因人、因地、因时制宜,即根据治疗对象、季节(包括时辰)、地理环境等具体情况制订相应的治疗方法。

(一) 因人制宜

即根据患者的性别、年龄、体质等不同特点而制订适宜的治疗方法,是三因治疗方案的决定性因素。人体由于性别、年龄不同,生理功能和病理特点也不相同,针灸治疗方法也有差别。如妇人以血为用,在治疗妇人病时要多考虑调理冲脉(血海)、任脉等。此外,患者个体差异更是决定针灸治疗方法的重要因素,如体质虚弱、皮肤薄嫩、对针灸较敏感者,针刺手法宜轻;体质强壮、皮肤粗厚、针感较迟钝者,针刺手法可重些。正如《灵枢·逆顺肥瘦》所言:"体质壮大,血气充盈,肤革坚固,因加以邪,刺此者,深而留之……婴儿者,其肉脆,血少气弱,刺此者,以毫针,浅刺而疾发针,日再可也。"

(二) 因地制宜

由于地理环境、气候条件不同,人体的生理功能、病理特点也有所区别,治疗应有差异。如在寒冷的地区,治疗多用温灸,且应用壮数较多;在温热地区,应用灸法较少。正如《素问·异法方宜论篇》指出:"北方者……其地高陵居,风寒冰冽。其民乐野处而乳食,藏寒生满病,其治宜灸焫……南方者……其地下,水土弱,雾露之所聚也,其民嗜酸而食胕,故其民皆致理而赤色,其病挛痹,其治宜微针。"

(三) 因时制宜

四时气候的变化对人体的生理功能和病理变化有一定影响。《难经·七十难》认为:"春夏者,阳气在上,人气亦在上,故当浅取之;秋冬者,阳气在下,人气亦在下,故当深取之。"春夏之季,阳气升发,人体气血趋向体表,病邪伤人多在浅表,多宜浅刺;秋冬之季,人体气血潜藏于内,病邪伤人多在深部,多宜深刺。所以,在应用针灸治疗疾病时,考虑患病的季节和时辰有一定意义。子午流注针法就是根据人体气血流注盛衰与一日不同时辰的相应变化规律而创立。因时制宜还包括针对某些疾病的发作或加重规律而选择恰当的治疗时机。如精神疾患多在春季发作,故应在春季之前进行治疗;乳腺增生患者常在经前乳房胀痛较重,治疗也应在经前1周开始;针治疟疾则应"先发如食顷乃可以治,过之则失时也"。

第二节 针灸治疗作用

针灸可以治疗内外妇儿五官等各科疾病,治疗作用也各不相同,如针灸可以治疗失眠,说明针灸有镇静安神作用;可以治疗各种疼痛,说明针灸有止痛作用;可以治疗咳喘,说明针灸有止咳平喘的作用。从西医学角度说,针灸可以治疗变态反应性疾病,说明针灸有抗过敏作用;可以治疗扁桃体炎、乳腺炎、阑尾炎等炎性疾病,说明针灸有消炎作用。《灵枢·九针十二原》云:"知其要者,一言而终。"概括地讲,针灸众多的治疗作用都是通过疏通经络、调和气血、协调阴阳而实现的。张景岳云:"医道虽繁,可一言以蔽之,曰阴阳而已。"针灸的治疗作用虽多,也可用"通""调"两字来概括。"通"即疏通经络,"调"即调和气血(扶正祛邪)、调和阴阳。

一、疏通经络

经络"内属于府藏,外络于肢节",运行气血是其主要生理功能之一。经络功能正常时,气血运行通畅,脏腑器官、体表肌肤和四肢百骸得以濡养,起着"内溉府藏,外濡腠理"的生理功能。

若经络功能失常,气血运行受阻,则会影响人体正常的生理功能,出现病理变化而引起疾病的发生。在发生疾病时,经络就成为传递病邪和反映病变的途径。《素问·皮部论篇》说:"邪客于皮,则腠理开,开则邪入客于络脉;络脉满则注于经脉;经脉满则入舍于府藏也。"这里明确指出,当外邪侵犯人体时,如果经脉功能失常,则病邪可以通过经络逐渐侵入内脏;反之,当内脏发生疾患时,可以通过经络在体表的一定部位有所反应,如出现压痛点、结节、皮肤颜色改变等。

针灸疏通经络作用就是可使瘀阻的经络通畅而发挥其正常生理功能,这是针灸最基本和最直接的治疗作用。正如《灵枢·经脉》所言:"经脉者,所以能决死生,处百病,调虚实,不可不通。"《灵枢·刺节真邪》亦云:"用针者,必先察其经络之实虚……一经上实下虚而不通者,此必有横络盛加于大经,令之不通,视而写之,此所谓解结也。""解结"就是疏通经络的意思。

二、调和气血(扶正祛邪)

气血是构成人体和维持人体生命活动的基本物质。人之生以气血为本,人之病无不伤及气血,而经络是运行气血的通道,穴位和经络也是邪气入侵和传变的重要部位与途径,此即《灵枢·九针十二原》所言之"神客在门",《灵枢·小针解》释曰:"神者,正气也;客者,邪气也;在门者,邪循正气之所出入也。"针灸相关的经络、穴位,通过补虚泻实,既可以调和人体自身的气血,又可以祛除入侵的病邪,起到扶正祛邪的作用。所以,《灵枢·九针十二原》说:"欲以微针通其经脉,调其血气,营其逆顺出入之会,令可传于后世。"

针灸治病不外乎扶助正气和祛除邪气两个方面,故《灵枢·刺节真邪》说:"用针之类,在于调气。"《灵枢·终始》也说:"凡刺之道,气调而止。"对于邪气有余的实证,当用泻法以调气,邪祛则气自调;对于正气不足的虚证,当用补法以调气,正气足则气自调。

针灸调和气血、扶正祛邪的作用也是通过疏通经络来实现的。《灵枢·九针十二原》说:"经脉十二,络脉十五,凡二十七气以上下。""所言节者,神气之所游行出入也。"说明十二经脉、十五络脉和经穴主要是运行气的,而络脉除十五络外主要是运行血的,故有"经主气,络主血"之说。临床上用针灸调和气血也有调气、调血、调气血的不同,如《素问·三部九候论篇》说:"经病者治其经,孙络病者治其孙络血,血病身有痛者治其经络。"若病在气,以调经脉为主;若病在血,以调络脉为主;若病在气血,应经络并调。

三、调和阴阳

阴阳失调是疾病发生、发展的根本原因,调和阴阳是针灸治病的最终目的,故《灵枢·根结》曰:"用针之要,在于知调阴与阳。调阴与阳,精气乃光。"《素问·至真要大论篇》也说:"调气之方,必别阴阳。""谨察阴阳所在而调之,以平为期。"如阴虚阳亢所致的眩晕,当针补肾俞、太溪以滋阴,针泻风池、太冲以潜阳,使阴阳调和,则眩晕自止。

针灸调和阴阳的作用与针刺手法密切相关。《灵枢·终始》曰:"阴盛而阳虚,先补其阳,后写其阴而和之;阴虚而阳盛,先补其阴,后写其阳而和之。"例如,阴盛阳虚可见癫病、嗜睡,阳盛阴虚可见狂躁、失眠,针灸临床均可取阴跷脉气所发穴照海和阳跷脉气所发穴申脉治疗。属阴盛阳虚的癫病、嗜睡,应补申脉、泻照海(补阳泻阴);属阳盛阴虚的狂病、失眠,应补照海、泻申脉(补阴泻阳)。

《素问·阴阳应象大论篇》说:"善用针者,从阴引阳,从阳引阴。"指出针灸治疗疾病,除了用补阴泻阳(阴虚阳盛病证)、泻阴补阳(阳虚阴盛病证)的常规治法外,擅长用针者还可以采取从阴治阳、从阳治阴的方法。如治疗脏腑病,因五脏属阴,六腑属阳,背为阳,腹为阴,故五脏病多取相应的背俞穴,即属于从阳引阴;六腑病多取腹部相应的募穴,即属于从阴引阳。

综上所述,针灸的治疗作用实际上就是对机体的良性双向调节作用——通调经络气血,调节脏腑阴阳。其治疗作用的发挥与机体状态、针灸补泻手法、腧穴的特异性、针灸用具的选择、治疗时间等因素密切相关,是以上多种主客观因素综合作用的结果。其中,机体状态这一内在因素在针灸治疗过程中起重要作用——机体在不同的病理状态下,针灸可以产生不同的治疗作用。如机体处于虚证状态时针灸可以起到补虚的作用,机体处于实证状态时针灸可以起到泻实的作用;心动过速者针内关、通里能使之减慢,心动过缓者针内关、通里能使之加快,对正常心率者针内关、通里则心率无明显变化;便秘者针天枢可通便,泄泻者针天枢可止泻,这说明针灸治疗作用的实质是激发、调动和增强了机体本身所固有的自我调节能力。

第三节　针灸临床诊治特点

中医学辨证论治内容丰富，就针灸学科而言，其辨证论治有鲜明的特点，即不仅要辨病、辨证，更要辨经。要将八纲、脏腑、经络等辨证方法紧密结合，分析疾病的病因病机，归纳疾病的病位病性，即确定病位是在脏还是在腑，是在经还是在络，分析病性是属寒还是属热，是属虚还是属实，是属阴还是属阳；然后作出正确的诊断和治疗，使理、法、方、穴、术丝丝相扣，一线贯穿。只有如此，才能如《灵枢·官能》所言："得邪所在，万刺不殆。"

一、辨病诊治

经络内连脏腑，外络肢节。从经络的角度看，疾病虽多，但大体可以分为在内的脏腑病和在外的经络肢节病。在针灸临床进行诊治时，即应首先将这两大类病分辨清楚，如果是脏腑病则宜用脏腑辨证的方法为主辨其病在何脏何腑，如果是经络肢节病则需用经络辨证的方法进行辨经。

脏腑病有其相同的用穴规律。不论是何种脏腑病，都可以取其原穴、背俞穴和募穴进行治疗。如《灵枢·九针十二原》说："凡此十二原者，主治五藏六府之有疾者也。"俞募穴也是治疗脏腑病较为常用的腧穴，根据"从阴引阳，从阳引阴"的原则，临床上六腑病多用募穴，五脏病多用背俞穴。此外，治疗六腑病最常用的是下合穴，如胃痛、胃痞、胃反、呕吐等都属于胃病，皆可用足三里；泄泻、便秘、肠痈等都属于大肠病，皆可用上巨虚。《灵枢·邪气藏府病形》说的"合治内府"就是指下合穴而言。概之，五脏病首取背俞穴或原穴，也常用募穴，可单独使用也可以配合使用；六腑病首取下合穴或募穴，也常用背俞穴。而五脏六腑的急性病，则多取郄穴，如急性胃痛可取胃经的郄穴梁丘，急性哮喘可取肺经的郄穴孔最等。

如果脏腑病表现为明显的实证或虚证时，还可结合五输穴的生克补泻法选取相应的五输穴，如肝虚补曲泉、肝实泻行间等。

以肺为例，肺居胸中，为五脏六腑之华盖，主气，司呼吸，朝百脉，主治节，且肺开窍于鼻，系于气管、咽喉，外合皮毛。若肺功能失常，则临床上多表现为咳嗽、哮喘、咳血、胸闷、胸痛等症状，治疗时可以选取肺俞、中府、太渊等为主穴，再随症加减。同时，由于内在脏腑与外在的官窍、形体通过经络密切联系，官窍、形体的病变可以说是脏腑病变的外在反映。所以在治疗上，除了取局部相应的穴位外，还可以取相应脏腑所属经的穴位。如肺开窍于鼻，外合皮毛，对于鼻塞、流涕、鼻衄等症状，可以取局部的穴位，同时加上肺经的穴位，如太渊、列缺、孔最等。

此外，脏腑的阴阳、五行属性决定了它们之间在生理、病理上有着千丝万缕的联系，在针灸治疗取穴时既要照顾到原病之脏腑，又要兼顾与病情有关的脏腑。以肝和胃为例，肝五行属木，胃五行属土，当胃痛是因为肝气犯胃所致时，除了有胃脘疼痛、呃逆、呕吐、食少纳呆等症状外，尚有胃痛连及两胁、喜叹息、在情绪不佳时加重等特点，临床治疗时，除了常规取穴外，还应取肝经的期门、太冲穴以疏肝理气、和胃止痛。同时，根据中医治未病和先安未受邪之地的思想，治肝之时也要注意顾护脾胃，如《灵枢·五邪》所说："邪在肝，则两胁中痛……取之行间以引胁下，补三里以温胃中。"

二、辨证诊治

在针灸临床上用针灸疗法治疗疾病时,不仅要通过辨病知其是脏腑病还是经络肢节病,还要进一步结合八纲辨证辨其阴阳、表里、寒热、虚实,从而确定具体的治疗方法和补泻手法。

1. **阴阳** 针和灸各有所长,如《灵枢·官能》说:"针所不为,灸之所宜……阴阳皆虚,火自当之。"一般情况下,阳证多用针,阴证多用灸;如果证属阴阳两虚,也多选用灸法。

2. **表里** 《素问·刺要论篇》说:"病有浮沉,刺有浅深,各至其理,无过其道。"病有表里之别,刺有深浅之分,总宜刺至患部。如皮肤病病在皮肤,宜浅刺;腰椎间盘突出症针刺夹脊穴应深刺至骨,过深、过浅皆属不当。《素问·刺齐论篇》所说"刺骨者无伤筋,刺筋者无伤肉,刺肉者无伤脉,刺脉者无伤皮,刺皮者无伤肉,刺肉者无伤筋,刺筋者无伤骨"和《灵枢·终始》所言"在骨守骨,在筋守筋"皆是此意。

3. **寒热** 一般而言,寒属阴多用灸法,热属阳多用针法。此外,热证宜"热则疾之""刺诸热者,如以手探汤",寒证宜"寒则留之""刺寒清者,如人不欲行"。具体方法见本章第一节中"清热温寒"篇。

4. **虚实** "盛则写之,虚则补之"是其基本原则,具体方法详见本章第一节中"补虚泻实"篇。针灸临床辨虚实有以下独特的方法和鲜明的特点:一是通过诊察经络穴位辨虚实。《灵枢·经脉》言:"实则必见,虚则必下,视之不见,求之上下。"说的就是疾病的虚实可在相应的经络穴位上反映出来,如脾胃虚弱患者的脾俞、足三里多呈现凹陷或按之虚软,肝火旺患者的肝俞多有隆起等。二是通过脉象辨虚实,如《灵枢·九针十二原》说:"凡将用针,必先诊脉,视气之剧易,乃可以治也。"三是通过针下辨气辨虚实。如《灵枢·九针十二原》说的"上守神""上守机",以及《灵枢·终始》所说"邪气来也紧而疾,谷气来也徐而和"等都是针下辨气之意。

三、辨经诊治

针灸是通过经络穴位而起作用的,故针灸临床除了辨病和辨证外,还必须辨经,进一步确定病与何经相关,应该取何经何穴进行治疗。经络证治是针灸临床最重要、最鲜明的诊疗特点,其重要性恰如窦材《扁鹊心书》所言:"学医不明经络,开口动手便错。"辨经主要有以下方法。

(一) 病候辨经

辨经主要根据《灵枢·经脉》篇中记载的十二经脉各有"是动则病……"和"是主某所生病"的病候内容进行,意指各经脉既有其循行所过部位的外经病证,又有其相关的脏腑病证,而此经脉变动就出现有关的病候,可以取此经脉腧穴来治疗。以脾经病证为例,在《灵枢·经脉》记载:"是动则病,舌本强,食则呕,胃脘痛,腹胀善噫,得后与气则快然如衰,身体皆重。是主脾所生病者,舌本痛,体不能动摇,食不下,烦心,心下急痛,溏、瘕、泄、水闭、黄疸,不能卧,强立股膝内肿厥,足大指不用。"在临床上如果出现以上病候,就可辨归为脾经病,就可以取脾经的穴位进行治疗。

(二) 病位辨经

经络系统遍布全身内外上下,不论是内在的脏腑还是外在的肢节,都有不同的经络通过,故对于有明确和固定部位的病证,都可以根据患病部位有哪条或哪几条经络通过而辨其与何经相关,治疗时就可取其相关经脉的腧穴。故《灵枢·卫气》说:"能别阴阳十二经者,知病之所生;候虚实之所在者,能得病之高下。"

如头痛,因为阳明经行于前额,故前额头痛就可辨为阳明头痛;少阳经行于头侧部,故偏头痛可辨为少阳头痛;太阳经行于后项部,故后头痛可辨为太阳头痛;足厥阴肝经与督脉会于巅顶部,故巅顶头痛可辨为厥阴头痛。针灸治疗时即可取相关经脉腧穴,如巅顶头痛可针双太冲穴,常有针入痛缓之效。

对于颈肩腰腿等肢节的病痛,应仔细循按检查病变部位以辨经,如《灵枢·刺节真邪》所说:"用针者,必先察其经络之实虚,切而循之,按而弹之,视其应动者,乃后取之而下之。"仔细诊察患病部位出现的异常反应是在哪条经脉循行线上,就可辨为该经的病证。这些常见的异常反应包括疼痛、压痛、结节或条索状物、局部隆起(属实证),或者局部凹陷、按之虚软等(属虚证)。

对于脏腑病,也可结合患病脏腑所联系的经络进行辨经。如足阳明胃经属胃络脾,足太阴脾经属脾络胃,故脏腑病除选用以上所说原穴、背俞穴、募穴和下合穴等特定穴外,还可以取其所属经脉及其表里经脉或所过经脉的腧穴,如胃痛,既可以取胃经的足三里、梁丘等穴,也可以取脾经的公孙等穴,因为肝经挟胃,因此对于肝气犯胃的胃痛还应取期门、太冲等肝经腧穴;反之,脾虚泄泻,既可以取脾经的阴陵泉、三阴交等穴,也可以取胃经的足三里、上巨虚等穴。

对于疮疡痈疖等外科病证,古代医家常按发病部位进行辨经论治,不仅可以提高临床疗效,而且对判断预后也有一定参考价值。故《扁鹊心书》说:"昔人望而知病者,不过熟其经络故也。"

随着现代科学技术的发展,也可以应用经络电测定、知热感度测定等现代科技手段进行辨经。

辨经即是辨经络,确切地讲,辨经络包含两个层次的内容,一是辨在经还是在络,二是辨在何经何络。以痹证为例,《灵枢·寿夭刚柔》说:"有刺营者,有刺卫者,有刺寒痹之留经者。"寒痹既有"留经"者,也有"留络"者,对痹证"留络"者的诊断和治疗方法,《灵枢·寿夭刚柔》后面还有一句话:"久痹不去身者,视其血络,尽出其血。"可见辨别疾病是否在络有一个重要的方法,就是看体表有无肉眼可见的血络(小静脉),如果有则表明病在络脉,治疗当刺络出血。《灵枢·周痹》所说:"故刺痹者,必先切循其下之六经,视其虚实,及大络之血结而不通,及虚而脉陷空者而调之。"就是辨痹证在何经何络。

第四节　针灸处方

针灸处方是在分析病因病机、明确辨证立法的基础上,选择适当的腧穴和刺灸法组合而成。作为针灸临床治疗的实施方案,处方是否得当,直接关系到治疗效果的优劣。因此,针灸处方必须在中医学基本理论和针灸治疗原则的指导下,根据各种刺灸法的特点和腧穴的特异性,严密组合,做到配穴精练,方法得当,以更好地发挥针灸的治疗作用。针灸处方包括两大要素,即穴位和刺灸法。

一、穴位的选择

腧穴是针灸处方的第一组成要素。选取适当的腧穴是配穴的先决条件,人体每个穴位都有相对的特异性,其主治功能不尽相同。只有根据经络、腧穴理论,结合临床具体实践,掌握取穴的一般原则,才能合理地选取适当的腧穴,为正确拟订针灸处方打下基础。穴位的选择应遵循基本的选穴原则和配穴方法。

(一) 选穴原则

选穴原则是临证选取穴位应遵循的基本法则,包括近部选穴、远部选穴、辨证选穴和对症选穴。近部、远部选穴是主要针对病变部位而确立的选穴原则,辨证、对症选穴是针对疾病表现出的证候或症状而确立的选穴原则。

1. **近部选穴** 这是指选取病痛的所在部位或邻近部位腧穴的方法。这一取穴原则是根据腧穴普遍具有的近治作用的特点而来的,体现了"腧穴所在,主治所在"的治疗规律。例如,眼病取睛明,耳病取听宫,鼻病取迎香,胃痛取中脘,膝痛取膝眼等,皆属于近部选穴。

近部选穴适用于所有病证,尤以经筋病和筋骨病最为常用,如《灵枢·经筋》指出治疗经筋病的基本原则是"以知为数,以痛为输"。《素问·调经论篇》也说"病在筋,调之筋;病在骨,调之骨;燔针劫刺其下及与急者"。这些都说明经筋病和筋骨病皆应以局部选穴为主,如面瘫属阳明经筋病,宜首取面部穴位;颈椎病、腰椎间盘突出症、膝骨性关节炎、网球肘、踝关节扭伤等筋骨病也都应取局部穴位为主。

2. **远部选穴** 这是指选取距离病痛较远处部位腧穴的方法。这一取穴原则是根据腧穴具有远治作用的特点而来的,体现了"经脉所通,主治所及"的治疗规律。例如,耳鸣取中渚,胃痛取足三里,巅顶头痛取太冲,久痢、脱肛取百会,急性腰痛取水沟等,均为远部选穴的具体应用。

远部选穴在针灸临床上应用十分广泛,尤以在四肢肘、膝关节以下选穴,用于治疗头面、五官、躯干、脏腑病证最为常用。《灵枢·终始》所说的"病在上者下取之,病在下者高取之,病在头者取之足,病在腰者取之腘"都属于远部选穴。"四总穴歌"之"肚腹三里留,腰背委中求,头项寻列缺,面口合谷收"更是远部选穴的典范。

3. **辨证选穴** 这是根据疾病的证候特点,分析病因病机而辨证选取穴位的方法。临床上有些病证,如发热、昏厥、虚脱、癫狂、失眠、健忘、嗜睡、多梦、贫血、月经不调等均属于全身性病证,因无法辨位,不能应用上述按部位选穴的方法。此时,就必须根据病证的性质进行辨证分析,将病证归属于某脏腑或经脉,然后再按经选穴。例如,失眠,若心肾不交者,归心、肾两经,应在心、肾两经选穴,可取神门、太溪;属心胆气虚者,归心、胆两经,应在心、胆两经选穴,可取神门、丘墟;属心脾两虚者,归心、脾两经,应在心、脾两经选穴,可取神门、三阴交。也可根据辨证所属的脏腑,取相应的背俞穴,如心脾两虚者也可取心俞、脾俞等。

4. **对症选穴** 这是根据疾病的特殊症状而选取穴位的方法,是腧穴特殊治疗作用及临床经验在针灸处方中的具体应用,也称经验选穴。如哮喘选定喘穴,虫证选百虫窝,腰痛选腰痛点,落枕选外劳宫,小儿疳积取四缝,面瘫取牵正,痔疮取二白,目赤取耳尖,发热取大椎,痰多取丰隆等。

(二) 配穴方法

配穴方法就是在选穴原则的指导下,针对疾病的病位、病因病机等,选取主治相同或相近、具有协同作用的腧穴加以配伍应用的方法。其目的在于加强腧穴之间的协同作用,相辅相成,提高治疗效果。具体的配穴方法,主要有按部配穴和按经配穴两大类。

1. **按部配穴** 这是结合机体腧穴分布的部位进行腧穴配伍的方法,主要包括上下配穴法、前后配穴法、左右配穴法。

(1) 上下配穴法:这是指将腰部以上或上肢腧穴和腰部以下或下肢腧穴配合应用的方法,在临床上应用较为广泛。如风火牙痛,上取合谷,下取内庭;胸腹满闷,上取内关,下取公孙;脱肛,上取百会,下取长强;咽喉疼痛,上取列缺,下取照海;颈椎病,上取后溪,下取申脉等。

(2) 前后配穴法:又称"腹背阴阳配穴法",是指将人体前部或后部的腧穴配合应用的方法,主要指将胸腹部和背腰部的腧穴配合应用,在《内经》中称"偶刺"。此法多用于治疗脏腑和躯干病证,俞募配穴法亦属于此法。如胃病,前取中脘,后取胃俞;便秘,前取天枢,后取大肠俞;咳嗽、气喘,前取天突、膻中,后取肺俞、定喘;中风失语,前取廉泉,后取哑门;脊柱强痛,前取水沟,后取脊中等。

(3) 左右配穴法:这是指将人体左侧和右侧的腧穴配合应用的方法。本方法是基于人体十二经脉左右对称分布和部分经脉左右交叉的特点总结而成的。临床应用时,一般左右穴同时取用,以加强协同作用,如胃痛可选双侧足三里、内关、公孙等。当然左右配穴法并不局限于选双侧同一腧穴,如左侧面瘫可选同侧的太阳、颊车、地仓和对侧的合谷。

2. 按经配穴　这是按经脉的理论和经脉之间的联系进行腧穴配穴的方法,临床上常用的有本经配穴法、表里经配穴法、同名经配穴法。

(1) 本经配穴法:这是指某一脏腑、经脉发生病变时,即选某一脏腑经脉的腧穴配成处方。如肺病咳嗽,可取局部腧穴肺募中府,同时远取本经的尺泽、太渊;胃火循经上扰导致的牙痛,可在足阳明胃经上近取颊车,远取该经的荥穴内庭。运用某条经的起止穴配穴治疗本经病证,称首尾配穴法,也属于本经配穴法的范畴,如选取睛明、至阴治疗坐骨神经痛。

(2) 表里经配穴法:这是以脏腑、经脉的阴阳表里配合关系,作为配穴依据。即某一脏腑经脉有病,取其表里经腧穴组成处方施治。例如,肝病以足厥阴肝经期门、太冲配足少阳胆经阳陵泉;腰痛以足太阳膀胱经肾俞、委中配足少阴肾经大钟等。此外,原络配穴法是表里经配穴法中的特殊实例,这在特定穴的临床应用中将详细论述。

(3) 同名经配穴法:这是在同名经"同气相通"的理论指导下,以手足同名经腧穴相配。如牙痛、面瘫、阳明头痛,取手阳明经合谷配足阳明经内庭;落枕、急性腰扭伤、太阳头痛,取手太阳经后溪配足太阳经昆仑;失眠、多梦,取手少阴经神门配足少阴经太溪。

临床上治疗关节肌肉的扭伤或疼痛,多用关节对应取穴法,即肩关节与髋关节对应,肘关节与膝关节对应,腕关节与踝关节对应,也属同名经配穴法。如右外踝扭伤,肿痛在足太阳膀胱经申脉穴处者,可在左侧腕关节手太阳小肠经养老穴处找压痛点针刺,常有针入痛缓之效。

此外,按经配穴还有子母经配穴法和交会经配穴法等。

以上介绍的选穴原则和常见的选穴方法,在临床应用时要灵活掌握,因为一个针灸处方常是几种选穴原则和多种配穴方法的综合运用,如左侧周围性面瘫有味觉减退、听觉过敏和泪腺分泌障碍者,可选同侧的阳白、四白、太阳、颊车、地仓、翳风、足三里、阳陵泉、太冲和对侧的合谷,这既包含了左右配穴法,又包含了上下配穴法。因此,选穴原则和配穴方法从理论上提供了针灸处方选穴的基本思路。

二、刺灸法的选择

刺灸法是针灸处方的第二组成要素,包括治疗法、操作方法和治疗时机的选择。

(一) 疗法的选择

疗法的选择即针对患者的病情和具体情况而确定的治疗手段。如《灵枢·九针十二原》说:九针"各不同形,各以任其所宜。"《灵枢·官能》则说:"针所不为,灸之所宜。"说明不同的针灸用具各有其适应病证。在针灸处方中,使用何种针灸方法应予说明,如是用毫针刺法、灸法,还是火针、三棱针、皮肤针、耳针、头针、拔罐等,均应注明。如虚寒性病证,可在毫针刺的基础上,配合灸法,或用温针灸;局部肌肉疼痛,部位局限而固定者可选用刺络拔罐疗法。

(二) 操作方法的选择

当确立了疗法后,要对疗法的具体操作进行说明,如毫针疗法是用补法还是泻法,针刺是否留针,留针时间长短;艾灸是用艾条灸还是艾炷灸,艾灸的壮数和时间等。尤其是对于处方中的部分穴位,当针刺的深度、方向等不同于常规的方法时,要特别强调。此外,针刺治疗疾病一般可每日1次,急性病痛可每日2次,慢性疾病病势较缓者可隔日1次,应根据疾病的具体情况而定。

需要注意的是,本教材下篇各科疾病基本治疗中的操作,所言"毫针常规刺"是指实证用泻法,虚证用补法,虚实夹杂者补泻兼施,气机逆乱或虚实不明显者用平补平泻法。为避免重复,在各病的操作中不再赘述。

(三) 治疗时机的选择

治疗时机是提高针灸疗效的重要方面。一般来说,针灸治疗疾病没有特殊严格的时间要求。但是在临床上,针灸治疗部分疾病在时间上却有极其重要的意义。一般地说,如果疾病的发作和加重有明显的时间规律性,应在发作前进行针灸治疗。如痛经可在月经来潮前3~7日开始针灸,直到月经过去为止;女性不孕症,在排卵期前后几日连续针灸等,这样可明显提高疗效。应用子午流注和灵龟八法,对治疗时机有特殊要求,可参见附篇。因此,治疗时机也应在处方中说明。同时,亦可将针灸临床上针灸处方符号也一并写上。常用的符号类见表1-1。

表1-1 针灸处方中常用的符号

方法	符号	方法	符号
针刺平补平泻法	∣	针刺补法	⊤
三棱针点刺放血	↓	针刺泻法	⊥
皮肤针	※	艾条灸	□
艾炷灸	△	温针灸	⇧
拔罐法	○	穴位注射	IM
皮内针	⊖	电针	IN

第五节 特定穴的临床应用

特定穴的概念和分类在《经络腧穴学》中已有详细论述,本节主要讨论特定穴在临床上的具体应用。

一、五输穴的临床应用

十二经脉在四肢肘、膝关节以下各有井、荥、输、经、合五个腧穴,在全身腧穴中占有极其重要的位置，临床应用十分广泛，是远部选穴的重要穴位。五输穴除了有经脉的归属外，还有其自身的五行属性，并按照"阴井木""阳井金"的规律进行配属。十二经脉五输穴穴名及穴位的五行属性见表1-2、表1-3。

表1-2 阴经五输穴表

经脉名称	井(木)	荥(火)	输(土)	经(金)	合(水)
手太阴肺经	少商	鱼际	太渊	经渠	尺泽
手厥阴心包经	中冲	劳宫	大陵	间使	曲泽
手少阴心经	少冲	少府	神门	灵道	少海
足太阴脾经	隐白	大都	太白	商丘	阴陵泉
足少阴肾经	涌泉	然谷	太溪	复溜	阴谷
足厥阴肝经	大敦	行间	太冲	中封	曲泉

表1-3 阳经五输穴表

经脉名称	井(金)	荥(水)	输(木)	经(火)	合(土)
手阳明大肠经	商阳	二间	三间	阳溪	曲池
手少阳三焦经	关冲	液门	中渚	支沟	天井
手太阳小肠经	少泽	前谷	后溪	阳谷	小海
足阳明胃经	厉兑	内庭	陷谷	解溪	足三里
足少阳胆经	足窍阴	侠溪	足临泣	阳辅	阳陵泉
足太阳膀胱经	至阴	足通谷	束骨	昆仑	委中

根据古代文献和临床实际，五输穴的应用可以归纳为以下几点。

(一) 按五输穴主病特点选用

《灵枢·邪气藏府病形》说："荥输治外经。"《灵枢·寿夭刚柔》又说："病在阴之阴者，刺阴之荥输。"指出了阳经的荥穴、输穴主要治疗经脉循行所过部位的外经病证，阴经的荥穴、输穴可以治疗五脏病。《灵枢·顺气一日分为四时》则曰："病在藏者，取之井；病变于色者，取之荥；病时间时甚者，取之输；病变于音者，取之经；经满而血者，病在胃及以饮食不节得病者，取之于合。"《难经·六十八难》曰："井主心下满，荥主身热，输主体重节痛，经主喘咳寒热，合主逆气而泄。"

近代对五输穴的应用，井穴多用于各种急救，如点刺十二井穴可以抢救昏迷；荥穴多用于治疗各种热病，如胃火牙痛选足阳明胃经的荥穴内庭以清泻胃火；阳经输穴多用于治疗肢节疼痛，如肩周炎可选取手阳明大肠经的输穴三间，阴经输穴多用于治疗五脏病证(阴经以输代原)，如肺病可取手太阴肺经的输穴太渊。此外，十二经的输穴皆可治疗时间性病证，如足少阴肾经的输穴太溪可以治疗酉时病证，足厥阴肝经的输穴太冲可以治疗丑时病证等。

(二) 按五行生克关系选用

《难经·六十九难》提出"虚者补其母，实者泻其子"的理论，五输穴按五行属性以"生我者为母，我生者为子"的原则进行选穴，即虚证选用母穴，实证选用子穴。这就是临床上所称的补母泻子法。

在具体运用时，补母泻子法分本经子母补泻和他经子母补泻两种方法。如肺经的实证应该

"泻其子",肺在五行中属"金",因"金生水","水"为"金"之子,故选本经五输穴中属"水"的穴位,即合穴尺泽;肺经的虚证应"补其母",肺在五行中属"金",因"土生金","土"为"金"之母,故选本经五输穴中属"土"的穴位,即输穴太渊,以上即是本经子母补泻。各经五输穴子母补泻取穴参见表1-4。

表1-4 子母补泻取穴表

经脉	虚实	本经取穴	他经取穴	经脉	虚实	本经取穴	他经取穴
肺经	虚	太渊	太白	脾经	虚	大都	少府
	实	尺泽	阴谷		实	商丘	经渠
心经	虚	少冲	大敦	肾经	虚	复溜	经渠
	实	神门	太白		实	涌泉	大敦
心包经	虚	中冲	大敦	肝经	虚	曲泉	阴谷
	实	大陵	太白		实	行间	少府
大肠经	虚	曲池	足三里	胃经	虚	解溪	阳谷
	实	二间	足通谷		实	厉兑	商阳
小肠经	虚	后溪	足临泣	膀胱经	虚	至阴	商阳
	实	小海	足三里		实	束骨	足临泣
三焦经	虚	中渚	足临泣	胆经	虚	侠溪	足通谷
	实	天井	足三里		实	阳辅	阳谷

他经子母补泻的原理与补母泻子法相同,仍以肺经实证为例,在脏腑的五行配属中,肺属"金",肾属"水",肾经为肺经的"子经",根据"实则泻其子"的补泻原则,应在肾经上选取"金"之"子"即属"水"的五输穴,故可取肾经的合穴阴谷穴;若肺经的虚证,肺属"金",脾属"土",脾经即为肺经的"母经",故可取脾经属"土"的穴位,即输穴太白,此即他经子母补泻法。

(三)按时选用

天人相应是中医整体观念的重要内容,经脉的气血运行和流注与季节、时辰等有密切的关系。《难经·七十四难》记载:"春刺井,夏刺荥,季夏刺输,秋刺经,冬刺合。"认为,"四时有数,而并系于春夏秋冬者也"。春夏之际,人体之气行于浅表,故宜浅刺井荥;秋冬之际,人体之气深伏于里,故宜深刺经合。此外,子午流注针法则是根据一日中十二经脉气血盛衰的时间不同,而选用不同的五输穴。

二、原穴、络穴的临床应用

原穴与脏腑原气有着密切的联系,如《难经·六十六难》记载:"三焦者,原气之别使也,主通行原气,经历于五脏六腑。原者,三焦之尊号也,故所止辄为原。"原气借三焦之道,贯通运行上、中、下三焦,输布到五脏六腑、头身四肢。原穴的临床应用主要表现在诊断和治疗两个方面。《灵枢·九针十二原》中记载:"五藏有疾,当取之十二原。十二原者,五藏之所以禀三百六十五节气味也。五藏有疾也,应出十二原,而原各有所出,明知其原,睹其应,而知五藏之害矣……凡此十二原者,主治五藏六府之有疾者也。"凡五脏六腑之病,尤其是五脏病,皆可取其原穴。

络穴是络脉从本经别出的部位,络穴除了可以治疗其各自络脉的病证外,由于十二络穴能沟通表里两经,故有"一络通两经"之说。因此,络穴不仅能主治本经的病证,还能治疗其相表里经脉的病证,正如《针经指南》所云:"络穴正在两经中间……若刺络穴,表里皆活。"例如,手太阴肺经的络穴列缺,既能治疗肺经的咳嗽、喘息,又能治疗手阳明大肠经的齿痛等疾患。可见,络穴的作用主要是扩大了经脉的治疗范围。

在临床上原穴、络穴既可单独应用,也可配合使用。病变脏腑的原穴与相表里经脉的络穴相配,称为原络配穴法或主客原络配穴法,这是表里经配穴法的典型应用。例如,肺经先病,先取肺之原穴太渊,大肠经后病,再取该经络穴偏历。反之,大肠经先病,先取大肠的原穴合谷,肺经后病,再取该经络穴列缺。十二经脉原穴、络穴见表1-5。

表1-5 十二经脉原穴与络穴表

经　　脉	原　穴	络　穴	经　　脉	原　穴	络　穴
手太阴肺经	太渊	列缺	手阳明大肠经	合谷	偏历
手厥阴心包经	大陵	内关	手少阳三焦经	阳池	外关
手少阴心经	神门	通里	手太阳小肠经	腕骨	支正
足太阴脾经	太白	公孙	足阳明胃经	冲阳	丰隆
足少阴肾经	太溪	大钟	足太阳膀胱经	京骨	飞扬
足厥阴肝经	太冲	蠡沟	足少阳胆经	丘墟	光明

三、俞穴、募穴的临床应用

背俞穴位于背腰部足太阳膀胱经的第一侧线上,募穴则位于胸腹部,都是脏腑之气直接输注的部位,与脏腑关系密切。《灵枢·背腧》说:"按其处应在中而痛解,乃其腧也。"《灵枢·邪气藏府病形》则记载:"大肠病者……当脐而痛(大肠募天枢处)……胃病者……胃脘当心而痛(胃募中脘处)……小肠病者,小腹痛(小肠募关元处)。"说明脏腑发生疾病时,可在相应的背俞穴、募穴出现反应,表现为疼痛、压痛或敏感等。因此,当某一脏腑有病时,就可以应用背俞穴、募穴来进行治疗。如《素问·长刺节论篇》说:"迫藏刺背,背俞也。"《标幽赋》云:"岂不闻脏腑病,而求门、海、俞、募之微。"这些均说明背俞穴、募穴可以治疗脏腑病证。

背俞穴、募穴不仅可以治疗与其相应的脏腑疾病,也可以治疗与脏腑经络相联属的五官九窍、皮肉筋骨的病证。如肺俞既能治疗咳嗽、喘息等肺系病证,又能治疗与肺有关的鼻病、皮毛病;肾俞既能治疗肾病,又能治疗与肾有关的耳鸣耳聋、阳痿及骨病等。

在针灸临床上,同一脏腑的背俞穴和募穴常常配合使用,称俞募配穴法,属前后配穴法范畴。如胃痛前取募穴中脘,后取背俞穴胃俞。若俞募穴单独应用,一般五脏病多用背俞穴,六腑病多用募穴。脏腑背俞穴与募穴见表1-6。

表1-6 脏腑背俞穴与募穴表

六脏	背俞穴	募穴	六脏	背俞穴	募穴
肺	肺俞	中府	大肠	大肠俞	天枢
心包	厥阴俞	膻中	三焦	三焦俞	石门
心	心俞	巨阙	小肠	小肠俞	关元
脾	脾俞	章门	胃	胃俞	中脘
肝	肝俞	期门	胆	胆俞	日月
肾	肾俞	京门	膀胱	膀胱俞	中极

四、八脉交会穴的临床应用

八脉交会穴与相应的奇经八脉相通,故在临床上此八穴既可以治疗本经的病证,也可以治疗所相通奇经的病证。李梴在《医学入门》中说:"八法者,奇经八脉为要,乃十二经之大会也。""周身三百六十穴统于手足六十六穴,六十六穴又统于八穴。"由此表明这八个穴位的重要意义。

八脉交会穴在临床上可作为远道取穴单独选用,若再配上头身部的邻近穴,成为远近配穴,又可上下配合应用,如公孙配内关,治疗胃、心、胸部疾病;后溪配申脉,治内眼角、耳、项、肩胛部位疾病及发热恶寒等表证;外关配足临泣,治外眼角、耳、颊、颈、肩部疾病及寒热往来症;列缺配照海,治咽喉、胸膈、肺部疾病等。八脉交会穴配伍及主治病证见表1-7。

表1-7 八脉交会穴及主治表

穴 名	主 治 病 证	相配合主病
公孙 内关	冲脉病证 阴维脉病证	胃、心、胸部疾病
外关 足临泣	阳维脉病证 带脉病证	目外眦、颊、颈、耳后、肩部疾病
后溪 申脉	督脉病证 阳跷脉病证	目内眦、项、耳、肩胛部疾病
列缺 照海	任脉病证 阴跷脉病证	胸、肺、膈、咽喉部疾病

五、八会穴的临床应用

八会穴与其所属的八种脏器组织的生理功能有着密切的关系,故对各自所会的脏、腑、气、血、筋、脉、骨、髓的相关病证有特殊的治疗作用,常作为治疗相关病证的主要穴位。在临床上,凡与此八者有关的病证均可选用相关的八会穴来治疗,如血病取膈俞,气病取膻中,筋病取阳陵泉,脉病取太渊等(表1-8)。

表1-8 八会穴表

八会	脏会	腑会	气会	血会	筋会	脉会	骨会	髓会
穴位	章门	中脘	膻中	膈俞	阳陵泉	太渊	大杼	绝骨

六、郄穴的临床应用

郄穴在临床上一般多用来治疗本经循行部位及所属脏腑的急性病证,尤其在治疗急症方面有独特的疗效。阴经的郄穴常用来治疗血症,如孔最治咯血、衄血,中都治崩漏等。阳经的郄穴多用来治疗急性疼痛,如梁丘治急性胃脘痛。此外,当脏腑发生病变时,也可以在相应的郄穴上出现疼痛或压痛,此有助于协助诊断。各经郄穴见表1-9。

表1-9 十六经脉郄穴表

经脉	郄穴	经脉	郄穴
手太阴肺经	孔最	手阳明大肠经	温溜
手厥阴心包经	郄门	手少阳三焦经	会宗
手少阴心经	阴郄	手太阳小肠经	养老
足太阴脾经	地机	足阳明胃经	梁丘
足厥阴肝经	中都	足少阳胆经	外丘
足少阴肾经	水泉	足太阳膀胱经	金门
阴维脉	筑宾	阳维脉	阳交
阴跷脉	交信	阳跷脉	跗阳

七、下合穴的临床应用

下合穴主要用于治疗六腑疾病。如《灵枢·邪气藏府病形》中"合治内府"和《素问·咳论篇》载"治府者,治其合",都是指下合穴而言。说明下合穴是治疗六腑病证的主要穴位,如足三里治胃脘痛,上巨虚治肠痈、痢疾,下巨虚治泄泻,阳陵泉治胆痛,委阳、委中治疗三焦气化失常而引起的癃闭、遗尿等。此外,下合穴也可以协助诊断。六腑下合穴见表1-10。

表1-10 下合穴表

六腑	胃	大肠	小肠	三焦	膀胱	胆
下合穴	足三里	上巨虚	下巨虚	委阳	委中	阳陵泉

八、交会穴的临床应用

交会穴具有治疗所交会经脉疾病的作用。以三阴交为例,三阴交是足太阴脾经的腧穴,同时又是足三阴经的交会穴。所以,三阴交除了可以治疗脾经病证外,还可以治疗足少阴肾经和足厥阴肝经的病证。关元、中极是任脉穴,又与足三阴经相交会,故可治疗任脉病证,又可治疗足三阴经的病证;大椎是督脉穴,又与三阳经相交会,既可治督脉的疾患,又可治诸阳经的全身性疾患。在历代中医文献中对交会穴的记载略有差异,但大部分内容来自《针灸甲乙经》,表1-11所列举的交会穴大部分出自该书。

表1-11 经脉交会穴表（○所属经　√交会经）

	足太阴经	手太阴经	足厥阴经	手厥阴经	足少阴经	手少阴经	足太阳经	手太阳经	足少阳经	手少阳经	足阳明经	手阳明经	任脉	冲脉	督脉	带脉	阴维脉	阳维脉	阴跷脉	阳跷脉	备注
承浆											√	√	○		√						《针灸大成》
廉泉													○				√				
天突													○				√				
上脘										√	√		○								

续表

穴名	足太阴经	手太阴经	足厥阴经	手厥阴经	足少阴经	手少阴经	足太阳经	手太阳经	足少阳经	手少阳经	足阳明经	手阳明经	任脉	冲脉	督脉	带脉	阴维脉	阳维脉	阴跷脉	阳跷脉	备注
中脘							✓		✓		✓		○								手太阳、手少阳、足阳明所生
下脘	✓												○								
阴交													○	✓							
关元	✓		✓		✓								○								
中极	✓		✓		✓								○								
曲骨			✓										○								
会阴													○	✓	✓						
三阴交	○		✓		✓																
冲门	○		✓																		
府舍	○		✓														✓				
大横	○																✓				
腹哀	○																✓				
中府	✓	○																			
章门			○						✓												
期门	✓		○														✓				
天池				○					✓												
横骨					○									✓							
大赫					○									✓							
气穴					○									✓							
四满					○									✓							
中注					○									✓							
肓俞					○									✓							
商曲					○									✓							
石关					○									✓							
阴都					○									✓							
腹通谷					○									✓							
幽门					○									✓							
照海					○														✓		
交信					○														✓		
筑宾					○												✓				
神庭							✓				✓				○						
水沟											✓	✓			○						
百会							✓								○						
脑户							✓								○						

续　表

穴名	足太阴经	手太阴经	足厥阴经	手厥阴经	足少阴经	手少阴经	足太阳经	手太阳经	足少阳经	手少阳经	足阳明经	手阳明经	任脉	冲脉	督脉	带脉	阴维脉	阳维脉	阴蹻脉	阳蹻脉	备注
风　府															○			✓			
哑　门															○			✓			
大　椎								✓	✓		✓				○						
陶　道							✓								○						《铜人》
长　强					✓		✓								○						《铜人》
睛　明							○	✓	✓										✓	✓	《素问》
大　杼							○	✓													
风　门							○								✓						
附　分							○	✓													
跗　阳							○													✓	
申　脉							○													✓	
仆　参							○													✓	
金　门							○											✓			
臑　俞								○										✓		✓	
秉　风								○	✓	✓		✓									
颧　髎								○		✓											
听　宫								○	✓	✓											
瞳子髎								✓	○	✓											
上　关									○	✓	✓										
颔　厌									○	✓	✓										
悬　厘									○	✓	✓										
曲　鬓							✓		○												
率　谷							✓		○												
浮　白							✓		○												
头窍阴							✓		○									✓			
完　骨							✓		○									✓			
本　神									○									✓			
阳　白									○									✓			
头临泣							✓		○									✓			
目　窗									○									✓			
正　营									○									✓			
承　灵									○									✓			
脑　空									○									✓			
风　池									○									✓			

续　表

腧穴	足太阴经	手太阴经	足厥阴经	手厥阴经	足少阴经	手少阴经	足太阳经	手太阳经	足少阳经	手少阳经	足阳明经	手阳明经	任脉	冲脉	督脉	带脉	阴维脉	阳维脉	阴跷脉	阳跷脉	备　注
肩　井									○	√	√							√			
日　月	√								○									√			
环　跳							√		○												
带　脉									○							√					
五　枢									○							√					
维　道									○							√					
居　髎									○											√	
阳　交									○									√			
天　髎										○								√			
翳　风									√	○											
角　孙									√	○	√										
耳和髎								√	√	○											《铜人》
承　泣											○		√							√	
巨　髎											○									√	
地　仓											○	√								√	
下　关									√		○										
头　维									√		○							√			
气　冲											○			√							冲脉所起
臂　臑												○									手阳明络之会
肩　髃												○								√	
巨　骨												○								√	
迎　香											√	○									

下篇

治疗各论

第二章　头面躯体痛证

导学　痛证是针灸治疗的优势病种，本章介绍了临床常见头面躯体痛证针灸治疗方法。通过学习，要求重点掌握各种病证的针灸基本治疗方法，包括治则、主穴、配穴及特殊操作；熟悉各种病证的病因、病位、与其相关的脏腑经络、基本病机、辨证分型、处方方义及其他疗法；了解各种病证的概念、临床表现及古代文献。

第一节　头　痛

头痛（headache）是患者自觉头部疼痛的一类病证，是临床上常见的病证，可见于多种急慢性疾病，如脑及眼、口鼻等头面部病变和许多全身性疾病均可出现头痛。

头痛的发生常与外感风邪，以及情志、饮食、体虚久病等因素有关。本病病位在头，与手、足三阳经和足厥阴肝经、督脉相联系，故上述经络与头痛密切相关。基本病机是气血失和，经络不通或脑络失养。无论是外感还是内伤等因素，导致头部经络功能失常、气血失调、脉络不通或脑窍失养等，均可导致头痛。

在西医学中，高血压、偏头痛、丛集性头痛、紧张性头痛、感染性发热、脑外伤及五官科等均可见到头痛。本节主要讨论外感和内伤杂病以头痛症状为主症者，若为某一疾病发生过程中的兼症，也可参照本篇治疗。

【辨证要点】

主症　头痛连及项背，发病较急，痛无休止，外感表证明显，为外感头痛。头痛较缓，反复发作，时轻时重，多伴头晕，遇劳或情志刺激而发作、加重，为内伤头痛。

阳明头痛　疼痛部位在前额、眉棱、鼻根部，也称前额痛。

少阳头痛　疼痛部位在侧头部，也称侧头痛、偏头痛。

太阳头痛　疼痛部位在后枕部，或下连于项，也称后枕痛。

厥阴头痛　疼痛部位在巅顶部，或连于目系，也称巅顶痛。

头胀痛或抽痛、跳痛，目眩，心烦易怒，面赤口苦，舌红，苔黄，脉弦数，为肝阳头痛。头空痛，头晕，神疲无力，面色不华，劳则加重，舌淡，脉细弱，为血虚头痛。头痛昏蒙，脘腹痞满，呕吐痰涎，苔白腻，脉滑，为痰浊头痛。头痛迁延日久，或头部有外伤史，痛处固定不移，痛如锥刺，舌暗，脉细涩，为瘀血头痛。

【治疗】

1. 基本治疗

治则　调和气血，通络止痛。取局部穴位为主，配合循经远端取穴。

主穴　阳明头痛　头维　印堂　阳白　阿是穴　合谷　内庭
　　　少阳头痛　太阳　丝竹空透率谷　风池　阿是穴　外关　侠溪
　　　太阳头痛　天柱　后顶　风池　阿是穴　后溪　申脉
　　　厥阴头痛　百会　四神聪　阿是穴　太冲　中冲

配穴　外感头痛配风府、列缺；肝阳头痛配行间、太溪；血虚头痛配气海、足三里；痰浊头痛配丰隆、中脘；瘀血头痛配血海、膈俞。

操作　毫针常规刺。瘀血头痛可点刺出血。头痛急性发作时每日治疗1~2次，慢性头痛每日或隔日治疗1次。

方义　取头部腧穴调和气血，通络止痛；合谷与内庭、外关与侠溪、后溪与申脉、太冲与中冲分属手足阳明经、手足少阳经、手足太阳经、手足厥阴经，每组两穴为同名经穴配合，一上一下，同气相求，疏导阳明、少阳、太阳、厥阴经气血。

2. 其他治疗

(1) 耳针：取枕、额、颞、神门、皮质下。毫针刺法，或埋针法、压籽法。对于顽固性头痛可在耳背静脉点刺出血。

(2) 皮肤针：取太阳、印堂和阿是穴。用皮肤针中、重度叩刺。适用于外感头痛及瘀血头痛。

(3) 穴位注射：取风池穴。选用1%的盐酸普鲁卡因或维生素B_{12}注射液，每穴0.5~1 ml，适用于顽固性头痛。

【按语】

(1) 针灸治疗头痛的疗效主要取决于头痛的原因和类型，总体而言功能性头痛的针灸疗效较好。

(2) 对于多次治疗无效或逐渐加重者，要查明原因，尤其要排除颅内占位性病变。

【文献摘录】

(1)《标幽赋》：头风头痛，刺申脉与金门。

(2)《杂病穴法歌》：一切风寒暑湿邪，头疼发热外关起。

(3)《医学纲目》：治一老妇人头痛，久岁不已，因视其手足有血络，皆紫黑，遂用三棱针尽刺出其血，如墨汁者数盏，后视其受病之经灸刺之，而得痊愈。

第二节　面　痛

面痛(prosopodynia)是以眼、面颊部出现放射性、烧灼样抽掣疼痛为主症的疾病，又称"面风痛""面颊痛"。多发于40岁以上，女性多见，以右侧面部为主(占60%左右)。

面痛的发生常与外感邪气、情志不调、外伤等因素有关。本病病位在面部，与手、足三阳经有密切关系。基本病机是面部经络气血阻滞，不通则痛。无论是外感邪气，还是情志内伤、久病或外伤成瘀，导致面部经络气血痹阻，经脉不通，均可产生面痛。

本病相当于西医学的三叉神经痛,三叉神经分眼支、上颌支和下颌支,临床上以第 2 支、第 3 支同时发病者最多。

【辨证要点】

主症　面部疼痛突然发作,呈闪电样、刀割样、针刺样、电灼样剧烈疼痛,持续数秒到 2 min。发作次数不定,间歇期无症状,痛时面部肌肉抽搐,伴面部潮红、流泪、流涎、流涕等,常因说话、吞咽、刷牙、洗脸、冷刺激、情绪变化等诱发。

眼部痛　面痛表现为眼部呈电灼样疼痛,属足太阳经病证。

上颌、下颌部痛　面痛表现为上颌、下颌部电击样疼痛,属手、足阳明和手太阳经病证。

【治疗】

1. 基本治疗

治则　通经活络止痛。取手、足阳明经穴为主。

主穴　四白　下关　地仓　合谷　内庭　太冲

配穴　眼部疼痛配攒竹、阳白;上颌部疼痛配巨髎、颧髎;下颌部疼痛配承浆、颊车。

操作　毫针泻法。针刺时宜先取远端穴,用重刺激手法,局部穴宜深刺、久留针。

方义　四白、下关、地仓,疏通面部经络;合谷、太冲分属手阳明经、足厥阴经,两经均循行于面部,"面口合谷收",两穴相配为四关穴,可祛风通络止痛;内庭为足阳明经荥穴,与面部腧穴相配,疏通阳明经气血。

2. 其他治疗

(1) 耳针:取面颊、颌、额、神门。毫针刺法,或埋针法、压籽法。

(2) 刺络拔罐:取颊车、地仓、颧髎。用三棱针点刺后拔罐。

(3) 皮内针:在面部寻找扳机点,将揿针刺入,外以胶布固定,埋藏 2~3 d,更换揿针。

【按语】

三叉神经痛分为原发性和继发性两种,是一种顽固难治之证,针刺有较好的止痛效果,对继发性三叉神经痛要查明原因,采取适当措施。

【文献摘录】

(1)《备急千金要方》:攒竹、龈交、玉枕,主面赤、颊肿痛。

(2)《针灸资生经》:中渚,主颞颥痛、颔颅热痛、面赤。

(3)《针灸大全》:两眉角痛不已……攒竹二穴,阳白二穴,印堂一穴(两眉中间),合谷二穴,头维二穴。

第三节　落　枕

落枕(stiff neck)是颈部突然发生疼痛、活动障碍的一种病证,主要指急性单纯性颈项强痛,系颈部伤筋范畴。

落枕的发生常与睡眠姿势不正,或枕头高低不适,或因负重颈部过度扭转,或寒邪侵袭颈背部等因素有关。本病病位在颈项部经筋,与督脉、手足太阳经和足少阳经密切相关。基本病机是经筋受损,筋络拘急,气血阻滞不通。

西医学认为本病是各种原因导致颈部肌肉痉挛所致。

【辨证要点】

主症　颈项强痛,活动受限,项背部或颈肩部压痛明显。

督脉、太阳经型　项背部强痛,低头时加重,项背部压痛明显。

少阳经型　颈肩部疼痛,头部歪向患侧,颈肩部压痛明显。

【治疗】

1. 基本治疗

治则　通经活络,疏筋止痛。取局部穴位为主,配合循经远端取穴。

主穴　天柱　阿是穴　后溪　悬钟　外劳宫

配穴　督脉、太阳经型配大椎、束骨;少阳经型配风池、肩井。

操作　毫针泻法。先刺远端穴外劳宫、后溪、悬钟,持续捻转,嘱患者慢慢活动颈项部,一般疼痛可立即缓解。再针局部的腧穴,可加艾灸或点刺出血。

方义　足少阳、手太阳循行于颈项部,悬钟、后溪分属两经腧穴,与天柱、局部阿是穴合用,远近相配,可疏调颈项部经络气血,舒筋通络止痛;外劳宫又称落枕穴,是治疗本病的经验穴。

2. 其他治疗

(1) 拔罐:在患部先行闪罐法,再在阿是穴留罐。

(2) 耳针:取颈、颈椎、神门。毫针中等刺激,持续运针时嘱患者徐徐活动颈项部。

【按语】

(1) 针灸治疗本病疗效好,可作为治疗的首选方法,常立即取效,针后可配合推拿和热敷。

(2) 中老年人反复出现落枕时,应考虑颈椎病。

【文献摘录】

(1)《备急千金要方》:少泽、前谷、后溪、阳谷、完骨、小海、昆仑、攒竹,主项强急痛不可以顾。

(2)《针灸大全》:头项拘急引肩背痛,承浆一穴、百会一穴、肩井二穴、中渚二穴。

第四节　颈椎病

颈椎病(cervical spondylosis)是指颈椎骨质增生、颈项韧带钙化、颈椎间盘萎缩退化等改变,刺激或压迫颈部神经、脊髓、血管而产生的一系列症状和体征的综合征,简称颈椎病。本病发病缓慢,以头枕、颈项、肩背、上肢等部位疼痛以及进行性肢体感觉和运动功能障碍为主症。轻者头晕,头痛,恶心,颈肩疼痛,上肢疼痛、麻木无力;重者可导致瘫痪,甚至危及生命。西医将颈椎病分为颈型、神经根型、脊髓型、椎动脉型、交感型和混合型6型。

颈椎病属中医学的"眩晕""痹证"等范畴,其发生常与伏案久坐、跌仆损伤、外邪侵袭或年迈体弱、肝肾不足等有关。本病病位在颈部筋骨,与督脉、手足太阳经、少阳经脉关系密切。基本病机是筋骨受损,经络气血阻滞不通。

【辨证要点】

主症　头枕、颈项、肩背、上肢等部位疼痛,以及进行性肢体感觉和运动功能障碍。

风寒痹阻 久卧湿地或夜寐露肩而致项强脊痛,肩臂酸楚,颈部活动受限,甚则手臂麻木冷痛,遇寒加重,舌淡,苔白,脉弦紧。

劳伤血瘀 多在外伤后出现颈项、肩臂疼痛,手指麻木,劳累后加重,项部僵直或肿胀,活动不利,肩胛冈上下窝及肩峰处有压痛,舌质紫暗有瘀点,脉涩。

肝肾亏虚 颈项、肩臂疼痛,四肢麻木乏力,头晕耳鸣,腰膝酸软,遗精,月经不调,舌红,少苔,脉细弱。

【治疗】

1. 基本治疗

治则 疏筋骨,通经络。取局部穴位及手足太阳经穴为主。

主穴 颈夹脊 天柱 后溪 申脉 悬钟

配穴 风寒痹阻配风门、大椎;劳伤血瘀配膈俞、合谷;肝肾亏虚配肝俞、肾俞;上肢疼痛配曲池、合谷;上肢或手指麻木配少海、手三里;头晕头痛配百会、风池;恶心、呕吐配中脘、内关。

操作 毫针泻法或平补平泻法。

方义 颈夹脊、天柱为局部选穴,可疏筋骨,通经络,疏导颈项部气血;后溪、申脉均为八脉交会穴,分属手足太阳经,且后溪通督脉,申脉通阳跷脉,二穴上下相配,功在疏导颈项、肩胛部气血;悬钟为髓会,有滋肾壮骨,以求治本的作用。

2. 其他治疗

(1) 耳针:取颈椎、肩、颈、神门、交感、肾上腺、皮质下、肝、肾。每次选用3~4穴,毫针刺法,或埋针法、压籽法。

(2) 穴位注射:取大杼、肩中俞、肩外俞、天宗。选用1%的盐酸普鲁卡因或维生素B_1、维生素B_{12}注射液,每穴注射0.5~1 ml。

(3) 皮肤针:取颈夹脊、大椎、大杼、肩中俞、肩外俞。叩刺至局部皮肤潮红或出血,然后加拔火罐。

【按语】

(1) 针灸治疗本病疗效好,若配合推拿、药物外敷疗效更佳。

(2) 落枕会加重颈椎病病情,长期伏案或低头工作者应注意颈部保健。

【文献摘录】

(1)《针灸大全》:颈项拘急引肩背痛,取后溪、承浆、百会、肩井、中渚。

(2)《扁鹊神应针灸玉龙经》:头强项硬刺后溪。

第五节 漏肩风

漏肩风(periarthritis humeroscapularis)是以肩部疼痛,痛处固定,活动受限为主症的疾病。因本病多发于50岁左右的成人,故俗称"五十肩"。后期常出现肩关节的粘连,肩部呈现固结状,活动明显受限,又称"肩凝症""冻结肩"等。

漏肩风的发生与体虚、劳损和风寒侵袭肩部等因素有关。本病病位在肩部筋肉,与手三阳、手太阴经密切相关。基本病机是肩部经络不通或筋肉失于气血温煦和濡养。无论是感受风寒,气血痹阻,或劳作过度、外伤,损及筋脉,气滞血瘀,还是年老气血不足,筋骨失养,皆可导致本病。

本病相当于西医学的肩关节周围炎。早期以疼痛为主,后期以功能障碍为主。

【辨证要点】

主症　肩周疼痛、酸重,夜间为甚,常因天气变化及劳累而诱发或加重,患者肩前、后及外侧压痛,主动和被动外展、后伸、上举等功能明显受限。

手阳明经型　疼痛以肩前外部为主且压痛明显。

手少阳经型　疼痛以肩外侧部为主且压痛明显。

手太阳经型　疼痛以肩后部为主且压痛明显。

手太阴经型　疼痛以肩前部为主且压痛明显。

【治疗】

1. 基本治疗

治则　通经活络,疏筋止痛。取局部穴位为主,配合循经远端取穴。

主穴　肩髃　肩髎　肩贞　阿是穴　阳陵泉　条口透承山

配穴　手阳明经型配三间;手少阳经型配中渚;手太阳经型配后溪;手太阴经型配尺泽。

操作　毫针刺,泻法或平补平泻。先刺远端穴,行针后让患者运动肩关节。局部穴位可加灸法。

方义　肩髃、肩髎、肩贞分别为手阳明、手少阳、手太阳经穴,加阿是穴,均为局部选穴,可疏通肩部经络气血,通经活血而止痛;阳陵泉为筋会,可疏筋止痛;条口透承山可疏导太阳、阳明两经气血,为临床经验效穴。

2. 其他治疗

(1) 刺络拔罐:取肩部阿是穴。用三棱针点刺,或皮肤针叩刺,使少量出血,加拔火罐。

(2) 穴位注射:取肩部阿是穴。用当归注射液,每穴注射 1～2 ml。

【按语】

(1) 针灸对本病有较好的止痛效果。经较长时间治疗无明显缓解时,应排除肩关节结核、肿瘤等疾患。

(2) 本病治疗期间患者配合肩关节功能锻炼非常重要。

【文献摘录】

(1)《针灸甲乙经》:肩重不举、臂痛,肩髎主之。

(2)《玉龙赋》:风湿搏于两肩,肩髃可疗。

(3)《针灸集成》:肩痛累月,肩节如胶连接,不能举,取肩下腋上两间空虚针刺,针锋几至穿出皮外,一如治肘之法,慎勿犯骨,兼刺筋结处,神效。

(4)《循经考穴编》:肩贞,直刺入二寸五分,治肩骨一点大疼,宜单泻之。

第六节　臂丛神经痛

臂丛神经痛(brachial plexus neuralgia)是各种原因导致臂丛神经根、干出现无菌性炎症,以锁骨上窝、肩、腋、前臂尺侧等部位出现强烈的放射性,甚至呈刀割样、撕裂样、烧灼样或针刺样疼痛为主症,可伴有肢体运动、感觉障碍和肌萎缩,是较典型的神经疼痛,常与颈椎的退行性变、外伤或免疫接种、感受寒凉等因素有关。疼痛在数天内可减轻或消失,但有些患者可持续数周,瘫痪肢体可从数周到数月开始好转,最终大多能显著好转。

臂丛神经痛属中医学的"痹证""肩臂痛""腋痛"等范畴,其发生常与风寒湿热侵袭、跌打损伤等有关,与手三阳、手三阴经关系密切。基本病机是经络气血阻滞不通。

【辨证要点】

主症　锁骨上窝、肩、腋、前臂尺侧等部位出现强烈的放射性,甚至呈刀割样、撕裂样、烧灼样或针刺样疼痛。

外邪侵袭　兼见发病前有恶寒、发热等感受外邪病史。

瘀血阻滞　有肩、臂、腋部损伤或劳损史,局部压痛明显,舌暗或可见瘀斑,脉涩。

肩前部痛属手阳明大肠经证;肩后部痛属手太阳小肠经证;上肢内后廉痛属手少阴心经证;心经"下出腋下",肺经"横出腋下",心包经"上抵腋下",故腋下痛属手三阴经病证。

【治疗】

1. 基本治疗

治则　通经活络止痛。取局部穴位及手三阳经穴为主。

主穴　颈夹脊　极泉　肩髃　曲池　外关　后溪

配穴　手太阴经型配尺泽、太渊;手少阴经型配少海、通里;手厥阴经型配曲泽、内关;手太阳经型配肩贞、腕骨。

操作　极泉穴直刺0.5~0.8寸,避开动脉,或在心经上极泉下1寸针刺,用提插泻法,使针感直达手指。余穴均用泻法,肩部穴位可刺络拔罐。

方义　颈夹脊为局部选穴,可疏导颈项部经络气血;极泉疏通手少阴经气血;肩髃、曲池疏通手阳明经气血;外关、后溪分别疏导手少阳经和手太阳经气血。

2. 其他治疗

(1) 耳针:取颈椎、肩、颈、肘、腕、神门、交感、肾上腺、皮质下。每次选用3~4穴,毫针刺法,或埋针法、压籽法。

(2) 穴位注射:取颈夹脊、肩髃、曲池、外关。选用1%的盐酸普鲁卡因或维生素B_1、维生素B_{12}注射液,每穴注射0.5~1 ml。

【按语】

针灸治疗本病有较好的疗效。急性期患者要注意休息,避免提重物。

第七节　肘　劳

肘劳(tennis elbow)是指肘部疼痛,伴有伸腕和前臂旋转功能障碍的慢性劳损性疾病。本病属中医学"伤筋"范畴,一般起病缓慢,常反复发作,无明显外伤史,多见于从事旋转前臂和屈伸肘关节的劳动者,如木工、钳工、水电工、矿工及网球运动员等。

肘劳的发生主要与慢性劳损有关,前臂在反复地做拧、拉、旋转等动作时,可使肘部的经筋慢性损伤。本病病位在肘部手三阳经筋。基本病机是筋脉不通,气血阻滞。

西医学中,肘劳多见于肱骨外上髁炎、肱骨内上髁炎和尺骨鹰嘴炎等疾病中。

【辨证要点】

主症 关节活动时疼痛,有时可向前臂、腕部和上肢放射,局部肿痛不明显,有明显而固定的压痛点,肘关节活动不受限。

手阳明经筋型 肘关节外上方(肱骨外上髁周围)有明显压痛点,俗称网球肘。

手太阳经筋型 肘关节内下方(肱骨内上髁周围)有明显压痛点,俗称高尔夫球肘。

手少阳经筋型 肘关节外部(尺骨鹰嘴处)有明显压痛点,俗称学生肘或矿工肘。

【治疗】

1. 基本治疗

治则 通经活络,疏筋止痛。取局部穴位为主。

主穴 阿是穴 曲池 肘髎 阳陵泉

配穴 手阳明经筋证,配手三里、三间;手太阳经筋证,配小海、阳谷;手少阳经筋证,配天井、外关。

操作 毫针泻法。先针对侧阳陵泉处压痛点(多在腓骨头),同时活动患部。在局部压痛点采用多向透刺,或多针齐刺,局部可加温和灸。局部疼痛明显者,可用隔姜灸。

方义 取阿是穴以通经活络,疏筋止痛;肘劳多发于肘外侧,此乃手阳明经脉所过之处,阳明经为多气多血之经,又"主润宗筋",取手阳明经穴旨在疏通经络气血;阳陵泉为筋会,取对侧阳陵泉处压痛点又属缪刺法,配合局部穴位可疏筋止痛。

2. 其他治疗

(1) 火针:取阿是穴。2~3日治疗1次。

(2) 刺络拔罐:取阿是穴。用皮肤针叩刺或三棱针点刺出血后加拔火罐。

(3) 穴位注射:取阿是穴。选用当归注射液或威灵仙注射液,每穴注射1~2 ml。

【按语】

(1) 针灸治疗肘劳有较好的临床疗效。

(2) 可配合推拿、药物熏洗和敷贴疗法。

【文献摘录】

(1)《备急千金要方》:臑会、支沟、曲池、腕骨、肘髎,主肘节痹……曲池、关冲、三里、中渚、阳谷、尺泽,主肘痛时寒。

(2)《针灸资生经》:肘髎,治肘节风痹。

(3)《针灸大成》:肘劳、天井、曲池、间使、阳溪、中渚、阳谷、太渊、腕骨、列缺、液门。

第八节 腰 痛

腰痛(lumbago)又称"腰脊痛",是以腰部疼痛为主症的病证。

腰痛的发生主要与感受外邪、跌仆损伤和劳欲过度等因素有关。本病与肾及足太阳膀胱经、督脉等关系密切。基本病机是腰部经络不通,气血瘀阻,或肾精亏虚,腰部失于濡养、温煦。

西医学中,腰痛多见于腰部软组织损伤、肌肉风湿、腰椎病变和部分内脏病变中。

【辨证要点】

主症 腰部疼痛。起病较急,腰痛明显,痛处拒按者,为实证;起病隐袭,腰部酸痛,痛势不剧,病程缠绵者,为虚证。

寒湿腰痛 腰部冷痛,重坠酸麻,或拘急不可俯仰,或痛连下肢,遇阴雨寒冷则疼痛加剧,舌淡,苔白滑,脉弦迟。

瘀血腰痛 多有陈伤宿疾史,腰部刺痛,痛处固定不移,劳累后加重,常在腰部触及痛点,舌质暗或有瘀斑,脉涩。

肾虚腰痛 腰部酸痛隐隐,喜按喜揉,乏力易倦,脉细。

疼痛在腰脊正中部,病在督脉;疼痛部位在腰脊两侧,病在足太阳经。

【治疗】

1. 基本治疗

治则 通经止痛。取局部穴位及足太阳膀胱经穴为主。

主穴 肾俞 大肠俞 阿是穴 委中

配穴 寒湿腰痛配腰阳关;瘀血腰痛配膈俞、次髎;肾虚腰痛配大钟;病在督脉配后溪;病在足太阳经配申脉;腰椎病变配腰夹脊。

操作 毫针常规刺。急性腰痛,痛势剧烈者,阿是穴、委中可用三棱针点刺放血。寒湿腰痛、肾虚腰痛者,可加用灸法。

方义 腰为肾之府,取肾俞可壮腰益肾,祛除寒湿;膀胱之脉,挟脊抵腰络肾,循经远取委中,以通调足太阳经气;阿是穴属近部取穴法,与大肠俞同用可以疏导局部经筋络脉的气血。

2. 其他治疗

(1) 刺络拔罐:取阿是穴。用皮肤针叩刺或三棱针点刺出血后拔罐。用于瘀血腰痛和寒湿腰痛。

(2) 耳针:取患侧腰骶椎、肾、膀胱、神门。每次选用2~3穴,毫针刺法,或埋针法、压籽法。

(3) 穴位注射:取肾俞、大肠俞、阿是穴。选用复方当归注射液或丹参注射液等,每穴注入药液1~2 ml。

【按语】

(1) 针灸治疗本病有较好的疗效。对风湿性腰痛和腰肌劳损疗效显著,腰椎病变等引起的腰痛,针灸可以明显缓解症状。

(2) 内脏疾病引起的腰痛以治疗原发病为主。因脊柱结核、肿瘤等引起的腰痛一般不在局部取穴。

【文献摘录】

(1)《素问·刺腰痛篇》:足太阳脉令人腰痛,引项脊尻背如重状,刺其郄中,太阳正经出血……少阳令人腰痛,如以针刺其皮中,循循然不可以俯仰,不可以顾,刺少阳成骨之端出血,成骨在膝外廉之骨独起者……足少阴令人腰痛,痛引脊内廉,刺少阴于内踝上二痏。

(2)《丹溪心法》:腰痛,血滞于下,委中刺出血,妙。仍灸肾俞、昆仑,尤佳。

(3)《针灸大全》:肾虚腰痛,举动艰难,取足临泣、肾俞、脊中、委中。

第九节　坐骨神经痛

坐骨神经痛(sciatic neuralgia)是指沿坐骨神经通路及其分布区(腰、臀、大腿后侧、小腿后外侧及足外侧)以放射性疼痛为主要特点的综合征,通常分为根性坐骨神经痛和干性坐骨神经痛两种,临床上以根性坐骨神经痛多见。本病多见于感染性疾病、脊柱肿瘤、腰椎间盘突出症、骨盆病变、腰骶软组织劳损及部分内科疾病中。

坐骨神经痛属中医学"坐臀风""腿股风""腰腿痛""痹证"等范畴,其发生与感受外邪、跌仆闪挫等有关。病位主要在足太阳、足少阳经。感受风寒湿邪或湿热下注,痹阻经脉;腰部跌仆闪挫,损伤筋脉,均导致本病。基本病机是经络不通,气血瘀滞。

【辨证要点】

主症　腰或臀、大腿后侧、小腿后外侧及足外侧的放射样、电击样、烧灼样疼痛。起病急骤,痛势剧烈,痛处固定,拒按者,为实证。起病缓慢,痛势隐隐,喜揉按,伴腰膝酸软,倦怠乏力,脉沉细者,为虚证。

足太阳经型　疼痛以下肢后侧为主。

足少阳经型　疼痛以下肢外侧为主。

腰腿冷痛、重浊,遇冷加重,得温则减,舌质淡,苔白滑,脉沉迟,为寒湿证。腰腿疼痛剧烈,痛如针刺,痛处固定不移,夜间加重,伴有外伤史,舌质紫暗,或有瘀斑,脉涩,为瘀血证。痛势隐隐,喜揉喜按,劳则加重,舌淡,脉细,为气血不足证。

【治疗】

1. 基本治疗

治则　通经止痛。取足太阳、足少阳经穴为主。

主穴　足太阳经型：腰夹脊　秩边　委中　承山　昆仑

　　　足少阳经型：腰夹脊　环跳　阳陵泉　悬钟　丘墟

配穴　寒湿证配命门、腰阳关；瘀血证配阿是穴、血海；气血不足证配足三里、三阴交。

操作　毫针常规刺。秩边、环跳以针感沿腿部足太阳经、足少阳经向下传导为佳。

方义　腰夹脊为治疗腰腿疾病的要穴,可疏通局部气血,以治病求本；坐骨神经痛多发于足太阳经、足少阳经循行部位,分别取足太阳、足少阳经诸穴可以疏导本经闭阻不通之气血,达到"通则不痛"的治疗目的。

2. 其他疗法

(1) 刺络拔罐：取阿是穴。用皮肤针叩刺或用三棱针点刺出血后拔罐。

(2) 穴位注射：取腰夹脊、秩边、环跳、阳陵泉。每次选用2~3穴,选用当归注射液、丹参注射液或10%葡萄糖注射液10 ml,加维生素B_1 100 mg混合液等,每穴注入药液2~5 ml。

【按语】

(1) 针灸治疗坐骨神经痛效果显著。如因肿瘤、结核等引起者应治疗其原发病,腰椎间盘突出引起的可配合牵引或推拿治疗。

(2) 急性期应卧床休息,椎间盘突出者需卧硬板床,腰部束阔腰带。

【文献摘录】

(1)《灵枢·经脉》:膀胱足太阳之脉……是动则病……脊痛腰似折,髀不可以屈,腘如结,踹如裂。
(2)《针灸甲乙经》:髀痹引膝股外廉痛、不仁,筋急,阳陵泉主之。
(3)《杂病穴法歌》:腰痛环跳委中神。

第十节 痹 证

痹证(impediment diseases)是以肌肉、筋骨、关节酸痛、麻木、重着、屈伸不利或关节灼热、肿大为主症的一类病证。

痹证的发生与外感风、寒、湿、热等邪气及人体正气不足等因素有关。外邪侵入机体,痹阻关节肌肉经络,导致气血运行不畅而发生。基本病机是经络不通,气血痹阻。

西医学中,痹证多见于风湿热、风湿性关节炎、类风湿关节炎、骨性关节炎等疾病中。

【辨证要点】

主症 关节肌肉疼痛。

行痹(风痹) 疼痛游走,痛无定处,时见恶风发热,舌淡,苔薄白,脉浮。

痛痹(寒痹) 疼痛较剧,痛有定处,遇寒痛增,得热痛减,局部皮色不红,触之不热,苔薄白,脉弦紧。

着痹(湿痹) 肢体关节重着疼痛,或有肿胀,肌肤麻木不仁,阴雨天加重或发作,苔白腻,脉濡缓。

热痹 关节疼痛,局部灼热红肿,痛不可触,关节活动不利,可累及多个关节,伴有发热、恶风、口渴烦闷,舌红,苔黄,脉滑数。

【治疗】

1. 基本治疗

治则 疏经活络,通痹止痛。取局部穴位为主,配合循经及辨证选穴。

主穴 肩部:阿是穴 肩髃 肩髎 肩贞 臑俞
肘部:阿是穴 曲池 天井 尺泽 少海
腕部:阿是穴 阳池 外关 阳溪 腕骨
脊背:阿是穴 大杼 身柱 腰阳关 夹脊
髀部:阿是穴 环跳 居髎 秩边 髀关
膝部:阿是穴 血海 梁丘 膝眼 阳陵泉
踝部:阿是穴 申脉 照海 昆仑 丘墟

配穴 行痹配膈俞、血海;痛痹配肾俞、关元;着痹配阴陵泉、足三里;热痹配大椎;另可根据痹痛部位循经远端取穴。

操作 毫针常规刺,可用电针。风寒湿痹可加用灸法,热痹可局部点刺放血。

方义 病痛局部取穴及循经选穴可疏通经络气血,使营卫调和而风寒湿热等邪无所依附,经络通畅,痹痛遂解。

2. 其他治疗

(1) 刺络拔罐:用皮肤针重叩脊背两侧和关节病痛部位,使出血少许并拔罐。

(2) 穴位注射:以上主穴每次取2～3穴。选用当归注射液或威灵仙注射液,每穴注入药液0.5～1 ml。

【按语】

(1) 针灸治疗痹证有较好的疗效,对风湿性关节炎效果尤佳。类风湿关节炎病情缠绵反复,属于顽痹范畴,非一时能获效。

(2) 本病应注意鉴别诊断骨结核、肿瘤等。

(3) 患者平时应注意关节的保暖,避免风寒湿邪的侵袭。

【文献摘录】

(1)《灵枢·周痹》:故刺痹者,必先切循其下之六经,视其虚实,及大络之血结而不通,及虚而脉陷空者而调之,熨而通之,其瘛坚,转引而行之。

(2)《针灸大成》:四肢风痛,曲池、风市、外关、阳陵泉、三阴交、手三里。

(3)《神灸经纶》:臂腕五指疼痛,腕骨、支正……五痹,曲池、外关、合谷、中渚、膏肓、肩井、肩髃;上中下三部痹痛,足三里……膝风肿痛,足三里、阳陵泉、阴陵泉、太冲、昆仑。

第十一节 膝骨性关节炎

膝骨性关节炎(knee osteoarthritis)是指关节软骨出现原发性或继发性退行性改变,并伴有软骨下骨质增生,从而使关节逐渐被破坏及产生畸形,影响膝关节功能的一种退行性疾病。临床表现为髌骨下疼痛可有摩擦感,上、下楼梯或坐位起立时明显;关节肿胀积液可自行消退,又反复发作;关节活动减少,疼痛加重,关节出现僵硬、不稳、屈伸活动范围减少的现象。随着病情逐渐发展可产生骨缘增大,出现内翻或外翻畸形。

膝骨性关节炎属中医学"痹证""骨痹"范畴,其发生主要与劳伤、行走过多或跑跳跌撞等因素有关。本病病位在膝部筋骨,属本虚标实之证。老年肝肾不足,筋骨失荣,复因外感寒湿,或内生湿浊,滞留关节而肿胀,筋骨失濡。基本病机是气血瘀滞,筋骨失养。

【辨证要点】

主症 膝关节疼痛及活动功能障碍。

寒湿证 膝关节冷痛肿胀,遇冷加重,得温则减,舌质淡,苔白滑,脉沉迟。

瘀血证 膝关节疼痛剧烈,痛如针刺,痛处固定不移,夜间加重,伴有外伤史,舌质紫暗,或有瘀斑,脉涩。

肝肾亏虚证 膝关节痛势隐隐,喜揉喜按,劳则加重,舌淡,脉细。

【治疗】

1. 基本治疗

治则 通经活络,壮骨止痛。取局部穴位为主。

主穴　膝眼　梁丘　阳陵泉　血海　阿是穴　大杼
配穴　寒湿证配腰阳关；瘀血证配膈俞；肝肾亏虚证配肝俞、肾俞、气海。
操作　毫针常规刺，可加电针，或加灸，或温针灸。
方义　膝眼、梁丘、血海、阿是穴属于膝关节局部的穴位，可疏通局部气血，通经活络止痛；阳陵泉乃筋之会穴，可舒筋通络止痛；骨会大杼，可壮骨止痛，以治其本。

2. 其他治疗
(1) 耳针：取神门、交感、皮质下、内分泌、膝。每次选用3～5穴，毫针刺法或压籽法。
(2) 刺络拔罐：皮肤针重叩阿是穴，使出血少许，加拔罐。
(3) 穴位注射：取膝眼、阳陵泉、梁丘、膝阳关。每次选取2～3穴，选用当归注射液、丹皮酚注射液、威灵仙注射液等，每穴注入药液0.5～1 ml。

【按语】
(1) 针灸治疗膝骨性关节炎，临床有很好的疗效。与艾灸、火罐、耳针等综合治疗，效果更佳。
(2) 注意与良性关节痛、风湿性关节炎、类风湿关节炎相鉴别。
(3) 平时注意减少膝关节负重，必要时扶手杖走路。

【文献摘录】
(1)《灵枢·杂病》：膝中痛，取犊鼻，以员利针，发而间之。针大如氂，刺膝无疑。
(2)《素问·骨空论》：膝痛不可屈伸，治其背内。
(3)《针灸聚英》：大杼，主膝痛不可屈伸。

第十二节　痛　风

痛风(gout)是尿酸排泄减少和嘌呤代谢障碍所致、以特征性急性关节炎为主要症状的疾病。

痛风属中医学"痹证""历节风"等范畴，其发生常与正气不足、饮食不节、外邪侵袭等因素有关。本病病位初见于筋骨，日久可使病邪由经络而至脏腑，呈现心、脾、肾同病。基本病机是正虚邪侵，气血痹阻，经络不通。

【辨证要点】
主症　关节剧痛、反复发作，多急性发作于午夜，最易受累部位是踇趾关节，依次为踝、跟、膝、腕、指、肘等关节。久病者出现痛风石沉积，常导致关节畸形，并有肾脏病变和尿路结石的发生。

风湿热痹　关节红肿疼痛，局部按之焮热，喜凉恶热，伴全身发热，尿黄，便干，舌红，苔黄，脉滑数。

痰瘀痹阻　关节疼痛固定不移，呈梭形肿胀，活动不利，皮下可触及硬结，伴面色暗滞，胸部刺痛，溺时腰痛如掣如绞，唇舌暗红，脉细涩或弦紧。

【治疗】
1. 基本治疗
治则　疏经活络，通痹止痛。取局部穴为主。
主穴　局部阿是穴

配穴　风湿热痹配大椎、阳陵泉；痰瘀痹阻配公孙、血海。依据不同关节配穴，跖趾关节配八风、内庭；踝关节配申脉、昆仑；指骨间关节配八邪、四缝；腕关节配阳池、腕骨；膝关节配膝眼、阳陵泉。

操作　局部阿是穴施以齐刺、扬刺、输刺等，针后可令局部出血，每日1~2次。关节肿甚或呈梭形者，可在局部行刺络拔罐法，每隔2~3日治疗1次。余穴用常规针刺。

方义　局部取用阿是穴，疏通经络气血力著，祛风清热利湿作用明显，可使营卫调和而风寒湿热等邪无所依附，痹痛遂解。

2. 其他治疗

(1) 灸法：取局部阿是穴。施以温和灸，每日1次。

(2) 耳针：取神门、内分泌、交感、对应部位。毫针刺法，或埋针法。

【按语】

(1) 针灸对缓解局部关节红肿热痛，有一定疗效。

(2) 要严格注意饮食，不食高嘌呤食物，不酗酒，必要时可同时服用秋水仙碱等药物。

第三章 内科病证

导学

本章介绍了内科常见病证的针灸治疗方法。通过学习,要求重点掌握中风、眩晕、面瘫、面肌痉挛痿证、不寐、心悸、感冒、咳嗽、胃痛、呕吐、呃逆、腹痛、泄泻、便秘、肠易激综合征、胁痛、癃闭、遗精、阳痿、消渴的针灸基本治疗方法,包括治则、主穴、配穴及特殊操作;熟悉其病因、病位、相关联的脏腑经络、基本病机、辨证分型、处方方义及其他疗法;了解其概念、临床表现及古代文献。对其余病证要求重点掌握针灸基本治疗的主穴。

第一节 中 风

中风(apoplexy)是以突然昏倒、不省人事,伴口角㖞斜、语言不利、半身不遂,或不经昏仆仅以口㖞、半身不遂为主要表现的病证。

中风的发生多与饮食不节、情志内伤、思虑过度、年老体衰等因素有关。本病病位在脑,与心、肾、肝、脾关系密切。本病病机复杂,但归纳起来不外虚、火、风、痰、气、瘀,基本病机是气血逆乱,上犯于脑。

西医学中,可见于急性脑血管病,如脑梗死、脑出血、脑血管栓塞、蛛网膜下腔出血等。

【辨证要点】

1. **中经络**

主症 半身不遂,舌强语謇,口角㖞斜而无意识障碍。

风痰阻络 兼见肢体麻木或手足拘急,头晕目眩,苔白腻,脉弦滑。

风阳上扰 兼见面红目赤,眩晕头痛,心烦易怒,口苦咽干,尿黄便秘,舌红或绛,苔黄或燥,脉弦有力。

痰热腑实 兼见口黏痰多,腹胀便秘,舌红,苔黄腻或灰黑,脉弦滑大。

气虚络瘀 兼见肢体软弱,偏身麻木,手足肿胀,面色淡白,气短乏力,心悸自汗,舌暗苔白腻,脉细涩。

阴虚风动 兼见肢体麻木,心烦失眠,眩晕耳鸣,手足拘挛或蠕动,舌红,少苔,脉细数。

2. **中脏腑**

主症 神志恍惚、迷蒙,嗜睡或昏睡,甚至昏迷,半身不遂。

闭证 兼见神昏面赤,呼吸急促,喉中痰鸣,牙关紧闭,口噤不开,肢体强痉,两手握固,二便不通,苔黄腻,脉洪大而数。

脱证 兼见面色苍白,瞳神散大,气息微弱,手撒口开,汗出肢冷,二便失禁,舌痿,脉细弱或脉微欲绝。

【治疗】

1. 基本治疗

(1) 中经络

治则 疏通经络,醒脑开窍。取督脉和手厥阴、少阴经穴为主。

主穴 水沟 内关 极泉 尺泽 委中 三阴交

配穴 风痰阻络配丰隆、合谷;风阳上扰配太冲、太溪;痰热腑实配内庭、丰隆;气虚络瘀配气海、血海;阴虚风动配太溪、风池;口角㖞斜配颊车、地仓;上肢不遂配肩髃、曲池、手三里、合谷;手指不伸配腕骨;下肢不遂配环跳、阳陵泉、阴陵泉、太冲、风市;头晕配风池、天柱;便秘配天枢、支沟;尿失禁、尿潴留配中极、关元;复视配风池、睛明;足内翻配丘墟透照海。

操作 水沟用雀啄法,以眼球湿润为度;内关用捻转泻法;极泉在原穴位置下1寸心经上取穴,避开腋毛,直刺进针,用提插泻法,以患者上肢有麻胀和抽动感为度;尺泽、委中直刺,提插泻法,使肢体有抽动感;三阴交用提插补法。可用电针。

方义 中风病位在脑,督脉入络脑,水沟为督脉要穴,可醒脑开窍、调神导气;心主血、脉藏神,内关为心包经络穴,可调理心气、疏通气血;极泉、尺泽、委中,可疏通肢体经络;三阴交为足三阴经交会穴,可滋补肝肾。

(2) 中脏腑

治则 醒脑开窍,启闭固脱。取督脉穴为主。

主穴 水沟 百会 内关

配穴 闭证配十二井、太冲;脱证配关元、神阙。

操作 水沟、内关操作方法同"中经络"。百会闭证用毫针刺,泻法;脱证用灸法。十二井点刺放血。关元、神阙用大艾炷重灸法。

方义 脑为元神之府,督脉入络脑,水沟为督脉穴,可醒脑开窍,调神导气;百会位于头顶,属督脉,内络于脑,醒神开窍作用明显;心主血脉,内关为心包经络穴,可调理心气,促进气血运行。

2. 其他治疗

(1) 头针:取对侧顶颞前斜线、顶颞后斜线、顶旁1线及顶旁2线。头针常规针刺法。

(2) 穴位注射:取肩髃、曲池、手三里、足三里、丰隆。每次选取2~4穴,选用丹参注射液、川芎嗪注射液、维生素B_1注射液、维生素B_{12}注射液,每穴注入1~2 ml。适用于中经络证。

【按语】

(1) 针灸治疗中风的疗效满意,尤其对于神经功能的康复,如肢体运动、语言、吞咽功能等有促进作用,治疗越早则效果越好。

(2) 中风急性期,若出现高热、神昏、心衰、颅内压增高、上消化道出血等情况,应采取综合治疗措施。

(3) 中风患者应注意防治褥疮,保持呼吸道通畅。

【文献摘录】

(1)《灵枢·热病》:偏枯,身偏不用而痛,言不变,志不乱,病在分腠之间,巨针取之,益其不足,损其有余,乃可复也。

(2)《扁鹊神应针灸玉龙经》：中风半身不遂，左瘫右痪，先于无病手足针，宜补不宜泻；次针其有病足手，宜泻不宜补：合谷一、手三里二、曲池三、肩井四、环跳五、血海六、阳陵泉七、阴陵泉八、足三里九、绝骨十、昆仑十一。

(3)《神应经》：诸风不识人，水沟、临泣、合谷。

(4)《针灸大成》：凡初中风跌倒，卒暴昏沉，痰涎壅滞，不省人事，牙关紧闭，药水不下，急以三棱针刺手十指十二井穴，当去恶血……但未中风时，一两月前或三四个月前，不时足胫上发酸重麻，良久方解，此将中风之候也。便宜急灸三里、绝骨四处，各三壮……中风，左瘫右痪，三里、阳溪、合谷、中渚、阳辅、昆仑、行间。

[附] 假性延髓麻痹

假性延髓麻痹(pseudobulbar paralysis)又称假性球麻痹，是两侧皮质延髓束损害所产生的疾病，临床表现为延髓所支配的肌肉呈上运动神经元性瘫痪或不完全性瘫痪，患者常出现软腭、咽喉、舌肌运动障碍，吞咽、发音、讲话困难等症状。脑血管意外、肌萎缩性侧索硬化、梅毒性脑动脉炎等可引起本病。

假性延髓麻痹属于中医学的"噎膈""瘖痱"等范畴，其发生多与饮食不节、情志内伤、思虑过度、年老体衰等因素有关。基本病机是痰浊、瘀血阻滞脑络。

治则　调神导气，活血通关，化痰利窍。取督脉、任脉及手足少阴经穴为主。

主穴　水沟　廉泉　通里　照海　风池　翳风

配穴　吞咽困难配金津、玉液；痰多配丰隆、中脘。

操作　水沟、廉泉、通里用泻法；风池向鼻尖方向针刺。余穴常规刺。

方义　水沟、廉泉、风池、翳风为近部取穴，可疏通局部气血，调神导气，通关利窍；通里为心经络穴，照海为足少阴经穴，又为八脉交会穴，两穴相配，可调理心肾之气，疏导气血。

【按语】

(1)针刺治疗本病效果较好，但需注意针刺的深度及针尖方向。

(2)导致皮质延髓束损伤的原发病稳定并逐渐恢复时，预后良好。如原发病加重和反复发作，则预后不佳。

第二节　眩　晕

眩晕(vertigo)是以头晕目眩、视物旋转为主要表现的一种病证，又称"头眩""掉眩""冒眩""风眩"等。

眩晕的发生多与忧郁恼怒、恣食厚味、劳伤过度、跌仆损伤、头脑外伤等因素有关。本病病位在脑，与肝、脾、肾相关。基本病机：虚证是气血虚衰，清窍失养；实证多与风、火、痰、瘀扰乱清窍有关。

西医学中，眩晕多见于梅尼埃病、颈椎病、椎-基底动脉系统血管病和贫血、高血压病、脑血管病等疾病中。

【辨证要点】

主症　以头晕目眩、视物旋转为主要表现。轻者如坐车船,飘摇不定,闭目少顷即可复常;重者两眼昏花缭乱,视物不明,旋摇不止,难以站立,昏昏欲倒,甚则跌仆。

1. 实证

肝阳上亢　眩晕耳鸣,头目胀痛,烦躁易怒,失眠多梦,面红目赤,口苦,舌红,苔黄,脉弦数。

痰湿中阻　头重如裹,视物旋转,胸闷恶心,呕吐痰涎,口黏,纳差,舌淡,苔白腻,脉弦滑。

瘀血阻窍　眩晕头痛,耳鸣耳聋,失眠,心悸,精神不振,面唇紫暗,舌暗有瘀斑,脉涩或细涩。

2. 虚证

气血亏虚　头晕目眩,面色淡白或萎黄,神倦乏力,心悸少寐,腹胀纳呆,舌淡,苔薄白,脉弱。

肾精不足　眩晕久发不已,视力减退,少寐健忘,心烦口干,耳鸣,神疲乏力,腰酸膝软,舌红,苔薄,脉弦细。

【治疗】

1. 基本治疗

(1) 实证

治则　平肝潜阳,和胃化痰。取足厥阴、少阳经及督脉穴为主。

主穴　百会　风池　太冲　内关　丰隆

配穴　肝阳上亢配行间、率谷;痰湿中阻配中脘、阴陵泉;瘀血阻窍配膈俞、阿是穴。

操作　针刺风池穴应正确把握进针的方向、角度和深浅;余穴常规刺。

方义　眩晕病位在脑,脑为髓之海,督脉入络脑,故治疗首选位于巅顶的百会穴,可清头目,止眩晕;风池位于头部,属近部取穴,疏调头部气机;太冲为肝之原穴,可平肝潜阳;内关为八脉交会穴,通阴维脉,可理气和胃;丰隆健脾除湿,化痰通络。

(2) 虚证

治则　补益气血,益精填髓。取督脉及肝、肾的背俞穴为主。

主穴　百会　风池　肾俞　肝俞　足三里

配穴　气血亏虚配脾俞、气海;肾精不足配悬钟、太溪。

操作　针刺风池穴应正确把握进针的方向、角度和深浅;余穴常规刺。

方义　眩晕病位在脑,脑为髓之海,督脉入络脑,故治疗首选位于巅顶的百会穴,可清头目,止眩晕;风池位于头部,属近部取穴,疏调头部气机;肾俞、肝俞补益肝肾,滋阴潜阳;足三里补益气血,充髓止晕。

2. 其他疗法

(1) 三棱针:眩晕剧烈时可取印堂、太阳、百会、头维等穴。三棱针点刺出血1~2滴。

(2) 耳针:取肾上腺、皮质下、枕、神门、额、内耳;肝阳上亢加肝、胆;痰浊中阻加脾、缘中;气血亏虚加脾、胃;肾精不足加肾。每次取3~5穴,毫针刺法或压籽法。

(3) 头针:取顶中线、枕下旁线。毫针刺法。

【按语】

(1) 针灸治疗本病效果较好,但应分清标本缓急。眩晕急重者,先治其标;眩晕较轻或发作间歇期,注意求因治本。

(2) 在治疗的同时应测血压,查血色素、红细胞计数及心电图、脑干诱发电位、眼震电图及颈椎

X线片等。如需要还应做CT、MRI等。应注意与中医的中风、厥证鉴别。

【文献摘录】

(1)《玉龙经》：眩晕呕吐者,针风府；头眩善呕烦满者,取神庭、承光；头旋耳鸣取络却；头晕面赤不欲言,泻攒竹、三里、合谷、风池。

(2)《针灸大全》：痰厥头晕,及头目昏沉,外关……大敦二穴、肝俞二穴、百会一穴。

[附1] 贫 血

贫血(anemia)是指周围血液单位容积内红细胞数、血红蛋白量和(或)血细胞比容低于正常状态的病证。一般以血红蛋白低于正常参考值95%下限作为诊断标准(成年男性血红蛋白<120 g/L,成年女性血红蛋白<110 g/L,妊娠妇女血红蛋白<100 g/L)。根据红细胞形态特点,将贫血分为大细胞性贫血、正常细胞性贫血和小细胞性贫血三类。临床上常见的贫血有营养不良性贫血、缺铁性贫血、溶血性贫血、再生障碍性贫血等。

贫血属于中医学"血虚""虚劳""黄胖病"范畴,其发生常与素体虚弱、饮食所伤、失血过多等因素有关。本病与脾、胃、心、肾等脏腑关系密切。基本病机为气血亏虚。

【辨证要点】

主症 面色苍白,疲乏无力,头晕眼花,心悸气短,食欲不振。

脾胃虚弱 兼见纳少便溏,舌质淡,苔薄腻,脉细弱。

心脾两虚 兼见心悸健忘,纳少便溏,失眠多梦,舌胖而淡,脉濡细。

脾肾阳虚 兼见畏寒肢冷,腰膝酸软,遗精阳痿,月经不调,舌胖大而淡,苔薄白,脉沉细。

肾阴亏虚 兼见两颧潮红,咽干喉燥,低热盗汗,五心烦热,遗精,舌质红,苔少,脉弦细或细数。

【治疗】

1. 基本治疗

治则 健脾益胃,调养气血。取心、脾、肾的背俞穴为主。

主穴 脾俞 肾俞 心俞 膈俞 足三里 血海

配穴 脾胃虚弱配中脘、胃俞；心脾两虚配三阴交、内关；脾肾阳虚配关元、命门；肾阴亏虚配太溪、复溜；月经不调、月经过多或崩漏不止配地机、隐白。

操作 毫针常规刺,除肾阴亏虚者外可加灸。背部腧穴应当注意针刺深度,以免伤及内脏。

方义 贫血病本为气血亏虚,脾胃为后天之本,"饮食入胃,中焦受气取汁,变化而赤是为血",故取脾的背俞穴脾俞、胃的下合穴足三里以健脾益胃,助气血生化之源；肾主藏精,精血同源,故取肾俞补益精血；心主血脉,心俞为心的背俞穴,膈俞为血之会穴,血海位于足太阴脾经,三穴合用,既善调理又能补益,能调养人体一身之气血。

2. 其他治疗

(1)耳针：取皮质下、脾、胃、心、肾、膈、内分泌、肾上腺。每次选用3～4穴,毫针刺法或压籽法。

(2)穴位注射：取血海、膈俞、脾俞、足三里。选用当归注射液或黄芪注射液,每穴注射1～

1.5 ml。

(3) 穴位埋线：取血海、肾俞、脾俞。用羊肠线埋藏。

(4) 割治疗法：取膈俞、公孙、然谷。每次选1~2个穴位，切口长1 cm，取出少量脂肪，用消毒纱布贴敷。

【按语】

(1) 针灸对贫血有较好的改善作用。临床必须首先明确病因，在针灸治疗的同时积极采取针对性治疗措施。

(2) 贫血患者平时饮食营养要均衡合理，生活起居要有规律，劳逸适度，不要过食肥甘厚腻、辛辣刺激性食物以防伤及脾胃。

【文献摘录】

(1)《千金翼方》：虚劳吐血，灸中管(脘)三百壮。

(2)《针灸资生经》：凡饮食不思，心腹膨胀，面色萎黄，世谓之脾胃病者，宜灸中脘。

[附2] 白细胞减少症

白细胞减少症(leukopenia)是指外周血液中白细胞数持续低于$4\times10^9/L$的病证。可分为原发性和继发性两类。

白细胞减少症属于中医学"虚劳""虚损"范畴，其发生多与禀赋不足、脾胃虚弱等因素有关。本病病位在脾肾。基本病机是脾肾亏虚，精血不足。

【辨证要点】

主症　白细胞数持续低于$4\times10^9/L$，伴有头晕、乏力等。

脾胃虚弱　兼见面色萎黄或淡白，神疲气短，嗜睡困倦，纳少便溏，舌淡，苔薄，脉细。

脾肾阳虚　兼见畏寒肢冷，腰膝酸软，遗精阳痿，月经不调，舌胖大而淡，苔薄白，脉沉细。

【治疗】

1. 基本治疗

治则　健脾益气，温肾固本。取任脉、督脉和脾、肾的背俞穴为主。

主穴　气海　大椎　脾俞　肾俞　膏肓　足三里

配穴　脾胃虚弱配中脘、胃俞；脾肾阳虚配关元、命门。

操作　毫针常规刺，可加灸。

方义　本病以虚为本，故取气海、大椎补气通阳；脾俞、肾俞穴为脾、肾的背俞穴，可健运脾土，温补肾阳；膏肓、足三里可益气补虚。

2. 其他治疗

(1) 耳针：取脾、胃、肾、内分泌、皮质下。毫针刺法或压籽法。

(2) 穴位注射：取足三里、血海。选用当归注射液、参麦注射液、黄芪注射液等，每穴注入1~2 ml。

【按语】

(1) 针灸对本病的疗效较好，但应同时治疗原发病。

(2) 应避免滥用药物,控制放、化疗剂量,尽量减少理化因素的影响。

第三节 高血压病

高血压病(hypertension)是一种常见的慢性疾病,全称为"原发性高血压病",以安静状态下持续性动脉血压增高(BP：140/90 mmHg 或 18.6/12 kPa 以上)为主要表现。高血压临床上可分为原发性和继发性两类,病因不明者称为原发性高血压病,又称高血压病;若高血压是某一种明确而独立的疾病所引起者,称为继发性高血压病。

高血压病属于中医学"头痛""眩晕""肝风"等范畴,其发生与遗传、年龄、体态、职业、情绪、饮食等有一定的关系。本病的病变与肝、肾关系密切。基本病机是肾阴不足、肝阳偏亢。

【辨证要点】

主症　常见头痛,头晕,头胀,眼花,耳鸣,心悸,失眠,健忘等。重则出现脑、心、肾、眼底等器质性损害和功能障碍。

肝火亢盛　兼见惊悸,烦躁不安,面红目赤,口苦,尿赤便秘,舌红,苔干黄,脉弦。

阴虚阳亢　兼见头重脚轻,耳鸣,五心烦热,心悸失眠,健忘,舌红,苔薄白,脉弦细而数。

痰湿壅盛　兼见头重,胸闷,心悸,食少,呕恶痰涎,苔白腻,脉滑。

气虚血瘀　兼见面色萎黄,心悸怔忡,气短乏力,纳差,唇甲青紫,舌质紫暗或见有瘀点,脉细涩。

阴阳两虚　兼见面色萎暗,耳鸣,心悸,动则气急,甚则咳喘,腰腿酸软,失眠或多梦,夜间多尿,时有浮肿,舌淡或红,苔白,脉细。

【治疗】

1. 基本治疗

治则　平肝潜阳,调和气血。

主穴　风池　百会　曲池　合谷　太冲　三阴交

配穴　肝火亢盛配行间;阴虚阳亢配肾俞、肝俞;痰湿壅盛配丰隆、中脘;气虚血瘀配足三里、膈俞;阴阳两虚配关元、肾俞;心悸怔忡配内关、神门。

操作　痰湿壅盛、气虚血瘀、阴阳两虚者,百会可加灸;太冲可向涌泉透刺,以增滋阴潜阳之力;余穴常规刺。

方义　风池接近头部,既可疏理头部气机,还可平肝潜阳;百会居于巅顶,为诸阳之会,并与肝经相通,针之可泻诸阳之气,平降肝火;曲池、合谷清泻阳明,理气降压;太冲为肝之原穴,疏肝理气,平降肝阳;三阴交为足三阴经的交会穴,调补脾肝肾,配伍应用以治其本。

2. 其他疗法

(1) 皮肤针：取项后、腰骶部和气管两侧。叩刺以皮肤潮红或微出血为度。

(2) 三棱针：取耳尖、百会、大椎、印堂、太冲、曲池等穴。每次选 1～2 穴,点刺出血 3～5 滴。

(3) 耳针：取降压沟、肾上腺、耳尖、交感、神门、心等。每次选 3～4 穴,毫针刺法,或埋针法或压籽法;血压过高还可在降压沟和耳尖点刺出血。

【按语】

(1) 针灸对Ⅰ期、Ⅱ期高血压病有较好的效果,对Ⅲ期高血压病可改善症状,但应配合降压药物治疗。高血压危象时慎用针灸。

(2) 长期服用降压药物者,针灸治疗时不要突然停药。治疗一段时间,待血压降至正常或接近正常,自觉症状明显好转或基本消失后,再逐渐调整药量。

[附] 低血压

低血压(hypotension)是指血压持续低于90/60 mmHg(老年人低于100/70 mmHg)的病证。低血压分为体质性、体位性和继发性三类,以体质性低血压最为常见,一般认为与体质瘦弱和遗传有关。

低血压属于中医学"眩晕""虚劳"范畴,其发生常与禀赋不足、饮食所伤、服药不当及体位等因素有关。本病与心、脾、肾等脏关系密切。基本病机是血不养脉。

【辨证要点】

主症　轻则头晕、头痛,反应迟钝或精神不振。重则心悸,站立性眩晕,甚则四肢厥冷或昏厥。

心阳不振　头晕健忘,精神萎靡,神疲嗜睡,面色苍白,四肢乏力,手足发凉,舌质淡,脉沉细或缓而无力。

中气不足　头晕气短,纳呆便溏,四肢酸软,舌淡,苔白,脉缓无力。

心肾阳虚　头晕耳鸣,心悸怔忡,腰酸膝软,手足发凉,性欲减退,夜尿频多,舌质淡,苔薄白,脉沉细。

阳气虚脱　头晕,面色苍白,恶心呕吐,汗出肢冷,神志恍惚或晕厥,舌质淡,脉沉细无力。

【治疗】

1. 基本治疗

治则　补益心脾,益肾充髓。取心、脾、肾的背俞穴为主。

主穴　心俞　脾俞　肾俞　百会　气海　足三里

配穴　心阳不振配膻中、厥阴俞;中气不足配中脘、胃俞;心肾阳虚配内关、太溪;阳气虚脱配神阙、关元。

操作　神阙、关元用重灸法。余穴毫针常规刺,补法,可灸。心俞穴不可深刺。

方义　心俞、脾俞、肾俞为心、脾、肾的背俞穴,取阴病治阳、从阳引阴之意,可益气养血、补精填髓;百会位于颠顶,属于督脉,入络于脑,可提升阳气;气海位于脐下,为人体一身元气之海,可益气升压;足三里为胃的下合穴,可健脾益胃以化生气血。

2. 其他治疗

(1) 皮肤针:取心俞、脾俞、肾俞、百会、气海、足三里。每次选用2~3穴,叩刺至局部皮肤潮红为度。

(2) 耳针:取心、脾、肾、肾上腺、升压点、神门。每次选用3~5穴,压籽法。

【按语】

(1) 针灸对于本病有较好的治疗作用。对于继发性低血压,需积极治疗原发病,去除诱发因素。

(2) 患者当积极参加体育锻炼,改善体质,增加营养。老年低血压患者平时动作不可过快、过猛。

【文献摘录】

(1)《灵枢·口问》：上气不足,脑为之不满,耳为之苦鸣,头为之苦倾,目为之眩……补足外踝下,留之。

(2)《灵枢·海论》：脑为髓之海,其输上在于其盖,下在风府……髓海不足,则脑转耳鸣,胫酸眩冒,目无所见,懈怠安卧。

第四节 面　瘫

面瘫(facial paralysis)是以口、眼向一侧歪斜为主要表现的病证,又称"口眼㖞斜"。

面瘫的发生多与劳作过度、正气不足、风寒或风热乘虚而入等因素有关。本病病位在面部,与少阳、阳明经筋相关。基本病机是气血痹阻,经筋功能失调。

西医学中,面瘫多见于周围性面神经麻痹,最常见于贝尔麻痹。

【辨证要点】

主症　以口眼㖞斜为主要特点。常在睡眠醒来时发现一侧面部肌肉板滞、麻木、瘫痪,额纹消失,眼裂变大,露睛流泪,鼻唇沟变浅,口角下垂歪向健侧,患侧不能皱眉、蹙额、闭目、露齿、鼓颊;部分患者初起时有耳后疼痛,还可出现患侧舌前2/3味觉减退或消失,听觉过敏等症。病程日久,可因瘫痪肌肉出现挛缩,口角反牵向患侧,其后则出现面肌痉挛,形成"倒错"现象。

风寒证　见于发病初期,面部有受凉史,舌淡,苔薄白,脉浮紧。

风热证　见于发病初期,多继发于感冒发热,舌红,苔薄黄,脉浮数。

气血不足　多见于恢复期或病程较长的患者,兼见肢体困倦无力,面色淡白,头晕等症。

【治疗】

1. 基本治疗

治则　祛风通络,疏调经筋。取局部穴位和手足阳明经穴为主。

主穴　阳白　四白　颧髎　颊车　地仓　翳风　合谷

配穴　风寒、风热配风池;气血不足配足三里;味觉减退配足三里;听觉过敏配阳陵泉;抬眉困难配攒竹;鼻唇沟变浅配迎香;人中沟歪斜配水沟;颏唇沟歪斜配承浆;流泪配太冲。

操作　面部腧穴均行平补平泻法,恢复期可加灸法;在急性期,面部穴位手法不宜过重,肢体远端的腧穴行泻法且手法宜重;在恢复期,合谷行平补平泻法,足三里行补法。

方义　面部各腧穴可疏调局部经筋气血,活血通络;合谷为循经选穴(面口合谷收),与近部腧穴翳风相配,以祛风通络。

2. 其他疗法

(1) 皮肤针：取阳白、颧髎、地仓、颊车。叩刺以局部潮红为度。适用于恢复期。

(2) 刺络拔罐：取阳白、颧髎、地仓、颊车。用皮肤针叩刺或三棱针点刺出血后加拔火罐。

(3) 穴位贴敷：取太阳、阳白、颧髎、地仓、颊车。将马钱子锉成粉末,取1～2分撒于胶布上,然后贴于穴位处,每隔5~7日换药1次;或用蓖麻仁捣烂加麝香少许,取绿豆粒大一团,贴敷于穴位上,每隔3~5日更换1次;或用白附子研细末,加冰片少许做面饼,贴敷于穴位上,每日1次。

【按语】

(1) 针灸治疗面瘫具有良好疗效,是目前治疗本病安全有效的首选方法。周围性面瘫的预后与面神经的损伤程度密切相关,一般而言,由无菌性炎症导致的面瘫预后较好,而由病毒导致的面瘫(如亨特面瘫)预后较差。

(2) 本病应与中枢性面瘫相鉴别。

(3) 避免风寒,必要时应戴口罩、围巾。

【文献摘录】

(1)《铜人腧穴针灸图经》:客主人,治偏风口㖞斜。

(2)《玉龙歌》:口眼㖞斜最可嗟,地仓妙穴连颊车。

(3)《针灸大成》:中风口眼㖞斜,听会、颊车、地仓;凡㖞向左者,宜灸右;向右者,宜灸左,各㖞陷中二七壮,艾炷如麦粒大,频频灸之,取尽风气,口眼正为度。

第五节　面肌痉挛

面肌痉挛(facial spasm)是以阵发性、不规则的一侧面部肌肉不自主抽搐为特点的疾病。

面肌痉挛属中医学"面风""筋惕肉瞤"等范畴,其发生常与外邪侵入、正气不足等因素有关。病位主要在面部经筋。基本病机是外邪阻滞,壅遏筋脉或虚风内动。

【辨证要点】

主症　以一侧面部肌肉阵发性抽搐为主要特点。起初多为眼轮匝肌阵发性痉挛,逐渐扩散到同侧面部、眼睑和口角,痉挛范围不超过面神经支配区。少数患者阵发性痉挛发作时,伴有面部轻微疼痛。晚期可出现肌无力、肌萎缩和肌瘫痪。

风寒外袭　见于发病初期,面部有受凉史,舌淡,苔薄白,脉浮紧。

风热侵袭　见于发病初期,伴有咽痛,口干,舌红,苔薄黄,脉浮数。

阴虚风动　兼见心烦失眠,口干咽燥,舌红,少苔,脉细数。

气血不足　兼见头晕目眩,神疲肢倦,食欲不振,舌淡,苔薄白,脉沉缓。

【治疗】

1. 基本治疗

治则　疏筋通络,息风止搐。取局部穴为主,配合循经远端取穴。

主穴　翳风　攒竹　风池　风府　合谷　太冲

配穴　风寒外袭配外关;风热侵袭配曲池;阴虚风动配太溪、三阴交;气血不足配足三里、血海。

操作　先刺太冲、合谷,重刺行泻法;余穴常规针刺。足三里可用温针灸。

方义　风胜则动,故近取翳风、攒竹、风池、风府息风止搐;合谷为大肠之原穴,"面口合谷收",

太冲为肝之原穴,肝经从目系下颊里,环唇内,两穴相配,能柔肝缓急,舒筋通络。

2. 其他疗法

(1) 皮内针:取局部阿是穴。将揿针埋入,胶布固定。3~5日后更换穴位,重新埋针。
(2) 三棱针:取颧髎、太阳、颊车。点刺后行闪罐。
(3) 耳针:取神门、眼、面颊、肝、交感、皮质下。每次选3~4穴交,毫针刺法,或压丸法。
(4) 穴位注射:选患侧翳风。选用丹参注射液,每穴注射1~2 ml。

【按语】

(1) 针灸治疗面肌痉挛可缓解症状,减少发作次数和程度。
(2) 治疗期间,患者应保持心情舒畅,防止精神紧张及急躁。

第六节 痿 证

痿证(atrophy-flaccidity disease)是以肢体筋脉弛缓、软弱无力,日久因不能随意运动而致肌肉萎缩的一种病证。临床以下肢痿弱多见,故又有"痿躄"之称。

痿证的发生多与感受外邪、饮食不节、久病房劳、跌打损伤、药物损伤等因素有关。本病病位在筋脉肌肉,但根于五脏虚损。基本病机实证多为筋脉肌肉受损,气血运行受阻;虚证多为气血阴精亏耗,筋脉肌肉失养。

西医学中,痿证多见于运动神经元疾病、周围神经损伤、急性感染性多发性神经根炎、脑瘫、重症肌无力、进行性肌营养不良、外伤性截瘫等疾病中。

【辨证要点】

主症 肢体筋脉弛缓不收,软弱无力,甚至瘫痪。

肺热伤津 发热多汗,热退后突然出现肢体软弱无力,心烦口渴,小便短黄,舌红,苔黄,脉细数。

湿热浸淫 肢体逐渐痿软无力,下肢沉重、微肿而麻木不仁,或足胫热,小便赤涩,舌红,苔黄腻,脉滑数。

脾胃虚弱 肢体痿软无力日久,食少纳呆,腹胀便溏,面浮无华,神疲乏力,舌淡或有齿印,苔腻,脉细弱。

肝肾亏虚 起病缓慢,下肢痿软无力,甚至步履艰难,腿胫肌肉萎缩严重,腰脊酸软,不能久立,或伴眩晕耳鸣,舌红,少苔,脉沉细。

脉络瘀阻 四肢痿弱,肌肉瘦削,手足麻木不仁,四肢青筋显露,舌质暗淡或瘀点、瘀斑,脉细涩。

【治疗】

1. 基本治疗

治则 调和气血,濡养筋肉。取手足阳明经穴和相应夹脊穴为主。

主穴 上肢:肩髃 曲池 合谷 颈、胸夹脊

下肢:髀关 足三里 阳陵泉 三阴交 腰夹脊

配穴 肺热伤津配鱼际、尺泽;湿热浸淫配阴陵泉、中极;脾胃虚弱配脾俞、胃俞;肝肾亏虚配肝俞、肾俞;脉络瘀阻配膈俞、血海。

操作 鱼际、尺泽针用泻法,或三棱针点刺出血;上肢肌肉萎缩手阳明经排刺;下肢肌肉萎缩足阳明经排刺。余穴均常规刺。

方义 阳明经多气多血,选上、下肢阳明经穴位,可疏通经络,调理气血,取"治痿独取阳明"之意;夹脊穴位于督脉之旁,又与膀胱经第一侧线的脏腑背俞穴相通,可调脏腑阴阳,通行气血;阳陵泉乃筋之会穴,能通调诸筋;三阴交可健脾、补肝、益肾,以达强筋壮骨之目的。

2. 其他疗法

(1) 皮肤针:取肺俞、脾俞、胃俞、膈俞和手、足阳明经线。用皮肤针反复叩刺上述腧穴和部位至潮红或微出血。隔日1次。

(2) 电针:在瘫痪肌肉处选取穴位。针刺后选2~3对加电针仪,用断续波中强度刺激,刺激量宜逐渐加强,以患肢出现规律性收缩为佳。每次20~30 min。

(3) 穴位注射:取肩髃、曲池、合谷、足三里、阳陵泉、三阴交。每次选用2~3穴,用维生素B_1注射液,每穴注入1~2 ml。

【按语】

(1) 本病采用针灸疗法可获得较好效果,但久病畸形患者应配合其他疗法。

(2) 痿证的临床表现可与半身不遂、痹证后期相似,应注意鉴别。

(3) 卧床患者应保持四肢功能体位,以免造成足下垂或内翻,必要时可用护理架及夹板托扶。还应采取适当活动体位等措施,避免褥疮发生。在治疗的同时,最好配合主动和被动的肢体功能锻炼,以助及早康复。

【文献摘录】

(1)《标幽赋》:悬钟、环跳、华佗刺躄足而立行。

(2)《针灸逢源》:痿躄,环跳、中渎、足三里;足不能行,三里、三阴交、复溜、行间。

第七节 癫病

癫病(depression)是以精神抑郁、表情淡漠、沉默痴呆、语无伦次、静而少动为特征的一种病证,也属"郁证"的范畴。

癫病的发生多与情志刺激、思虑太过、所愿不遂等因素有关,或有家族史。本病病位主要在心、肝,涉及脾、胆。基本病机是气郁痰结,阴阳失调。

西医学中,癫病多与忧郁症、强迫症、精神分裂症等疾病有关。

【辨证要点】

主症 精神抑郁,多疑多虑,焦急胆怯,自语少动,悲郁善哭,呆痴叹息。

肝郁气滞 兼见胸胁胀满,食少纳呆,善太息,舌淡,苔薄白,脉弦。

痰气郁结 兼见表情淡漠,神志呆钝,语无伦次,或喃喃独语,不思饮食,苔腻,脉弦滑。

心脾两虚 兼见心悸易惊,善悲欲哭,食少倦怠,舌淡,苔白,脉细无力。

【治疗】

1. 基本治疗

治则　理气化痰,调神开窍。取督脉、手足厥阴经、手少阴经穴为主。

主穴　百会　印堂　内关　神门　太冲　丰隆

配穴　肝郁气滞配膻中、期门;痰气郁结配中脘、膻中;心脾两虚配心俞、脾俞。

操作　毫针常规刺。

方义　脑为元神之府,督脉入络脑,故百会配印堂可调神开窍;内关为心包经的络穴,可宽胸理气,宁心安神;神门为心之原穴,可调养心神,醒神开窍;肝之原穴太冲,可疏肝理气;胃经的络穴丰隆,可健脾化痰。以上穴位合用,可共奏理气化痰、调神开窍之功。

2. 其他疗法

(1) 耳针:取心、皮质下、肾、枕、神门。每次选用3~5穴,毫针刺法或压籽法。

(2) 穴位注射:取心俞、膈俞、间使、足三里、三阴交。每次选用1~2穴,每穴注射氯丙嗪0.5~1 ml。

【按语】

(1) 针灸对本病有一定的疗效。治疗前应明确诊断,要与癔病、脏躁相鉴别。

(2) 在治疗过程中,家属应积极配合,对患者加强护理,结合心理治疗,以提高疗效。

(3) 防止环境的恶性刺激,保持光线明亮,鼓励患者谈心、读报、听音乐等。

【文献摘录】

(1)《针灸大成》:癫疾,前谷、后溪、水沟、解溪、金门、申脉。

(2)《神应经》:癫疾,上星、百会、风池、曲池、尺泽、阳溪、腕骨、解溪、申脉、昆仑、商丘、然谷、通谷、承山,针三分速出,灸百壮。

第八节　狂　病

狂病(madness)是以精神亢奋、躁扰不宁、打人毁物、动而多想为特征的一种病证,多见于青少年。

狂病的发生多因情志刺激、思虑太过、所愿不遂或脑外伤等诱发因素,或有家族史。本病病位主要在心、肝,涉及脾、胆。基本病机是痰火上扰,阴阳失调,神明失主。

西医学中,狂病多见于精神分裂症、狂躁症等疾病中。

【辨证要点】

主症　精神错乱,哭笑失常,妄语高歌,狂躁不安,不避亲疏,打人毁物。

痰火扰神　起病急骤,先有性情急躁,头痛失眠,两目怒视,面红目赤,突然出现狂乱莫制,打人毁物,逾垣上屋,高歌狂呼,不避亲疏,不食不眠,舌质红绛,苔多黄腻,脉弦大滑数。

痰热瘀结　狂躁日久不愈,面色晦滞,躁扰不安,胸胁满闷,头痛心悸,舌质紫暗或有瘀斑,脉弦数或细涩。

火盛伤阴　狂躁日久,病势较缓,时而烦躁不安,时而多言善惊,恐惧不安,形瘦面红,心烦不寐,舌质红,脉细数。

【治疗】

1. 基本治疗

治则　涤痰泻火,清心开窍。取督脉、手厥阴经、手少阴经穴为主。

主穴　水沟　神门　劳宫　内关　丰隆

配穴　痰火扰神配中脘;痰热瘀结配中脘、膈俞;火盛伤阴配行间、太溪。

操作　毫针常规刺。急性发作期每次留针 30 min～2 h,以症状消失或减缓为度,并可配合刺血治疗。

方义　水沟属督脉,督脉为阳脉之海,又与脑相通,可醒神开窍,安神定志;神门为心之原穴,能清心宁神;劳宫清心包而泻心火,安神定志;内关为心包经络穴,可醒神开窍,宁心定志;丰隆可化痰通络,醒脑开窍。

2. 其他疗法

(1) 三棱针:取大椎、水沟、百会、中冲(十宣或十二井),点刺出血。

(2) 耳针:取心、皮质下、肾、枕、神门。每次选用 3～4 穴,毫针刺法,强刺激,留针 30 min。

(3) 穴位注射　取心俞、膈俞、间使、足三里、三阴交。每次选用 2～3 穴,每穴注射氯丙嗪 0.5～1 ml。

【按语】

(1) 针灸治疗本病有较好的效果。在治疗过程中,要对患者进行严密的监护,防止自杀和伤人毁物。

(2) 狂病应属精神失常疾病,必要时可行头颅 CT、MRI 等检查,以排除器质性精神障碍。

(3) 本病易复发,应在病情缓解后的间歇期继续治疗,以巩固疗效。

【文献摘录】

(1)《针灸大全》:心悸发狂,不识亲疏,内关……少冲二穴、心俞二穴、中脘一穴、十宣十穴。

(2)《神应经》:发狂,取少海、间使、神门、合谷、后溪、复溜、丝竹穴。

第九节　痫　病

痫病(epilespy)是以猝然昏仆、强直抽搐、醒后如常人为特征的发作性疾病,俗称"羊痫风"。

痫病的发生常与七情失调、先天因素、脑部外伤、饮食不节、劳累过度等因素有关。本病病位主要在心、肝,涉及脾、肾。基本病机是痰、火、血瘀和先天因素等,使气血逆乱、蒙蔽清窍而致神机受累,元神失控。

西医学中,痫病主要指癫痫,包括原发性癫痫和继发性癫痫。

【辨证要点】

1. 发作期　多见于痫证初期,猝然昏倒,不省人事,牙关紧闭,口吐白沫,或有吼叫声。发作后肢体酸痛疲乏,略加休息即可恢复正常。

痰火扰神　猝然仆倒,不省人事,四肢强痉拘挛,口中有声,口吐白沫,烦躁不安,气高息粗,痰鸣辘辘,口臭便干,舌质红或暗红,苔黄腻,脉弦滑。

　　风痰闭阻　猝然昏仆,目睛上视,口吐白沫,手足抽搐,喉中痰鸣,苔白腻,脉滑。

　　瘀阻脑络　既往有脑外伤(或产伤)史,发作时猝然昏仆,抽搐,或仅见口角、眼角、肢体抽搐,颜面口唇青紫,舌质紫暗或有瘀点,脉弦或涩。

　　2. 间歇期　多见于痫证后期,发作次数频繁,抽搐强度减弱,苏醒后精神萎靡,表情痴呆,智力减退。

　　心脾两虚　久发不愈,猝然昏仆,或仅见头部低垂,四肢无力,伴面色苍白、口吐白沫、四肢抽搐无力、口噤目闭、二便自遗,舌淡、苔白,脉弱。

　　心肾亏虚　痫病频发,心悸,健忘,头晕目眩,面色晦暗,失眠,腰膝酸软,舌质红绛,少苔或无苔,脉沉细数。

【治疗】

1. 基本治疗

(1) 发作期

　　治则　豁痰息风,醒神开窍。取督脉、手厥阴经穴为主。

　　主穴　水沟　百会　内关　后溪　涌泉

　　配穴　痰火扰神配行间、神门;风痰闭阻配风池、丰隆;瘀阻脑络配膈俞。

　　操作　水沟向鼻中隔深刺、强刺激,其他腧穴常规刺。

　　方义　脑为元神之府,督脉入络脑,故取督脉的水沟、百会以醒脑开窍,宁神定志;内关为心包经的络穴,可调畅气机,宁心安神;后溪为八脉交会穴,通督脉,为治疗癫痫的要穴;涌泉为肾经井穴,可开窍醒神。

(2) 间歇期

　　治则　化痰息风,固本扶正。取督脉、任脉、手厥阴经穴为主。

　　主穴　印堂　鸠尾　间使　太冲　丰隆

　　配穴　心脾两虚配心俞、脾俞;心肾亏虚配心俞、肾俞。

　　操作　针刺鸠尾应掌握正确的针刺方向、角度和深度,以防伤及肝等腹腔脏器,其他腧穴常规刺。

　　方义　印堂可醒脑宁神;鸠尾属任脉的络穴,是治疗痫病的要穴;间使是治疗痫病的经验穴;太冲为肝之原穴,可疏理气机,息风开窍;丰隆可和胃降浊,健脾化痰。诸穴合用,共奏化痰息风、醒脑开窍之功。

2. 其他疗法

(1) 耳针:取胃、皮质下、神门、心、枕、缘中。每次选 2～3 穴,毫针刺法或压籽法。

(2) 穴位注射:取足三里、内关、大椎、风池。每次选用 2～3 穴,用维生素 B_1 注射液,每穴注入 0.5 ml。

【按语】

(1) 针灸治疗痫病有一定的疗效,治疗前应做 CT、MRI、脑电图等检查以明确诊断。

(2) 本病应与中风、厥证、癔病等相鉴别。对继发性癫痫,更应重视原发病的诊断、治疗。

【文献摘录】

(1)《针灸大成》:风痫,神庭、素髎、涌泉。食痫,鸠尾、中脘、少商。猪痫,涌泉、心俞、三里、鸠尾、中脘、少商、巨阙。

(2)《医学纲目》:癫痫,鸠尾、后溪、涌泉、心俞、阳交、三里、太冲、间使、上脘。

第十节 震颤麻痹

震颤麻痹(paralysis agitans)又称"帕金森病",是指以静止性震颤、肌强直、运动徐缓为主要特征的锥体外系疾病,分为原发性和继发性两种。原发性震颤麻痹好发于50~60岁,男多于女,少数人有家族史。继发性震颤麻痹多见于脑炎、动脉硬化、颅脑损伤、基底节肿瘤、甲状旁腺功能减退或基底节钙化、慢性肝脑变性及一氧化碳或二硫化碳等化学物质中毒等。

震颤麻痹属中医学"颤证"范畴,其发生常与年老体虚、情志过极、饮食不节和劳逸失当等因素有关。本病病位在脑,病变脏腑主要在肝,涉及脾、肾。基本病机为虚风内动,或痰热动风。

【辨证要点】

主症　以震颤、肌强直、运动徐缓为三大主症。

风阳内动　兼见眩晕耳鸣,面赤烦躁,心情紧张时加重,语言不清,尿赤便干,舌质红,苔黄,脉弦。

痰热风动　兼见胸脘痞闷,口苦口黏,舌体胖大,有齿痕,舌质红,苔黄腻,脉弦滑数。

气血亏虚　兼见面色无华,表情淡漠,神疲乏力,心悸健忘,舌体胖大,舌淡,苔薄,脉细弱。

髓海不足　兼见腰膝酸软,失眠心烦,头晕耳鸣,舌淡,苔薄白,脉细。

阳气虚衰　兼见畏寒肢冷,心悸懒言,气短自汗,小便清长,大便溏,舌质淡,苔薄白,脉沉迟无力。

【治疗】

1. 基本治疗

治则　柔肝息风,宁神定颤。取督脉穴为主。

主穴　百会　四神聪　风池　合谷　太冲　阳陵泉

配穴　风阳内动配肝俞、三阴交;痰热风动配丰隆、阴陵泉;气血亏虚配气海、血海;髓海不足配悬钟、肾俞;阳气虚衰配大椎、关元。

操作　毫针常规刺。气血亏虚、髓海不足、阳气虚衰可加灸。

方义　本病病位在脑,百会、四神聪均位于巅顶部,通过督脉入络脑,可醒脑、宁神、定颤;风池属足少阳胆经,位近大脑,可祛风定颤;合谷、太冲为"四关"穴,可息风止痉;阳陵泉为筋之会穴,可柔筋止颤。

2. 其他治疗

(1) 耳针:取肝、皮质下、缘中、神门、枕、颈、肘、腕、指、膝。每次选用3~5穴,毫针刺法或压籽法。

(2) 头针:取顶中线、顶颞后斜线、顶旁1线、顶旁2线。头针常规操作。

(3) 穴位注射:取天柱、大椎、曲池、手三里、阳陵泉、足三里、三阴交、风池。每次选用2~3穴,选当归注射液、丹参注射液、黄芪注射液、芍药甘草注射液、10%葡萄糖注射液等,每穴注入1~2 ml。

【按语】

(1) 针灸治疗本病有一定的疗效,病程短者疗效较好,但必须坚持较长时间的治疗。

(2) 保持心情愉快,起居有节,饮食清淡,劳逸适度。避免一氧化碳、锰、汞、氰化物侵害和抗忧郁剂、利舍平等药物的使用。

第十一节 痴呆

痴呆(dementia)又称呆病,是以呆傻愚笨为主要临床表现的神志类病证。

痴呆的发生多与先天遗传、年迈体虚、七情内伤、久病耗损、中毒外伤等因素有关。本病病位在脑,与心、肝、脾、肾功能失调有关。基本病机是髓海不足,神机失用。

西医学中,痴呆多见于老年性痴呆、脑血管性痴呆、脑叶萎缩症、正压性脑积水、代谢性脑病、中毒性脑病等疾病中。

【辨证要点】

主症 以呆傻愚笨为主要临床表现。轻者出现神情淡漠、寡言少语、善忘迟钝等症;重者出现神情呆滞、语言颠倒、思维异常、行为怪僻、智力衰退,甚至呆傻等症。

髓海不足 记忆力减退,词不达意,伴有头晕耳鸣,懒惰思卧,腰酸骨软,步履艰难,舌瘦色淡,苔薄白,脉沉细弱。

脾肾两虚 行为、表情失常,步态不稳,面色淡白,气短乏力,或四肢不温,腹痛喜按,舌淡,苔白,脉细弱无力。

痰浊蒙窍 表情呆板,行动迟缓,终日寡言,坐卧不起,记忆力丧失,二便失禁,舌胖嫩而淡、边有齿印,苔白厚而腻,脉滑。

瘀血内阻 神情淡漠,反应迟钝,常默默无语,或离奇幻想,健忘易惊,舌质紫暗有瘀点或瘀斑,脉细涩。

【治疗】

1. 基本治疗

治则 填精益髓,醒脑调神。取督脉穴为主。

主穴 百会 四神聪 风府 太溪 悬钟 足三里

配穴 髓海不足配肾俞;脾肾两虚配脾俞、肾俞;痰浊蒙窍配丰隆;瘀血内阻配膈俞、内关。

操作 毫针常规刺,百会针后加灸。

方义 本病病位在脑,"脑为髓之海",百会、四神聪均位于巅顶,风府接近大脑,通过督脉内入络脑,乃局部取穴,以醒脑宁神;肾主骨生髓,补肾即为生髓,太溪可补肾养髓;悬钟为髓之会,补之亦可补养脑髓,髓海得充可健脑益智;足三里补益后天、化生气血以助生髓之源。诸穴合用,共奏益肾补髓、健脑醒神之效。

2. 其他疗法

(1) 头针:取顶中线、额中线、颞前线、颞后线。每次选2～3穴,毫针刺法。

(2) 耳针:取心、肝、肾、枕、缘中、神门、肾上腺。每次选用3～5穴,毫针刺法或压籽法。

【按语】

(1) 针灸对痴呆有一定的治疗作用,主要作用在控制和延缓疾病的进展。早期效果较好,晚期疗效较差。

（2）诊治痴呆时,要注意与郁证、癫病、健忘相鉴别。

（3）目前该病患者众多,但是对疾病的识别率、就诊率却极低,不足患者的20%。对于痴呆治疗并不是主要的,预防才是重要的,要做到早诊断、早预防。

【文献摘录】

《针灸大成》：呆痴,神门、少商、涌泉、心俞……失志痴呆,神门、鬼眼、百会、鸠尾。

第十二节 郁证

郁证(stagnation syndrome)是以心情抑郁、情绪不宁、胸部满闷、胁肋胀痛,或易怒善哭,以及咽中如有异物梗塞、失眠等症为主要临床表现的一类病证。

郁证的发生多与情志不舒、思虑过度、饮食不节等因素有关。本病病位在肝,可涉及心、脾、肾。基本病机是气机郁滞,脏腑阴阳气血失调。

西医学中,郁证多见于抑郁症、癔病、焦虑症、围绝经期综合征、反应性精神病等疾病中。

【辨证要点】

主症　忧郁不畅,胸闷胁胀,善太息,不思饮食,失眠多梦,易怒善哭。部分患者会伴发突然失明、失听、失语、肢体瘫痪和意识障碍等。

肝气郁结　精神抑郁,善太息,胸胁胀痛,痛无定处,或脘腹痞闷,嗳气频作,女子月事不调,苔薄白,脉弦。

气郁化火　急躁易怒,胸闷胁胀,头痛目赤,耳鸣,口干而苦,嘈杂吞酸,便结尿黄,舌红,苔黄,脉弦数。

痰气郁结　咽中不适,如有物梗阻,吞之不下,咯之不出,胸部窒塞,胁肋胀满,苔白腻,脉弦滑。

心神失养　心神不宁,多疑易惊,悲忧善哭,喜怒无常,舌质淡,脉弦。

心脾两虚　多思善虑,心悸胆怯,失眠健忘,面色萎黄,头晕目眩,神疲倦怠,食欲不振,舌淡,脉细弱。

心肾阴虚　病程日久,虚烦少寐,烦躁易怒,口干咽燥,或遗精腰酸,女子则月经不调,舌红,脉细数。

【治疗】

1. 基本治疗

治则　疏肝解郁,养心调神。取督脉和手足厥阴、手少阴经穴为主。

主穴　百会　印堂　太冲　神门　内关　膻中

配穴　肝气郁结配期门;气郁化火配行间;痰气郁结配丰隆、中脘;心神失养配心俞、少海;心脾两虚配心俞、脾俞;心肾阴虚配肾俞、太溪。

操作　毫针常规刺。

方义　脑为元神之府,督脉入络脑,故百会配印堂可安神解郁;肝之原穴太冲,可疏肝理气解郁;心主神志,故取心之原穴神门可宁心安神;内关为心包经的络穴,与气之会穴膻中合用,可疏理气机,宽胸解郁。

2. 其他疗法

(1) 耳针：取心、枕、缘中、肝、内分泌、神门。每次选3~5穴,毫针刺法或埋针法、压籽法。

(2) 穴位注射：取风池、心俞、脾俞、足三里。选用丹参注射液或参麦注射液,每穴注射0.3~0.5 ml。

【按语】

(1) 针灸对郁证的疗效较好。因本病是一种心因性疾病,治疗时不能忽视语言的暗示作用。

(2) 应做各系统检查和实验室检查以排除器质性疾病。注意与癫病、狂病和脑动脉硬化、脑外伤等所产生的精神症状作鉴别。

【文献摘录】

(1)《神应经》：喜哭,百会、水沟。

(2)《扁鹊心书》：五络俱绝,形无所知,其状若尸,名为尸厥。由忧思惊恐……当灸中脘穴五十壮即愈。此症妇人多有之。

第十三节　不　寐

不寐(insomnia)是以经常不能获得正常睡眠为特征的一种病证,又称"不得眠""不得卧""目不眠"。

不寐的发生多与饮食不节、情志失常、劳逸失调、病后体虚等因素有关。本病病位在心,与肾、肝、脾密切相关。基本病机是心神不安,或阳盛阴衰,阴阳失交。

西医学中,可见于神经症、更年期综合征、焦虑症、抑郁症、贫血等多种疾病中。

【辨证要点】

主症　轻者入寐困难或寐而易醒,醒后不寐;重者彻夜难眠。

肝火扰心　兼见烦躁易怒,胸闷胁痛,头痛眩晕,面红目赤,尿黄,舌红,苔黄,脉弦数。

痰热扰心　兼见心烦懊恼,胸闷脘痞,口苦痰多,头晕目眩,舌红,苔黄腻,脉滑数。

心脾两虚　兼见心悸健忘,头晕目眩,神疲乏力,面色不华,舌淡,苔白,脉细弱。

心肾不交　兼见手足心热,头晕耳鸣,腰膝酸软,咽干少津,舌红,苔少,脉细数。

心胆气虚　兼见易于惊醒,胆怯心悸,气短倦怠,舌淡,苔薄,脉弦细。

【治疗】

1. 基本治疗

治则　交通阴阳,宁心安神。取阴、阳跷脉及手少阴经穴为主。

主穴　照海　申脉　神门　三阴交　安眠　四神聪

配穴　肝火扰心配行间;痰热扰心配丰隆;心脾两虚配心俞、脾俞;心肾不交配太溪;心胆气虚配心俞、胆俞。

操作　泻申脉,补照海;背俞穴注意针刺的方向、角度和深度;余穴常规刺。以睡前2 h患者处于安静状态下治疗为佳。

方义　蹻脉主寤寐,司眼睑的开阖,照海通阴蹻脉,申脉通阳蹻脉,可通过调节阴、阳蹻脉以安神;神门为心之原穴,可宁心安神;三阴交为肝、脾、肾经的交会穴,可益气养血安神;安眠为治疗失眠的经验效穴;四神聪位于巅顶,入络于脑,可安神定志。

2. 其他疗法

(1) 耳针:取心、肾、脾、神门、皮质下、交感。毫针刺法或压籽法。

(2) 皮肤针:取印堂、百会、安眠、心俞、肝俞、脾俞、肾俞。叩刺至局部皮肤潮红为度。

【按语】

针灸治疗失眠有较好的疗效,但在治疗前应做各种检查以明确病因,积极治疗原发病。

【文献摘录】

(1)《针灸甲乙经》:惊不得眠……三阴交主之。

(2)《神应经》:不得卧,太渊、公孙、隐白、肺俞、阴陵泉、三阴交。

(3)《类证治裁》:阳气自动而之静,则寐;阴气自静而之动,则寤;不寐者,病在阳不交阴也。

[附] 嗜　睡

嗜睡(somnolence)是一种以睡眠节律紊乱而时时欲睡为特征的病证,又称"多寐""嗜卧"。

嗜睡常与感受湿邪、嗜食肥甘厚味、素体虚弱、劳倦过度等因素有关。本病病位在脑,与脾、肾关系密切。基本病机为湿蒙清窍,或髓海失养。

西医学中,嗜睡多见于原发性睡眠增多症、发作性睡病等。

【辨证要点】

主症　昏昏欲睡,睡眠较常人明显增多,甚则白昼工作时睡意无法抗拒。

湿浊困脾　兼见少气懒言,身体重着,形体肥胖,舌胖大有齿痕,苔白腻,脉濡或细滑。

肾精不足　兼见耳鸣目眩,健忘,腰膝酸软,小便频数,舌淡,苔白,脉沉细或弱。

气血亏虚　兼见面色萎黄,动则汗出,爪甲不荣,形体消瘦,舌淡,脉细弱无力。

【治疗】

1. 基本治疗

治则　健脾化湿,醒脑调神。取督脉穴为主。

主穴　百会　四神聪　印堂　足三里　丰隆

配穴　湿浊困脾配脾俞、三阴交;肾精不足配关元、肾俞;气血亏虚配心俞、脾俞。

操作　毫针常规刺,可加灸。

方义　百会、印堂属督脉,督脉入络脑,二穴与四神聪相配,可醒脑调神;足三里为胃的下合穴,与化痰湿的要穴丰隆合用,可调理脾胃,化湿醒神。

2. 其他疗法

(1) 耳针:取缘中、枕、内分泌、脾、肾、神门。每次选用3～5穴,毫针刺法或压籽法。

(2) 穴位注射:取百会、风池、足三里、丰隆。每次选用2～3穴,用丹参注射液、参附注射液或生脉注射液、维生素 B_1 或维生素 B_{12} 注射液等,每穴注射药物1～2 ml。

【按语】

针灸治疗本病有较好的疗效,但在治疗时应明确诊断,排除抑郁症等有类似表现的其他病证。

【文献摘录】

(1)《针灸甲乙经》:嗜卧,身体不能动摇,大湿,三阳络主之。
(2)《针灸资生经》:囟会、百会疗多睡。
(3)《扁鹊神应针灸玉龙经》:食罢而贪睡卧者名脾困,宜灸中脘。
(4)《针灸大成》:嗜卧,百会、天井、三间、二间、太溪、照海、历兑、肝俞。

第十四节 心 悸

心悸(palpitation)又称"惊悸""怔忡",是以自觉心中悸动、惊惕不安,甚则不能自主为表现的病证。

心悸的发生多与体虚劳倦、七情所伤、感受外邪、药食不当等因素有关。本病病位在心,与肝、脾、肾、肺关系密切。基本病机是气血阴阳亏虚,心失濡养,或邪扰心神,心神不宁。

西医学中,可见于心神经症、风湿性心脏病、冠状动脉硬化性心脏病、肺源性心脏病、贫血、甲状腺功能亢进症等疾病中。

【辨证要点】

主症　自觉心中悸动、惊惕不安,甚则不能自主。

心虚胆怯　常因惊恐而发,兼见气短自汗,神倦乏力,少寐多梦,舌淡,苔薄白,脉弦细。

心血不足　兼见头晕,失眠健忘,面色不华,舌淡,苔薄白,脉细弱。

心阳不振　兼见胸闷气短,面色苍白,形寒肢冷,舌淡,苔白,脉沉细或结代。

阴虚火旺　兼见心烦少寐,头晕目眩,五心烦热,耳鸣腰酸,舌红,少苔或无苔,脉细数。

心血瘀阻　兼见胸闷不舒,心痛时作,或唇甲青紫,舌紫暗或有瘀斑,脉涩或结代。

水气凌心　兼见眩晕脘痞,形寒肢冷,或下肢浮肿,渴不欲饮,恶心吐涎,小便短少,苔白腻或白滑,脉弦滑。

【治疗】

1. 基本治疗

治则　宁心定悸。取心、心包的背俞穴、募穴为主。

主穴　心俞　厥阴俞　巨阙　膻中　神门　内关

配穴　心虚胆怯配胆俞;心血不足配脾俞、足三里;心阳不振配关元;阴虚火旺配太溪、三阴交;心血瘀阻配膈俞;水气凌心配水分、阴陵泉。

操作　心俞、厥阴俞、巨阙不可深刺,以免伤及内脏。余穴均常规刺。除阴虚火旺外,可加灸。

方义　心俞、厥阴俞、巨阙、膻中分别为心和心包的背俞穴、募穴,属俞募配穴法,可调心气以定悸,不论何种心悸皆可用之;神门为心之原穴,可宁心定悸;内关为心包经的络穴,功在宁心通络,安神定悸。

2. 其他疗法

(1) 皮肤针：取心俞、厥阴俞、巨阙、内关、膻中。叩至局部出现红晕略有出血点为度。

(2) 耳针：取心、交感、神门、皮质下、小肠。毫针刺法或压籽法。

(3) 穴位注射：取心俞、厥阴俞、内关、膻中。选用维生素 B_1、维生素 B_{12} 注射液，每次选用 1～2 穴，每穴注射 0.5 ml。

【按语】

(1) 心悸可因多种疾病引起，在针灸治疗的同时应积极查找原发病，针对病因进行治疗。

(2) 在器质性心脏病出现心衰倾向时，应及时采用综合治疗措施，以免延误病情。

【文献摘录】

(1)《针灸甲乙经》：心澹澹而善惊恐，心悲，内关主之。

(2)《备急千金要方》：神门，主数噫恐悸不足；巨阙，主惊悸少气。

(3)《针灸大全》：心中虚惕、神思不安，取内关、百会、神门……心脏诸虚、怔忡、惊悸，取内关、阴郄、心俞、通里。

(4)《针灸大成》：心内怔忡，心俞、内关、神门。

第十五节 感　　冒

感冒(common cold)是以鼻塞、流涕、喷嚏、咳嗽、头痛、恶寒发热、全身不适等为其主要特征的常见外感疾病，又称"伤风""冒风"。全年均可发病，尤以冬、春两季多见。常因病情轻重的不同而分为伤风、重伤风和时行感冒。

感冒的发生多因于起居失宜、涉水冒雨、过度疲劳等导致正气不足；或气候骤变、涉水冒雨等使机体卫外功能难以适应，六淫、时行之邪侵袭人体而致病，以风邪为主因，每与当令之气(寒、热、暑湿)或非时之气(时行疫毒)夹杂为患。本病病位在肺卫。基本病机为卫表失和，肺失宣肃。

西医学中的上呼吸道感染、流行性感冒属中医感冒范畴。

【辨证要点】

主症　鼻塞，流涕，咳嗽，头痛，恶寒发热，周身酸楚。

风寒证　恶寒重，发热轻，肢节酸痛，鼻塞声重，时流清涕，咽痒作咳，痰液清稀色白，口不渴或渴喜热饮，苔薄白，脉浮或浮紧。

风热证　发热重，恶寒轻，咽喉肿痛，鼻流浊涕，咯痰色黄而黏，口渴欲饮，苔薄黄，脉浮数。

暑湿证　身热，肢体酸重或疼痛，头昏重胀痛，咳嗽痰黏，心烦口渴，或口中黏腻，渴不多饮，胸脘痞闷，泛恶，苔薄黄而腻，脉濡数。

【治疗】

1. 基本治疗

治则　祛风解表。取手太阴经、手阳明经及督脉穴为主。

主穴　列缺　合谷　风池　大椎　外关

配穴　风寒证配风门、肺俞；风热证配曲池、尺泽；暑湿证配中脘、足三里；体虚配足三里；鼻塞流涕配迎香;全身酸楚配身柱;头痛配印堂、太阳;咽喉肿痛配少商、商阳。

操作　诸穴均宜浅刺。风寒证可加灸法;风热证大椎可行刺络拔罐。少商、商阳用点刺放血法。

方义　本病病位在肺卫,太阴、阳明经互为表里,故取手太阴、手阳明经列缺、合谷原络配穴以祛风解表;风池为治风要穴,取之既可疏散风邪,又可与列缺、合谷相配清利头目,宣肺利咽止咳;督脉主一身之阳气,温灸大椎可通阳散寒,刺络拔罐可清泻热邪;外关为手少阳三焦经的络穴,又为八脉交会穴,通于阳维脉,"阳维为病苦寒热",取之通利三焦,疏风清热。

2. 其他治疗

(1) 三棱针:取耳尖、尺泽、太阳、关冲。每次选用1～2穴,点刺出血。适用于风热证。

(2) 拔罐:取大椎、风门、肺俞、身柱。每次选用2～3穴,留罐法,或背部膀胱经走罐法。适用于风寒证。

(3) 耳针:取肺、内鼻、气管、咽喉、额、三焦。每次选用2～3穴,毫针刺法或压籽法。

(4) 穴位贴敷:取外关、大椎、肺俞。生姜切片贴敷。用于风寒感冒。

【按语】

(1) 感冒与流脑、乙脑、流行性腮腺炎等传染病的早期症状相似,应注意鉴别。若出现高热持续不退、咳嗽加剧、咯吐血痰等症时,宜尽快采取综合治疗措施。

(2) 注意保持居室内空气流通。感冒流行期间可灸大椎、足三里等穴进行预防。

【文献摘录】

(1)《医宗金鉴》:风池主治肺中寒,兼治偏正头疼痛。

(2)《伤寒论》:太阳病,初服桂枝汤,反烦不解者,先刺风池、风府。

(3)《针灸聚英》:伤寒汗不出风池,鱼际二间兼经渠。过经不解期门上,余热不尽先曲池。次及三里与合谷,二穴治之余热除。

第十六节　咳　　嗽

咳嗽(cough)是指肺失宣降,肺气上逆作声,咯吐痰液而言,为肺系疾患的主要证候之一。有声无痰为咳,有痰无声为嗽,一般多痰声并见,故并称咳嗽。

咳嗽的病因有外感、内伤两大类。外感咳嗽为六淫外邪侵袭于肺,内伤咳嗽为脏腑功能失调累及于肺。本病病位在肺。基本病机是肺失宣降。

西医学中,咳嗽多见于上呼吸道感染、急慢性支气管炎、支气管扩张、肺炎、肺结核、肺源性心脏病、肺癌等疾病中。

【辨证要点】

主症　以咳逆有声,或伴咯痰为主要表现。若起病急骤,病程较短,伴肺卫表证者,多为外感咳嗽;起病缓慢,反复发作,病程较长,伴肺、肝、脾等脏功能失调或虚损证者,多为内伤咳嗽。

风寒袭肺　兼见咽喉作痒,咯痰稀薄色白,鼻塞,流清涕,头痛,肢体酸楚,或恶寒发热,无汗,苔薄白,脉浮紧。

风热犯肺 兼见痰黏稠或黄,咯吐不爽,鼻流黄涕,咽喉肿痛,头胀痛,或恶风身热,苔薄黄,脉浮数。

痰湿蕴肺 兼见痰多,质黏腻或稠厚成块,晨起或食后则咳甚痰多,胸闷脘痞,呕恶纳呆,大便时溏,苔白腻,脉濡滑。

肝火犯肺 兼见胸胁胀痛,面赤口苦咽干,症状可随情绪波动而增减,舌红或舌边红,苔薄黄少津,脉弦数。

肺阴亏耗 干咳,咳声短促,痰少质黏,或痰中带血,口干咽燥,五心烦热,潮热盗汗,身体日渐消瘦,神疲乏力,舌红少苔,脉细数。

【治疗】

1. 基本治疗

治则　宣肺止咳。取肺的背俞穴及手太阴经穴为主。

主穴　外感：肺俞　列缺　合谷
　　　内伤：肺俞　中府　太渊　三阴交

配穴　风寒袭肺配风门、外关；风热犯肺配大椎、尺泽；痰湿蕴肺配丰隆；肝火犯肺配行间、鱼际；肺阴亏耗配膏肓；痰中带血配孔最。

操作　针刺太渊穴注意避开桡动脉；肺俞穴不可直刺、深刺,以免伤及内脏；其他腧穴常规刺。外感咳嗽针用泻法,肺俞可配闪罐,每日治疗1～2次；内伤咳嗽针用补法或平补平泻法,每日或隔日治疗1次。

方义　咳嗽病位主要在肺,肺俞为肺气所注之处,位邻肺脏,可调理肺脏气机,使其清肃有权,该穴泻之宣肺、补之益肺,无论虚实及外感内伤的咳嗽,均可使用；列缺为手太阴经的络穴,合谷为手阳明经的原穴,二穴原络相配,表里相应,可疏风祛邪,宣肺止咳；中府为肺的募穴,与肺俞相配为俞募配穴法,可调肺止咳；太渊为肺之原穴,本脏真气所注,可肃理肺气；三阴交为肝、脾、肾三经的交会穴,可疏肝健脾,使肝脾共调,肺气肃降,痰清咳平。

2. 其他治疗

(1) 皮肤针：取项后、背部第1胸椎至第2腰椎两侧足太阳膀胱经,颈前喉结两侧足阳明胃经。外感咳嗽者叩至皮肤隐隐出血,每日1～2次；内伤咳嗽者叩至皮肤潮红,每日或隔日1次。

(2) 拔罐：取肺俞、风门、大椎。适用于外感咳嗽。

(3) 耳针：取肺、脾、肝、气管、神门。每次选用2～3穴,毫针刺法或压籽法。

【按语】

(1) 针灸对本病发作期或初发期疗效较满意。若出现高热、咯吐脓痰、胸闷喘促气短等重症时,应采用综合治疗措施。

(2) 内伤咳嗽病程较长,易反复发作,应坚持长期治疗。急性发作时宜标本兼顾；缓解期需从调整肺、脾、肝等脏功能入手,重在治本。

(3) 戒烟对本病的恢复有重要意义。

【文献摘录】

(1)《备急千金翼方》：肝咳刺足太冲,心咳刺手神门,脾咳刺足太白,肺咳刺手太渊,肾咳刺足太溪。

(2)《丹溪心法》：治嗽灸天突穴,肺俞穴,太泻肺气。

(3)《通玄指要赋》：咳嗽寒痰,列缺堪治。

第十七节 哮 喘

哮喘(asthma)是一种发作性的痰鸣气喘疾患,发作时喉中哮鸣有声,呼吸气促困难,甚则喘息不能平卧。哮是呼吸急促,喉间哮鸣。喘是呼吸困难,甚则张口抬肩,鼻翼煽动。本病有反复发作的特点,可发于任何年龄和季节,尤以寒冷季节和气候骤变时多发。

哮喘以宿痰伏肺为主因,外邪侵袭、饮食不当、情志刺激、体虚劳倦为诱因。本病病位在肺,与肾、脾、心等密切相关。基本病机是痰气搏结,壅阻气道,肺失宣降。

西医学中,哮喘多见于支气管哮喘、喘息性支气管炎、肺炎、慢性阻塞性肺疾病、心源性哮喘等疾病中。

【辨证要点】

主症 呼吸急促,喉中哮鸣,甚则张口抬肩,鼻翼煽动,不能平卧。

实证 病程短,或当哮喘发作期,哮喘声高气粗,呼吸深长有余,以深呼为快,体质较强,胸闷或胀,咯痰稀薄或黏稠,可伴寒热表证,苔薄,脉浮。

虚证 病程长,反复发作或当哮喘间歇期,哮喘声低气怯,动则喘甚,呼吸短促难续,以深吸为快,体质虚弱,伴言语无力,汗出肢冷,形瘦神疲,舌淡,脉沉细或细数。

【治疗】

1. 基本治疗

治则 止哮平喘。取肺的背俞穴、募穴、原穴为主。

主穴 肺俞 中府 太渊 定喘 膻中

配穴 喘甚配天突、孔最;实证配尺泽、鱼际;虚证配膏肓、肾俞。

操作 毫针常规刺,可加灸。发作期每日治疗1~2次,缓解期每日或隔日治疗1次。

方义 本病病位在肺,肺俞、中府乃肺的俞、募穴,俞募相配,调理肺脏、止哮平喘,凡虚实之证皆可用之;太渊为肺的原穴,与肺俞、中府相伍,可加强肃肺、止哮、平喘之功;定喘是止哮平喘的经验效穴;膻中为气之会穴,可宽胸理气,止哮平喘。

2. 其他治疗

(1) 皮肤针:取鱼际至尺泽穴手太阴肺经循行部、第1胸椎至第2腰椎旁开1.5寸足太阳膀胱经循行部,循经叩刺,以皮肤潮红或微渗血为度。

(2) 穴位敷贴:取肺俞、膏肓、膻中、定喘。用白芥子30 g,甘遂15 g,细辛15 g,共为细末,用生姜汁调成膏状,30~90 min后去掉,局部红晕微痛为度。以三伏天贴敷为佳。

(3) 耳针:取对屏尖、肾上腺、气管、肺、皮质下、交感。每次选用3~5穴,毫针刺法。发作期每日1~2次;缓解期用弱刺激,每周2次。

(4) 穴位埋线:取肺俞、定喘、膻中。三角针埋线法。

【按语】

(1) 哮喘可见于多种疾病,发作缓解后,应积极治疗原发病。

(2) 对发作严重或哮喘持续状态,宜采取综合治疗措施。

(3) 属过敏体质者,避免食入或接触致敏原。

【文献摘录】
(1)《备急千金要方》：肺俞、肾俞,主喘咳少气百病。
(2)《针灸聚英》：喘,灸中府、云门、天府、华盖、肺俞。
(3)《针灸大成》：哮吼嗽喘,俞府、天突、膻中、肺俞、三里、中脘、膏肓、气海、关元、乳根。
(4)《玉龙歌》：哮喘之症最难当,夜间不睡气遑遑,天突妙穴宜寻得,膻中着艾便安康。

第十八节 疟 疾

疟疾(malaria)是指以寒战、壮热、头痛、汗出、休作有时为临床特征的一种病证,又称"打摆子""冷热病""脾寒"。本病好发于夏秋季节,根据休作时间可分为每日疟、间日疟、三日疟等。

疟疾主要为感受疟邪所致。本病的病位为疟邪伏于半表半里,与督脉、少阳经关系密切。基本病机是邪伏半表半里,出入营卫之间,正邪交争。邪入与阴相争则寒,邪出与阳相争则热,疟邪伏藏则寒热休止。

西医学中的疟疾包含在本病范畴。回归热、黑热病、病毒性感染和部分血液系统疾病也可引起类似症状。

【辨证要点】
主症 寒战,壮热,头痛,汗出,休作有时。
正疟 常先有呵欠乏力,继则寒战鼓颔,寒罢则内外皆热,头痛面赤,口渴引饮,终则遍身汗出,热退身凉,舌红,苔薄白或黄腻,脉弦。
温疟 热多寒少,汗出不畅,骨节酸痛,口渴引饮,便秘尿赤,舌红,苔黄,脉弦数。
寒疟 寒多热少,口不干渴,胸闷脘痞,时有呕恶,神疲乏力,面色少华,舌质淡,苔薄白,脉弦迟。
劳疟 疟疾迁延日久,遇劳累辄易发作,寒热不甚,面色萎黄,倦怠无力,纳少自汗,舌质淡,脉细弱。
疟母 左胁下有痞块,隐隐作痛,或寒热时作,肌肉瘦削,神疲倦怠,甚则唇甲色白,舌质淡,脉弦细。

【治疗】
1. 基本治疗
治则 和解少阳,祛邪截疟。取督脉、少阳经穴为主。
主穴 大椎 陶道 中渚 间使 后溪
配穴 温疟配曲池、外关;寒疟配至阳、期门;劳疟配脾俞、足三里;疟母配章门、痞根;呕吐配内关、公孙;高热配十宣、委中;神昏谵语配中冲、水沟;烦热盗汗配太溪、复溜;倦怠自汗配关元、气海;唇甲色白配脾俞、三阴交。
操作 毫针常规刺,应在发作前 30 min 左右针刺,可留针至既往发作时间已过再出针。
方义 大椎属督脉,为诸阳之会,合陶道能振奋阳气,为截疟要穴;疟邪客居少阳则寒热往来,休作有时,故取手少阳经的中渚、心包经穴间使以和解少阳之邪;后溪宣发太阳经气,引邪外出。诸穴合用,可收和解少阳、祛邪截疟之功。

2. 其他治疗

(1) 皮肤针:取大椎、陶道、身柱、风府、间使、合谷、太冲、大杼、第 5 胸椎至骶夹脊。发作前 30 min 左右反复叩刺至皮肤潮红。

(2) 三棱针:取大椎、十宣、委中、曲泽。于寒战开始时点刺出血数滴。

(3) 耳针:取肾上腺、皮质下、内分泌、脾、肝。于发作前 30 min 左右针刺,强刺激,留针 1 h,每隔 10 min 行针 1 次。

(4) 穴位注射:取大椎、陶道、间使、合谷、太冲、曲池。每次选用 3~5 穴,用复方奎宁注射液,于发作前 30 min 左右注射,每穴 1~1.5 ml。

【按语】

(1) 针灸治疗本病的疗效肯定。一般认为,在发作前 30 min 左右针灸效果更好。

(2) 本病具有传染性,需控制传染源,及时发现和治疗所有疟疾患者及无症状原虫携带者。也可在高发季节用艾条灸足三里、关元、气海等穴,每次 10 min;或用大艾炷灸,每穴 3~5 壮,每日 1 次,有一定的预防作用。

【文献摘录】

(1)《素问·刺疟篇》:凡治疟,先发如食顷,乃可以治,过之则失时也……一刺则衰,二刺则知,三刺则已。不已,刺舌下两脉出血;不已,刺郄中盛经出血;又刺项已下侠脊者,必已。舌下两脉者,廉泉也。

(2)《神应经》:脾寒发疟,大椎、间使、乳根。

第十九节 胃 痛

胃痛(gastralgia)是指上腹胃脘部发生的疼痛,又称"胃脘痛"。古代文献中的"心痛""心下痛",多指胃痛而言。

胃痛的发生常与寒邪客胃、饮食伤胃、情志不畅和脾胃虚弱等因素有关。本病病位在胃,与肝、脾关系密切。基本病机是胃气失和、胃络不通或胃失温养。无论是胃腑本身病变还是其他脏腑的病变影响到胃腑,使胃络不通或胃失温煦濡养均可导致胃痛。

西医学中,胃痛多见于急慢性胃炎、消化系溃疡、胃肠神经症、胃黏膜脱垂、胃痉挛、胃扭转、胃下垂等疾病。

【辨证要点】

主症 上腹胃脘部疼痛。若暴发疼痛,痛势较剧,痛处拒按,饥时痛减,纳后痛增者,为实证;痛势隐隐,痛处喜按,空腹痛甚,纳后痛减者,为虚证。

寒邪犯胃 胃痛暴作,得温痛减,遇寒痛增,恶寒喜暖,口不渴,喜热饮,苔薄白,脉弦紧。

饮食伤胃 胃脘胀满疼痛,嗳腐吞酸,嘈杂不舒,呕吐或矢气后痛减,大便不爽,苔厚腻,脉滑。

肝气犯胃 胃脘胀满,脘痛连胁,嗳气频频,吞酸,大便不畅,每因情志不畅而诱发,心烦易怒,喜太息,苔薄白,脉弦。

瘀血停胃　胃痛拒按,痛有定处,或有呕血便黑,舌质紫暗或有瘀斑,脉细涩。
脾胃虚寒　泛吐清水,喜暖畏寒,大便溏薄,神疲乏力,或手足不温,舌淡,苔薄,脉虚弱或迟缓。
胃阴不足　胃脘灼热隐痛,似饥而不欲食,口燥咽干,大便干结,舌红少津,脉弦细或细数。

【治疗】

1. 基本治疗

治则　和胃止痛。取胃的募穴、下合穴为主。

主穴　中脘　足三里　内关　公孙

配穴　寒邪犯胃配梁丘、胃俞;饮食伤胃配下脘、梁门;肝气犯胃配太冲、期门;瘀血停胃配三阴交、膈俞;脾胃虚寒配脾俞、关元;胃阴不足配胃俞、内庭。

操作　毫针常规刺。寒邪犯胃和脾胃虚寒者,可加用灸法。急性胃痛每日治疗1～2次,慢性胃痛每日或隔日治疗1次。

方义　本病病位在胃,中脘为胃之募、腑之会,穴居胃脘部,故可健运中州,调理胃气;足三里为胃的下合穴,可通调胃气与中脘远近相配,可通调腑气,和胃止痛,凡胃脘疼痛,不论寒热虚实,均可使用;内关为手厥阴心包经的络穴,又为八脉交会穴,通于阴维脉,"阴维为病苦心痛",可畅达三焦气机,理气降逆,和胃止痛;公孙为足太阴脾经的络穴,也为八脉交会穴,通于冲脉,"冲脉为病,逆气里急",可调理脾胃,平逆止痛,与内关相配,专治心、胸、胃的病证。

2. 其他治疗

(1) 穴位按压:取至阳、灵台。俯伏位,用双手拇指按揉3～5 min。用于急性胃痛。

(2) 耳针:取胃、十二指肠、脾、肝、神门、交感。每次选用3～5穴,毫针刺法或压籽法。

(3) 拔罐:取中脘、脾俞、胃俞、肝俞、至阳。每日治疗1次。

(4) 穴位注射:取中脘、足三里、胃俞、脾俞。根据中医辨证,可分别选用当归注射液、丹参注射液、参附注射液或生脉注射液等,也可选用维生素B_1或维生素B_{12}注射液。每次取2～3穴,每穴注入药液0.5～1 ml。

【按语】

(1) 针灸对胃脘疼痛的治疗效果较好,尤其对胃痉挛所致的胃痛有非常好的疗效。

(2) 胃痛的临床表现有时可与肝胆疾患及胰腺炎相似,应注意鉴别。也要注意与心肌梗死相鉴别。此外,若胃痛见于溃疡病出血、穿孔等重症,应及时采取相应的急救措施。

(3) 平时要注意饮食规律,忌食刺激食物。

【文献摘录】

(1)《灵枢·邪气藏府病形》:胃病者,腹䐜胀,胃脘当心而痛,上支两胁,膈咽不通,食饮不下,取之三里也。
(2)《灵枢·杂病》:心痛,当九节刺之。按,已刺按之,立已;不已,上下求之,得之立已。
(3)《标幽赋》:脾冷胃痛,泻公孙而立愈。
(4)《针灸大成》:腹内疼痛,内关、三里、中脘。

[附] 胃 下 垂

胃下垂(gastroptosis)是指人在站立时,胃的下缘(胃大弯)降至盆腔,胃小弯切迹(弧线最低点)

低于两髂嵴水平连线以下的一种疾病。主要由于胃膈韧带和胃肝韧带无力或腹壁肌肉松弛所致。

胃下垂属中医学"胃痛""胃缓""痞满""腹胀"等范畴,其发生多与禀赋不足、饮食不节、劳累过度、情志不畅等因素有关。本病病位在胃,与脾关系密切。基本病机是脾虚气陷。

【辨证要点】

主症 患者多身体消瘦,轻者可无明显症状,重者可有上腹坠胀、疼痛不适,多在食后、久立及劳累后加重,平卧后症状减轻或消失,常伴有胃脘饱胀、厌食、恶心、嗳气、腹泻或便秘等症状。甚者还可出现站立性昏厥、低血压、心悸、乏力、眩晕等表现,也可同时伴有肝、肾、结肠等脏器下垂。

【治疗】

1. 基本治疗

治则 健脾益气,升阳举陷。取脾、胃的背俞穴及胃的募穴、下合穴为主。

主穴 脾俞 胃俞 中脘 足三里 百会

配穴 痞满、恶心配公孙、内关;嗳气、喜叹息配太冲、期门。

操作 毫针常规刺,百会宜用灸法。主穴用补法,配穴用平补平泻法;上腹部和背部穴针后加灸或拔罐。

方义 本病病位在胃,故取胃的背俞穴胃俞、募穴中脘和下合穴足三里,以调补胃腑;脾俞为脾的背俞穴,可健脾益气,补中和胃;百会为升阳举陷要穴,凡气机下陷、脏器下垂诸症皆可用之。

2. 其他治疗

(1) 耳针:取胃、脾、交感、皮质下。毫针刺法或压籽法。

(2) 穴位注射:取脾俞、胃俞、足三里。选用黄芪注射液或生脉注射液,每穴注入药液 $0.5\sim1\,\mathrm{ml}$。

(3) 穴位埋线:取中脘、脾俞、胃俞、气海、足三里。三角针埋线法。

【按语】

(1) 针灸治疗胃下垂有一定的疗效,但病程较长,必须坚持治疗。

(2) 平时注意饮食有节,饭后不宜剧烈运动。

第二十节 呕 吐

呕吐(vomiting)是指胃气上逆,胃中之物从口中吐出而言。一般有物有声谓之呕,有物无声谓之吐,无物有声谓之干呕。临床上呕与吐常同时出现,故称呕吐。

呕吐的发生常与外邪犯胃、饮食不节、情志失调、体虚劳倦等因素有关。本病病位在胃,与肝、脾关系密切。基本病机是胃失和降,胃气上逆。无论是胃腑本身病变还是其他脏腑的病变影响到胃腑,使胃失和降、胃气上逆,均可导致呕吐。

西医学中,呕吐可见于胃神经症、急慢性胃炎、幽门痉挛(或梗阻)、功能性消化不良、胆囊炎、胰腺炎等疾病中。

【辨证要点】

主症 呕吐。若发病急,呕吐量多,吐出物多酸臭味,或伴寒热者,为实证;病程较长,发病较缓,时作时止,吐出物不多,腐臭味不甚者,为虚证。

外邪犯胃　突发呕吐,发热恶寒,头身疼痛,胸脘满闷,苔白腻,脉濡缓。
食滞内停　因暴饮暴食,而呕吐酸腐,脘腹胀满,吐后反快,嗳气厌食,苔厚腻,脉滑实。
肝气犯胃　每因情志不畅而呕吐或吐甚,嗳气吞酸,胸胁胀痛,苔薄白,脉弦。
痰饮内阻　呕吐清水痰涎,脘闷纳呆,头眩心悸,苔白腻,脉滑。
脾胃虚弱　饮食稍有不慎即发呕吐,呕而无力,时作时止,面色无华,少气懒言,纳呆便溏,舌淡苔薄,脉弱。

【治疗】

1. 基本治疗

治则　和胃止呕。取胃的募穴、下合穴为主。

主穴　中脘　足三里　内关

配穴　外邪犯胃配外关、大椎;食滞内停配下脘、梁门;肝气犯胃配太冲、期门;痰饮内阻配丰隆、公孙;脾胃虚弱配脾俞、胃俞。

操作　毫针常规刺。虚证可加灸。

方义　本病病位在胃,中脘乃胃之募、腑之会,穴居胃脘部,可理气和胃止呕;足三里为胃的下合穴,可疏理胃肠气机,与中脘远近相配,通降胃气;内关为手厥阴经的络穴,又为八脉交会穴,通于阴维脉,可宽胸理气,和胃降逆,为止呕要穴。

2. 其他治疗

(1) 耳针:取胃、贲门、食管、交感、神门、脾、肝。每次选用3～4穴,毫针刺法,或埋针法、压籽法。

(2) 穴位注射:取足三里。选用维生素 B_6 注射液,注射1～2 ml。

(3) 穴位贴敷:取神阙、中脘、内关、足三里。生姜切片贴敷。

【按语】

(1) 针灸治疗呕吐的效果良好。

(2) 对于上消化道严重梗阻、癌肿引起的呕吐和脑源性呕吐等,应重视原发病的治疗,针刺只做对症处理。

(3) 平时宜注意饮食调理,忌暴饮暴食,忌食不洁、肥甘、生冷、辛辣食物。

【文献摘录】

(1)《灵枢·四时气》:邪在胆,逆在胃,胆液泄则口苦,胃气逆则呕苦,故曰呕胆。取三里以下胃气逆,则刺少阳血络以闭胆逆,却调其虚实,以去其邪。

(2)《针灸甲乙经》:伤寒热盛,烦呕,大椎主之。

(3)《针灸资生经》:胃俞,主呕吐、筋挛、食不下。

(4)《针灸大成》:反胃吐食:中脘、脾俞、中魁、三里。

第二十一节　呃　逆

呃逆(hiccup)是以气逆上冲,喉间呃呃连声,声短而频,难以自制为主要表现的病证,俗称"打嗝",古称"哕""哕逆"。

呃逆的发生多与饮食不当、情志不畅、正气亏虚等因素有关。本病病位在膈,关键病变脏腑在胃,与肝、脾、肺、肾等脏腑有关。基本病机是胃气上逆动膈。凡上、中、下三焦诸脏腑气机上逆或冲气上逆均可动膈而致呃逆。

西医学中,呃逆多见于单纯性膈肌痉挛、胃肠神经症、胃炎、胃扩张、胃癌、肝硬化晚期、脑血管病、尿毒症,以及胃、食管手术后等疾病中。

【辨证要点】

主症　气逆上冲,喉间呃呃连声,声短而频,不能自控。

胃火上逆　呃声洪亮有力,冲逆而出,口臭烦渴,多喜冷饮,脘腹满闷,大便秘结,小便短赤,苔黄燥,脉滑数。

气机郁滞　呃逆连声,常因情志不畅而诱发或加重,胸胁满闷,脘腹胀满,苔薄白,脉弦。

脾胃虚弱　呃声低长无力,气不得续,泛吐清水,脘腹不舒,喜温喜按,面色㿠白,手足不温,食少乏力,舌质淡,苔薄白,脉细弱。

胃阴不足　呃声短促而不得续,口干咽燥,饥不欲食,舌红少苔,脉细数。

【治疗】

1. 基本治疗

治则　理气和胃,降逆止呃。取胃的募穴、下合穴为主。

主穴　中脘　足三里　内关　膻中　膈俞

配穴　胃火上逆配内庭;气机郁滞配期门;脾胃虚弱或胃阴不足配脾俞、胃俞。

操作　毫针常规刺。胃火上逆、气机郁滞只针不灸,泻法。脾胃虚弱针灸并用,补法。胃阴不足不宜用灸。

方义　本病的基本病机为胃气上逆动膈,中脘为胃之募、腑之会,穴居胃脘部,足三里为胃的下合穴,二穴相配可和胃降逆,不论胃腑寒热虚实所致胃气上逆动膈者均可用之;内关穴通阴维脉,且为手厥阴心包经的络穴,可宽胸利膈,畅通三焦气机;膻中穴位置近膈,为气会穴,可理气降逆;本病病位在膈,故不论何种呃逆,均可用膈俞利膈止呃。

2. 其他治疗

(1) 穴位按压:取攒竹、翳风。用拇指按揉 1~3 min。

(2) 耳针:取耳中、胃、神门、相应病变脏腑(肺、脾、肝、肾)。每次选用 3~5 穴,毫针刺法,或埋针法、压籽法。

(3) 穴位贴敷:取麝香粉 0.5 g,放入神阙穴内,适用于实证呃逆,尤其以气机郁滞者取效更捷;吴茱萸 10 g,研细末,用醋调成膏状,敷于双侧涌泉穴,适用于各种呃逆,对肝、肾气逆引起的呃逆尤为适宜。

【按语】

(1) 针灸对呃逆有很好的疗效。但对于反复发作的慢性、顽固性呃逆,应积极查明并治疗原发病。

(2) 如呃逆见于危重病后期,可能是胃气衰败、病情转重之象,宜加以注意,预后不良。

【文献摘录】

(1)《灵枢·杂病》:哕,以草刺鼻,嚏,嚏而已;无息而疾迎引之,立已;大惊之,亦可已。

(2)《灵枢·口问》:人之哕者,何气使然?……谷入于胃,胃气上注于肺。今有故寒气与新谷气,俱还入于胃,新故相乱,真邪相攻,气并相逆,复出于胃,故为哕。补手太阴,泻足少阴。
(3)《针灸资生经》：哕……灸中脘、关元百壮；未止,灸肾俞百壮。
(4)《卫生宝鉴》：治一切呃逆不止,男左女右,乳下黑尽处一韭叶许,灸三壮,病甚者灸二七壮。

第二十二节 腹　　痛

腹痛(bellyache)是指胃脘以下、耻骨毛际以上部位发生的疼痛。因腹内有许多脏腑,且为诸多经脉所过之处,故腹痛可见于多种脏腑疾病。

腹痛的发生常与感受外邪、饮食不节、情志不畅、劳倦体虚等因素有关。本病病位在腹,与肝、胆、脾、肾、膀胱、大小肠有关。若脏腑气机阻滞不通或行于腹部的足阳明、足少阳、足三阴经、冲任带脉功能失调均能导致腹痛。基本病机是腹部脏腑经脉气机不通,或脏腑经脉失养。

在西医学中,腹痛多见于急慢性肠炎、胃肠痉挛、肠易激综合征等疾病。

【辨证要点】

主症　腹痛若发病急骤,痛势剧烈,拒按,多为实证；若病程较长,腹痛缠绵,喜按,多为虚证。

寒邪内阻　腹痛急暴,得温痛减,遇冷则甚,大便稀或溏薄,四肢欠温,口不渴,小便清长,舌淡,苔白,脉沉紧。

饮食积滞　暴饮暴食后脘腹胀痛,拒按,嗳腐吞酸,恶食,得吐泻后痛减,苔厚腻,脉滑。

肝郁气滞　腹痛胀闷,攻窜不定,痛引少腹,得嗳气或矢气则胀痛减轻,遇恼怒加剧,喜太息,苔薄白,脉弦。

中虚脏寒　腹痛隐隐,时作时止,喜热恶冷,痛时喜按,饥饿、劳累后加剧,大便溏薄,神疲怯冷,舌质淡,苔薄白,脉沉细。

瘀血内停　痛势较甚,疼痛固定不移,刺痛,舌质紫暗,脉弦或涩。

【治疗】

1. 基本治疗

治则　通调腑气,缓急止痛。取相应的募穴、下合穴为主。

主穴　中脘　天枢　关元　足三里

配穴　寒邪内阻配神阙；饮食积滞配下脘、梁门；肝郁气滞配期门、太冲；中虚脏寒配脾俞、神阙；瘀血内停配阿是穴、膈俞；脐周疼痛配上巨虚；脐下疼痛配下巨虚；少腹疼痛配曲泉。

操作　毫针常规刺。寒证可用艾灸法。腹痛发作时,足三里可持续行针1～3 min,直到痛止或缓解。

方义　中脘为胃之募、腑之会,位于脐上；天枢为大肠的募穴,位于脐旁；关元为小肠的募穴,位于脐下,三穴布于脐之四周,可运转腹部气机；足三里为胃的下合穴,"肚腹三里留",可调腑止痛。

2. 其他治疗

(1) 耳针：取胃、小肠、大肠、肝、脾、交感、神门、皮质下。每次选用3～5穴。毫针刺法,或埋针法、压籽法。

(2) 穴位注射：取天枢、足三里。用山莨菪碱或阿托品注射液,每穴注入0.5～1 ml。

(3) 穴位贴敷：取神阙、阿是穴。选用大葱、生姜、麦麸、食盐各 30 g，切碎捣烂，炒热，贴于穴上，药凉后再外加热敷。适用于虚寒腹痛。

【按语】

(1) 针灸治疗腹痛的效果较好，但针刺止痛后应明确诊断，积极治疗原发病，以防延误病情。

(2) 如属急腹症者，在针灸治疗的同时应严密观察，必要时采取其他治疗措施。

【文献摘录】

(1)《灵枢·杂病》：腹痛，刺脐左右动脉，已刺按之，立已；不已，刺气街，已刺按之，立已。

(2)《灵枢·邪气藏府病形》：大肠病者，肠中切痛而鸣濯濯，冬日重感于寒即泄，当脐而痛，不能久立，与胃同候，取巨虚上廉。

(3)《医学入门》：腹痛公孙内关尔……腹痛轻者只针三里。

(4)《针灸大成》：腹内疼痛，内关、三里、中脘……如不愈，复刺关元、水分、天枢。

第二十三节 泄 泻

泄泻(diarrhea)是以大便次数增多，便质稀薄或完谷不化，甚至如水样为特征的病证，也称"腹泻"。

泄泻的发生常与感受外邪、饮食不节、情志失调、脾胃虚弱、年老体弱等因素有关。本病病位在肠，与脾、胃、肝、肾有密切关系，脾失健运是关键。基本病机是脾虚湿盛，肠道分泌清浊、传导功能失司。

西医学中，泄泻可见于急慢性肠炎、胃肠功能紊乱、肠易激综合征、慢性非特异性溃疡性结肠炎、肠结核等疾病中。

【辨证要点】

主症 大便次数增多，便质清稀或完谷不化，甚至如水样。

寒湿内盛 大便清稀或如水样，腹痛肠鸣，脘闷食少，或兼见恶寒、发热等，苔白滑，脉濡缓。

食滞肠胃 暴饮暴食后腹满胀痛、拒按，泻后痛减，大便臭如败卵，纳呆，嗳腐吞酸，苔厚腻，脉滑。

肝气乘脾 素有胸胁胀闷，嗳气食少，泄泻、腹痛、肠鸣每因情志不畅时发作或加重，攻窜作痛，矢气频作，舌淡白，脉弦。

脾胃虚弱 大便溏薄，或完谷不化，迁延反复，稍进油腻食物则便次增多，腹部隐痛喜按，神疲乏力，面色萎黄，舌淡，苔薄白，脉细。

肾阳虚衰 晨起泄泻，泻下完谷，泻后则安，脐腹冷痛，喜暖喜按，形寒肢冷，面色㿠白，舌胖而淡苔白，脉沉细。

【治疗】

1. 基本治疗

治则 健脾利湿，调肠止泻。取大肠的背俞穴、募穴及下合穴为主。

主穴 大肠俞 天枢 上巨虚 三阴交 神阙

配穴　寒湿内盛配阴陵泉、脾俞；食滞肠胃配下脘、梁门；肝气乘脾配期门、太冲；脾胃虚弱配脾俞、足三里；肾阳虚衰配肾俞、命门；水样便配关元、下巨虚。

操作　毫针常规刺。寒湿内盛、脾胃虚弱可用隔姜灸、温和灸或温针灸；肾阳虚衰可用隔附子饼灸。急性泄泻每日治疗1～2次，慢性泄泻每日或隔日治疗1次。

方义　本病病位在肠，故取大肠的募穴天枢、背俞穴大肠俞，属俞募配穴法，与大肠的下合穴上巨虚合用，可调理肠腑而止泻；三阴交健脾利湿，兼调理肝肾，各种泄泻皆可用之；神阙穴居于中腹，内连肠腑，无论急、慢性泄泻，用之皆宜。

2. 其他治疗

(1) 耳针：取大肠、小肠、腹、胃、脾、神门。每次选用3～5穴，毫针刺法或压籽法。

(2) 穴位贴敷：取神阙穴。用五倍子适量，研末，食醋调成膏状敷脐，2～3日更换1次。用于慢性腹泻。

(3) 穴位注射：取天枢、上巨虚。选用黄连素注射液或维生素B_1或维生素B_{12}注射液，每穴注射0.5～2 ml。

【按语】

(1) 针灸治疗泄泻的效果较好。若急性胃肠炎或溃疡性结肠炎等因腹泻频繁而出现脱水现象者，应综合治疗。

(2) 治疗期间应注意清淡饮食，忌食生冷、辛辣、油腻之品，注意饮食卫生。

【文献摘录】

(1)《灵枢·四时气》：飧泄，补三阴之上，补阴陵泉，皆久留之，热行乃止。

(2)《针灸甲乙经》：飧泄，大肠痛，巨虚上廉主之。

(3)《针灸资生经》：若灸溏泄，脐中第一，三阴交等穴，乃其次也。

(4)《杨敬斋针灸全书》：一切泻肚，中管(中脘)、神阙、气海、关元、期门、天枢、脾俞、肾俞、三阴交。

(5)《针灸大成》：大便泄泻不止，中脘、天枢、中极。

第二十四节　痢　疾

痢疾(dysentery)是以腹痛、里急后重、下痢赤白脓血为主要特征的病证，古称"肠澼""滞下""下利"。多发于夏秋季节。

痢疾的发生多与外感时邪疫毒、饮食不节等因素有关。本病病位在肠，与脾、胃关系密切。基本病机是气血壅滞，肠道传化失司。

西医学中，可见于急性细菌性痢疾、阿米巴痢疾、中毒性菌痢等。

【辨证要点】

主症　腹痛，里急后重，下痢赤白脓血。

寒湿痢　腹痛拘急，下痢赤白黏冻，白多赤少，或纯为白冻，头身困重，苔白腻，脉濡缓。

湿热痢　下痢赤白脓血，赤多白少，肛门灼热，小便短赤，苔黄腻，脉滑数。

疫毒痢　发病急骤，腹痛剧烈，痢下脓血，壮热口渴，头痛烦躁，甚则神昏、痉厥，舌红绛，苔黄燥,脉滑数。

噤口痢　下痢赤白脓血,恶心呕吐,不能进食,苔腻,脉滑。

休息痢　下痢时发时止,日久不愈,常因饮食不慎、受凉、劳累而发,发则便中带有赤白黏冻,或伴有脱肛,舌淡苔腻,脉细。

【治疗】

1. 基本治疗

治则　清热化湿,通肠导滞。取大肠的募穴、下合穴为主。

主穴　天枢　上巨虚　合谷　三阴交

配穴　寒湿痢配关元、阴陵泉;湿热痢配曲池、内庭;疫毒痢配大椎、十宣;噤口痢配内关、中脘;休息痢配脾俞、足三里。

操作　毫针常规刺。寒湿痢、休息痢可用温和灸、温针灸、隔姜灸或隔附子饼灸。急性痢疾每日治疗1～2次,慢性痢疾每日治疗1次。

方义　本病病位在肠,故取大肠的募穴天枢、下合穴上巨虚、原穴合谷,三穴同用,可通调大肠腑气,使肠腑气调而湿化滞行;三阴交为肝、脾、肾三经的交会穴,可健脾利湿。

2. 其他治疗

(1) 耳针:取大肠、直肠下段、小肠、腹、脾、肾。每次选用3～5穴,毫针刺法或压籽法。

(2) 穴位注射:取天枢、上巨虚。选用黄连素注射液或5%葡萄糖注射液、维生素B_1注射液,每穴注射0.5～2 ml。

【按语】

(1) 针灸治疗急性细菌性痢疾、阿米巴痢疾的疗效显著,但中毒性菌痢病情凶险,应采取综合治疗措施。

(2) 急性痢疾发病时应进行床边隔离,注意饮食。

【文献摘录】

(1)《丹溪心法》:久痢……灸天枢、气海。

(2)《医学入门》:痢疾合谷三里宜,其者必须兼中膂;白痢针合谷。赤痢针小肠俞。赤白针三里中膂俞。

(3)《针灸集成》:赤白痢疾,脐中七壮至百壮,三阴交七壮。

(4)《针灸逢源》:中气虚寒、腹痛泻痢,天枢、神阙。

第二十五节　便　秘

便秘(constipation)是指大便秘结不通,排便时间延长,或欲大便而艰涩不畅的病证。

便秘的发生多与饮食不节、情志失调、劳倦体虚、外邪侵袭等因素有关。本病病位在肠,与脾、胃、肺、肝、肾等脏腑的功能失调有关。基本病机是大肠传导不利。无论是肠腑疾患或是其他脏腑的病变影响到肠腑,使肠腑壅塞不通或肠失滋润及糟粕内停,均可导致便秘。

西医学中,便秘可见于多种急、慢性疾病中,如功能性便秘、肠易激综合征、药物性便秘、内分泌及代谢性疾病所致的便秘等。

【辨证要点】

主症　大便秘结不通,排便艰涩难解。

热秘　大便干结,腹胀,口干口臭,尿赤,舌红,苔黄燥,脉滑数。

气秘　欲便不得,腹中胀痛,嗳气频作,胸胁胀满,苔薄腻,脉弦。

冷秘　大便艰涩,排出困难,腹中冷痛,面色㿠白,四肢不温,小便清长,舌淡苔白,脉沉迟。

虚秘　虽有便意,但排出不畅,便质不干硬,神疲气怯,面色无华,头晕心悸,舌淡嫩,苔薄,脉细弱。

【治疗】

1. 基本治疗

治则　调肠通便。取大肠的背俞穴、募穴及下合穴为主。

主穴　天枢　大肠俞　上巨虚　支沟　照海

配穴　热秘配合谷、腹结;气秘配中脘、太冲;冷秘配关元、神阙;虚秘配关元、脾俞;大便干结配关元、下巨虚。

操作　毫针常规刺。冷秘、虚秘可加用灸法。

方义　天枢为大肠的募穴,与大肠俞同用为俞募配穴法,上巨虚为大肠的下合穴,三穴共用可通调大肠腑气,腑气通则大肠传导功能复常;支沟宣通三焦气机,照海滋阴,取之可增液行舟,二穴均是治疗便秘的经验要穴。

2. 其他治疗

(1) 耳针:取大肠、直肠、交感、皮质下。毫针刺法,或埋针法、压籽法。

(2) 穴位注射:取大肠俞、上巨虚。选用生理盐水或维生素 B_1、维生素 B_{12} 注射液,每穴注射 $0.5\sim2$ ml。

【按语】

(1) 针灸对功能性便秘有较好的疗效,如治疗多次而无效者需查明原因。

(2) 平时应坚持适当运动,多食蔬菜水果,养成定时排便的习惯。

【文献摘录】

(1)《针灸甲乙经》:腹中不便,取三里。盛则泻之,虚则补之。

(2)《针灸资生经》:承山……太溪……治大便难……腹中有积,大便秘,巴豆肉为饼,置脐中,灸三壮即通,神效。

(3)《针灸大全》:大便难,用力脱肛,取内关……照海二穴、百会一穴、支沟二穴。

(4)《医学入门》:大便虚秘,补支沟,泻足三里。

第二十六节　肠易激综合征

肠易激综合征(irritable bowel syndrome)是一种以腹痛或腹部不适、伴排便习惯改变为特征而无器质性病变的常见功能性肠病。临床症状表现为持续存在或间歇发作的排便习惯改变(腹泻或便秘)、粪便性状异常(稀便或黏液便等)、腹痛及腹胀等,其中以腹泻最为多见。患者以中青年居多,老年人初次发病者少见,男女比例约 1:2。

肠易激综合征属中医学"泄泻""便秘""腹胀"等范畴,本病的发生常与情志失调、思虑劳倦、饮食不节等密切相关。本病病位在肠,与肝、脾关系密切,病久及肾。病机特点为肝脾不调,肠道通降失常。

【辨证要点】

主症　反复或交替出现的腹泻、便秘伴腹胀、腹痛及大便性状异常。

脾虚湿滞　腹痛隐隐,大便时溏时泻,劳累或受凉后发作或加重,神疲纳呆,四肢倦怠,舌淡有齿痕,苔白腻,脉虚弱。

肝郁脾虚　腹痛则泻,泻后痛减,发作多与情绪相关;急躁易怒,善叹息,或两胁胀满,舌淡胖有齿痕,脉弦细。

脾肾阳虚　晨起腹痛即泻,腹部冷痛,得温痛减,形寒肢冷,腰膝酸软,纳差,舌淡,苔白滑,脉沉细。

脾胃湿热　腹痛泄泻,泄下急迫或不爽,肛门灼热,胸闷不舒,烦渴欲饮,口干口苦,舌红,苔黄腻,脉滑数。

肝郁气滞　大便干结,腹痛腹胀,每遇情志不舒时加重,善太息,嗳气频作,舌淡红,苔薄白或黄,脉弦。

肠道燥热　大便秘结难下,少腹胀痛,口干口臭,舌红,苔黄燥少津,脉数。

【治疗】

1. 基本治疗

治则　调和肝脾,理气通腑。取大肠的下合穴、背俞穴、募穴为主。

主穴　天枢　大肠俞　上巨虚　足三里

配穴　脾虚湿滞配脾俞、章门;肝郁脾虚配太冲、期门、公孙;脾肾阳虚配肾俞、神阙、关元;脾胃湿热配内庭、曲池;肝郁气滞配肝俞、行间;肠道燥热配合谷、曲池。腹胀明显者配中脘、内关;腹泻明显配关元、神阙、公孙;便秘明显者配支沟、照海;情绪症状明显者配印堂、神庭、神门。

操作　毫针常规刺。实证用泻法,虚证用补法,也可加用灸法。

方义　本病病位在肠,天枢为大肠募穴,可调中和胃,理气健脾,有通调肠腑、分清别浊之功;大肠俞为大肠经精气输注于背部的穴位,与天枢相配属俞募穴,加之大肠的下合穴上巨虚,以通调肠腑;足三里为胃的下合穴,大小肠皆属于胃,和胃理气,以助调理肠腑功能。

2. 其他治疗

(1) 指压法:腹部脐周阿是穴、相应背俞穴或其他阳性反应。可行指压法。

(2) 耳针:取交感、肝、脾、胃、大肠、皮质下。每次选用3~5穴,毫针刺法或压丸法。

(3) 穴位埋线:取中脘、天枢、关元、足三里、上巨虚、大肠俞、肝俞、脾俞、胃俞。使用羊肠线线无菌环境下穴位埋线,以常规针刺深度为宜,15日进行1次,3次为1疗程。

(4) 热敏灸:对患者进行热敏点探察,一般可在腹部天枢穴、头部额旁2线等部位发现热敏点,对热敏点施灸,以出现透热感传为度。

【按语】

(1) 针灸对肠易激综合征具有经济、副作用少的优点,可明显缓解症状。病情较重者需配合中药或西药治疗。

(2) 对初诊的患者应有针对性地选择辅助检查,排除器质性病变。

(3) 平时要注意生活及饮食规律,忌食刺激食物;调畅情志,适当运动锻炼。

【文献摘录】
(1)《灵枢·邪气脏腑病形》：胃病者,腹䐜胀,胃脘当心而痛,上支两胁,膈咽不通,食饮不下,取之三里也。
(2)《脾胃论·卷中》：脾胃虚弱,湿痿,汗泄,妨食,三里、气街出血,不愈,于上廉出血。
(3)《玉龙歌》：脾泄之症别无他,天枢二穴刺休差,此是五脏脾虚疾,艾火多添病不加。
(4)《针灸大成·卷之八》：腹内疼痛,内关、三里、中脘。

第二十七节 胁 痛

胁痛(hypochondriac pain)是以一侧或两侧胁肋部疼痛为主要表现的病证。

胁痛的发生多与情志不畅、跌仆损伤、饮食所伤、外感湿热、劳欲久病等因素有关。胁肋部为肝胆经络所过之处,本病病位主要在肝、胆,与脾、胃、肾有关。基本病机是肝胆脉络不通或脉络失养。

西医学中,胁痛多见于急慢性肝炎、肝硬化、肝癌、胆囊炎、胆石症、胆道蛔虫症及肋间神经痛等疾病。

【辨证要点】

主症　一侧或两侧胁肋部疼痛。

肝郁气滞　胁肋胀痛,痛无定处,常因情志波动而发作,伴胸闷嗳气,苔薄白,脉弦。

肝胆湿热　胁肋胀痛灼热,拒按,伴口苦口黏,胸闷纳呆,恶心呕吐,小便黄赤,或有黄疸,舌红,苔黄腻,脉弦滑而数。

瘀血阻络　胁肋刺痛,痛处固定不移,入夜尤甚,舌质紫暗,脉涩。

肝阴不足　胁肋隐痛,绵绵不已,劳则加重,伴头晕目眩,咽干口燥,舌红,少苔,脉细弦而数。

【治疗】

1. 基本治疗

治则　疏肝利胆,活络止痛。取足厥阴、足少阳经穴为主。

主穴　期门　阳陵泉　支沟　丘墟

配穴　肝郁气滞配太冲;肝胆湿热配行间、三阴交;瘀血阻络配膈俞、阿是穴;肝阴不足配肝俞、肾俞。

操作　毫针常规刺,可加用电针。丘墟可透照海。

方义　肝胆两经布于胁肋,期门为肝的募穴,位居胁肋部,取之既可疏泄肝胆气机,又可直接疏通胁肋部经络而止痛;阳陵泉为胆的下合穴,支沟为三焦经经穴,二穴合用,可疏泄肝胆;丘墟为胆的原穴,与阳陵泉相配,可疏肝利胆,活络止痛。

2. 其他治疗

(1) 耳针：取肝、胆、胸、神门。毫针刺法或压籽法。

(2) 皮肤针：取阿是穴、相应节段夹脊穴。叩刺至局部潮红或微出血,并加拔火罐。适用于瘀血阻络型胁痛。

(3) 穴位注射：取相应节段夹脊穴。选用10%葡萄糖注射液或维生素B_{12}注射液等,每穴注射0.5~1 ml。适用于肋间神经痛。

【按语】
(1) 针灸治疗胁痛有较好的疗效,但胁痛可见于多种疾病中,临床应注意鉴别诊断。
(2) 饮食宜清淡,忌肥甘厚味,心情要舒畅,忌恼怒急躁。

【文献摘录】
(1)《素问·藏气法时论篇》:肝病者,两胁下痛引少腹。令人善怒……取其经,厥阴与少阳。
(2)《灵枢·五邪》:邪在肝,则两胁中痛,寒中,恶血在内,行善掣节,时脚肿。取之行间,以引胁下,补三里以温胃中,取血脉以散恶血;取耳间青脉,以去其掣。
(3)《素问病机气宜保命集》:两胁痛,针少阳经丘墟。
(4)《扁鹊神应针灸玉龙经》:一切游走气攻胸胁疼痛,语言、咳嗽难不可转侧,支沟,右疼泻左,左疼泻右;委中出血。
(5)《医学入门》:胁痛只须阳陵泉,专治胁肋痛满欲绝及面肿。

第二十八节 黄 疸

黄疸(jaundice)是因胆汁外溢所致,以目黄、身黄、小便黄为主要表现的病证。其中,目睛黄染为本病的主要特征。

黄疸的发生常与感受外邪、饮食不节、脾胃虚弱等因素有关。本病病位在胆,与肝、脾、胃关系密切。基本病机是湿浊阻滞,胆汁不循常道而泛溢。

西医学中,可涉及肝细胞性黄疸、阻塞性黄疸、溶血性黄疸,可见于急慢性肝炎、肝硬化、胆囊炎、胆结石、钩端螺旋体病、蚕豆黄、某些消化系统肿瘤等疾病中。

【辨证要点】
主症 以目黄、身黄、小便黄的"三黄"为主症,尤以眼睛巩膜发黄最为明显。
阳黄 巩膜和皮肤黄色鲜明如橘色,口干发热,小便短赤,大便秘结,苔黄腻,脉滑数。
阴黄 巩膜和皮肤黄色晦暗,或如烟熏,脘闷腹胀,畏寒神疲,口淡不渴,舌淡,苔白腻,脉濡缓或沉迟。

【治疗】
1. 基本治疗
治则 化湿利胆退黄。取胆的背俞穴、下合穴为主。
主穴 胆俞 阳陵泉 阴陵泉 至阳
配穴 阳黄配内庭、太冲;阴黄配脾俞、三阴交。
操作 毫针常规刺。阴黄者可加灸。
方义 黄疸是由湿邪熏蒸、胆汁外溢而成,故取胆的背俞穴胆俞及其下合穴阳陵泉以疏调胆腑,胆腑功能正常则胆汁自循常道;阴陵泉健脾利湿,令湿邪从小便而出;至阳为治疗黄疸的经验穴,可宣通阳气以化湿退黄。

2. 其他治疗
(1) 耳针:取肝、胆、脾、胃。毫针刺法或压籽法。
(2) 穴位注射:取胆俞、阳陵泉、阴陵泉、至阳。选用板蓝根注射液、田基黄注射液或维生素B_1、维生素B_{12}注射液,每穴注射 0.5~2 ml。

【按语】

(1) 针灸治疗急性黄疸型肝炎的效果较好,但应严格隔离,以防传染。对其他原因引起的黄疸,可采取综合治疗措施。

(2) 饮食宜清淡新鲜,不宜过食肥腻甘甜,忌饮酒和辛辣刺激食物。

【文献摘录】

(1)《针灸甲乙经》：黄疸善欠,胁下满欲吐,脾俞主之……黄疸,热中善渴,太冲主之。

(2)《扁鹊神应针灸玉龙经》：浑身发黄,至阳灸,委中出血。

(3)《针灸大全》：黄疸,四肢俱肿,汗出染衣,公孙……至阳一穴,百劳一穴,腕骨二穴,中脘一穴,三里二穴。

(4)《神灸经纶》：酒疸,目黄面发赤斑,胆俞。

第二十九节　水　肿

水肿(edema)是指体内水液潴留,泛溢肌肤,引起头面、眼睑、四肢、腹背甚至全身浮肿为特征的一类病证,严重者还可伴有胸水、腹水。

水肿的发生常与风邪袭表、疮毒内犯、外感水湿、饮食不节、禀赋不足、久病劳倦等因素有关。本病病变脏腑主要在肺、脾、肾三脏,阳水属实,病脏在肺、脾;阴水属虚或虚实夹杂,病脏在脾、肾。基本病机是肺失通调,脾失转输,肾失开阖,三焦气化不利。

西医学中,可见于急慢性肾炎、慢性充血性心力衰竭、肝硬化、贫血、内分泌失调和营养障碍等疾病中。

【辨证要点】

主症　头面、眼睑、四肢、腹背或全身浮肿。

阳水　起病较急,初起面目微肿,继则遍及全身,肿势以腰部以上为主,皮肤光泽,按之凹陷易复,胸中烦闷,甚则呼吸急促,小便短少而黄,苔白滑或腻,脉浮滑或滑数。

阴水　起病较缓,初起足跗微肿,继则腹、背、面部等逐渐浮肿,肿势时起时消,按之凹陷难复,气色晦暗,小便清利或短涩,舌淡,苔白,脉沉细或迟。

【治疗】

1. 基本治疗

治则　利水消肿。取三焦的背俞穴、下合穴为主。

主穴　三焦俞　委阳　水分　水道　阴陵泉

配穴　阳水配肺俞、列缺;阴水配三阴交、关元。

操作　毫针常规刺,阴水可加灸。

方义　三焦俞配三焦的下合穴委阳,可通调三焦气机、利水消肿;水分、水道为利尿行水效穴;阴陵泉利水渗湿。

2. 其他治疗

(1) 耳针：取三焦、肺、脾、肾、膀胱。毫针刺法或压籽法。

(2) 皮肤针：取背部膀胱经第1侧线和第2侧线。自上而下叩刺至皮肤潮红为度。

(3) 三棱针：取肾俞、三焦俞、委中、阴陵泉。三棱针点刺出血数滴。适用于慢性肾炎引起的水肿。

【按语】

(1) 针灸治疗水肿有一定的疗效。但当水肿出现胸满腹大、喘咳、心慌、神昏等水毒凌心犯肺症状时，应采取综合治疗措施。

(2) 水肿初期一般应注意无盐饮食，肿势渐退后(约3个月)低盐饮食，食盐量可随病情的好转逐渐增加。

【文献摘录】

(1)《针灸甲乙经》：水肿，人中尽满，唇反者死，水沟主之。水肿大脐平，灸脐中，腹无理不治。

(2)《针灸资生经》：水肿，惟得针水沟……灸水分，则最为要穴也……水肿不得卧，阴陵泉百壮。

(3)《景岳全书》：水肿，灸脾俞、水分、肝俞。

第三十节　癃　闭

癃闭(ischuria)是以小便量少，点滴而出，甚则小便闭塞不通为主要临床表现的病证。"癃"是指小便不利，点滴而短少，病势较缓。"闭"是指小便闭塞，点滴不通，病势较急。癃与闭都是指排尿困难，只是程度上的不同，故常合称"癃闭"。

癃闭的发生多与感受外邪、饮食不节、久病体弱、情志不畅、瘀浊内阻等因素有关。本病病位在膀胱，与肾、三焦、肺、脾关系密切。基本病机是膀胱气化功能失常。

西医学中，可见于各种原因导致的尿潴留及无尿症等疾病。

【辨证要点】

主症　排尿困难。

膀胱湿热　小便点滴不通，或量少而短赤灼热，小腹胀满，口苦口黏，或口渴不欲饮，舌红，苔黄腻，脉数。

肝郁气滞　小便不通，或通而不畅，胁腹胀满，多烦善怒，舌红，苔薄黄，脉弦。

浊瘀阻塞　小便滴沥不畅，甚至阻塞不通，小腹胀满疼痛，舌紫暗或有瘀点，脉涩。

肺热壅盛　小便不畅或点滴不通，咽干，烦渴欲饮，呼吸急促，或有咳嗽，苔薄黄，脉数。

肾气亏虚　小便不通或点滴不爽，排出无力，腰膝酸软，精神不振，舌淡，脉沉细。

脾气虚弱　少腹坠胀，时欲小便而不得出，或量少不畅，气短，语声低微，食欲不振，舌淡，脉细弱。

【治疗】

1. 基本治疗

治则　调理膀胱，行气通闭。取膀胱的背俞穴、募穴为主。

主穴　中极　膀胱俞　委阳　三阴交　阴陵泉

配穴　膀胱湿热配委中、行间；肝郁气滞配蠡沟、太冲；浊瘀阻塞配膈俞、血海；肺热壅盛配肺俞、尺泽；肾气亏虚配肾俞、太溪；脾气虚弱配脾俞、足三里。

操作　针刺中极时针尖向下,不可过深,以免伤及膀胱。余穴均常规刺。

方义　中极为膀胱的募穴,与膀胱的背俞穴膀胱俞相配,属俞募配穴法,可调理膀胱气化功能,通利小便;委阳为三焦的下合穴,可通调三焦气机,三阴交为足三阴经的交会穴,调理肝、脾、肾,二穴合用,共助膀胱气化;阴陵泉清利下焦湿热、通利小便。

2. 其他治疗

(1) 耳针:取膀胱、肾、三焦、尿道。每次选用1～3穴,毫针刺法或压籽法。

(2) 穴位贴敷:取神阙穴。将食盐炒黄待冷放于神阙穴填平,再用2根葱白压成0.3 cm厚的饼置于盐上,艾炷置葱饼上施灸,至温热入腹内有尿意为止。

【按语】

(1) 针灸治疗癃闭的效果较好。若膀胱充盈过度,经针灸治疗1 h后仍不能排尿者,应及时导尿。

(2) 癃闭患者往往精神紧张,在针灸治疗的同时,应消除精神紧张,反复做腹肌收缩、松弛的交替锻炼。

【文献摘录】

(1)《灵枢·本输》:三焦者……出于委阳,并太阳之正,入络膀胱,约下焦,实则闭癃……闭癃则写之。

(2)《灵枢·四时气》:小腹痛肿,不得小便,邪在三焦约,取之太阳大络,视其络脉与厥阴小络结而血者,肿上及胃脘,取三里。

(3)《针灸大成》:小便不通,阴陵泉、气海、三阴交……复刺后穴:阴谷、大陵。

(4)《证治准绳》:小腹疼痛,小便不通,先艾灸三阴交。

第三十一节　淋　　证

淋证(stranguria)是以小便频数短涩,滴沥刺痛,欲出未尽,小腹拘急,或痛引腰腹为主要特征的病证。根据症状和病因病机,一般分为热淋、石淋、血淋、气淋、膏淋、劳淋。

淋证的发生多与饮食不节、年老体弱、房事过度、情志不舒等因素有关。本病病位在肾和膀胱,与肝、脾关系密切。基本病机是湿热蕴结下焦,膀胱气化不利。病初多为实证,若病延日久,则病证从实转虚,而见虚实夹杂。

西医学中,淋证多见于泌尿系感染、结石、结核、肿瘤和急慢性前列腺炎、乳糜尿等疾病。

【辨证要点】

主症　尿频,尿急,尿痛,常伴有排尿不畅、小腹拘急或痛引腰腹等症状。

热淋　小便短数,灼热刺痛,尿色黄赤,小腹拘急胀痛,或有恶寒发热,口苦呕恶,苔黄腻,脉滑数。

石淋　尿中时夹砂石,小便艰涩,或排尿时突然中断,尿道刺痛窘迫,少腹拘急,或腰腹绞痛难忍,尿中带血,舌红,苔薄黄,脉弦数。

血淋　小便热涩刺痛,尿色深红或夹有血块,疼痛满急加剧,舌红,苔黄,脉弦或涩。

气淋　小便涩滞,淋沥不畅,少腹胀痛或坠胀,苔薄白,脉沉弦。

膏淋　小便浑浊如米泔水,置之沉淀如絮状,上有浮油如脂,或夹有凝块,或混有血液,尿道热涩疼痛,舌红,苔黄腻,脉濡数。

劳淋　小便赤涩不甚,但淋沥不已,时作时止,遇劳即发,腰膝酸软,神疲乏力,舌淡,脉虚弱。

【治疗】

1. 基本治疗

治则　利尿通淋。取膀胱的背俞穴、募穴为主。

主穴　中极　膀胱俞　三阴交　阴陵泉

配穴　热淋配委中、行间;石淋配秩边透水道、委阳;血淋配膈俞、血海;气淋配蠡沟、太冲;膏淋配关元、下巨虚;劳淋配脾俞、肾俞。

操作　毫针常规刺。针刺中极前应排空小便,不可进针过深,以免刺伤膀胱。症状较重者可每日治疗1～2次,症状较轻者可每日或隔日治疗1次。

方义　淋证以膀胱气机不利为主,故取膀胱的募穴中极、背俞穴膀胱俞,此为俞募配穴法,可疏利膀胱气机;三阴交为脾、肝、肾三经的交会穴,阴陵泉为脾经的合穴,二穴合用,可疏调气机、利尿通淋。

2. 其他治疗

(1) 皮肤针:取三阴交、曲泉、关元、曲骨、归来、水道、腹股沟部、第3腰椎至第4骶椎夹脊。叩刺至皮肤潮红为度。

(2) 耳针:取膀胱、肾、交感、肾上腺。每次选2～4穴,毫针刺法或压籽法。

(3) 电针:取肾俞、三阴交。针刺得气后接电针,选用疏密波或断续波,刺激5～10 min,强度以患者能耐受为度。

【按语】

(1) 针灸治疗本病急性期可迅速缓解症状。

(2) 石淋患者应多饮水,多做跑跳运动,以促进排石。若并发严重感染,肾功能受损,或结石体积较大,针灸难以奏效,或肿瘤引起者,则应采取综合疗法。

【文献摘录】

(1)《针灸大成》:小便淋沥,阴谷、关元、气海、三阴交、阴陵泉。

(2)《针灸大全》:血淋,取复溜、丹田……赤淋,取次髎……小便淋血不止……取照海、阴谷、涌泉、三阴交。

第三十二节　尿失禁

尿失禁(incontinence of urine)是指在清醒状态下小便不能控制而自行流出的一种病证,可分为充溢性尿失禁、无阻力性尿失禁、反射性尿失禁、急迫性尿失禁和压力性尿失禁五类。

尿失禁属中医学"小便不禁"范畴,其发生多与禀赋不足、老年肾亏、暴受惊恐、跌打损伤、病后体虚等因素有关。本病病位在膀胱,与肾、脾、肺关系密切。基本病机是下元不固、膀胱失约。

【辨证要点】

主症　在清醒状态下小便不能控制而自行流出。

肾气不固　小便不禁,尿液清长,神疲怯寒,腰膝酸软,两足无力,舌质淡,苔薄,脉沉细无力。

脾肺气虚　尿意频急,时有尿自遗,甚则在咳嗽、谈笑时出现小便自遗,小腹时有坠胀,面白气短,乏力纳呆,舌淡红,脉虚无力。

湿热下注　小便频数,排尿灼热,时有尿自遗,溲赤而臭,舌质偏红,苔黄腻,脉细滑数。

下焦瘀滞　小便不禁,小腹胀满隐痛,或可触及肿块,舌质暗或有紫斑,苔薄,脉涩。

【治疗】

1. 基本治疗

治则　益肾固脬。取膀胱的背俞、募穴为主。

主穴　中极　膀胱俞　肾俞　三阴交

配穴　肾气不固配关元、命门;脾肺气虚配肺俞、脾俞;湿热下注配秩边、阴陵泉;下焦瘀滞配次髎、蠡沟。

操作　毫针常规刺。刺中极时针尖朝向会阴部;肺俞、脾俞不可深刺。肾气不固、脾肺气虚可加灸。

方义　中极属任脉,其下为膀胱,中极、膀胱俞为俞募配穴法,可调理膀胱气机,增强膀胱对尿液的约束能力;肾俞为肾的背俞穴,可补肾固涩;三阴交为足三阴经的交会穴,可调理脾、肝、肾的气机。诸穴相配,可奏益肾固脬之功。

2. 其他疗法

(1) 耳针:取膀胱、尿道、肾、肺、脾。毫针刺法,或埋针法、压籽法。

(2) 头针:取顶中线。头针常规操作。

(3) 穴位贴敷:取神阙。用煅龙牡各30 g,五味子、五倍子各15 g,肉桂、冰片各6 g,共研细末备用。每用3～6 g,用醋调成膏状贴敷。适用于虚证。

【按语】

(1) 针灸治疗本病有较好的疗效,但应注意对原发病的治疗。

(2) 加强锻炼,增强体质,经常做收腹、提肛练习。

【文献摘录】

(1)《脉经》:尺脉实,小腹痛,小便不禁……针关元补之。

(2)《备急千金要方》:小便失禁,灸大敦七壮;又灸行间七壮。

(3)《神应经》:小便不禁,承浆、阴陵、委中、太冲、膀胱俞、大敦。

(4)《针灸大全》:小腹冷痛,小便频数,照海……气海一穴、关元一穴、三阴交二穴、肾俞二穴。

第三十三节　遗　精

遗精(seminal emission)是指不因性生活而精液频繁遗泄的病证,又称"失精"。有梦遗精称"梦遗";无梦遗精,甚至清醒时精液流出称"滑精"。

遗精的发生多与情欲妄动、沉湎房事、劳倦过度、饮食不节、湿浊内扰等因素有关。本病病位在肾,与心、脾、肝关系密切。基本病机是肾失封藏,精关不固。

西医学中,遗精多见于男子性功能障碍、前列腺炎、神经衰弱、精囊炎及睾丸炎等疾病。未婚或已婚但没有正常性生活的成年健康男子每月遗精1～2次者属正常现象。

【辨证要点】

主症　频繁遗精,或梦遗,或滑精,每周2次以上。

肾气不固　面色少华,耳鸣,自汗,腰膝酸软,畏寒肢冷,舌淡,苔薄白,脉沉细弱。

心脾两虚　遗精常因思虑过多或劳倦而作,心悸怔忡,健忘失眠,四肢困倦,面色萎黄,食少便溏,舌淡,苔薄白,脉细弱。

阴虚火旺　梦中遗精,夜寐不宁,心中烦热,心悸易惊,尿少色黄,舌边尖红,苔少,脉细数。

湿热下注　梦中遗精频作,尿后有精液外流,尿色黄赤,溺时不爽或灼热,口苦烦渴,小腹不适,会阴作胀,舌红,苔黄腻,脉滑数。

【治疗】

1. 基本治疗

治则　调肾固精。取任脉穴及肾的背俞穴、原穴为主。

主穴　关元　肾俞　太溪　志室　三阴交

配穴　肾气不固配复溜;心脾两虚配心俞、脾俞;阴虚火旺配神门、然谷;湿热下注配中极、阴陵泉。

操作　毫针常规刺。肾气不固和心脾两虚者,可加灸。

方义　关元为任脉与足三阴经的交会穴,可补益下元虚损,振奋肾气;肾俞为肾的背俞穴,太溪为肾之原穴,配志室可补肾固精;三阴交为足三阴经的交会穴,善调肝、脾、肾之经气而固摄精关。

2. 其他治疗

(1) 耳针:取内生殖器、内分泌、神门、肾、心、脾、肝。每次选用2～4穴,毫针刺法,或埋针法、压籽法。

(2) 穴位注射:取关元、中极、志室。可分别选用胎盘注射液或当归注射液。每次取2穴,每穴注入药液0.5～1 ml,要求针感向前阴传导。

(3) 皮肤针:取关元、中极、三阴交、太溪、心俞、志室或腰骶两侧夹脊穴及足三阴经膝关节以下的腧穴。叩刺至皮肤潮红为度。

【按语】

(1) 针灸治疗遗精的效果较好。对于器质性疾病引起者,需同时治疗原发病。

(2) 在治疗的同时要戒除不良习惯,如手淫、读淫秽刊物等。

【文献摘录】

(1)《针灸大成》:遗精白浊,肾俞、关元、三阴交……梦遗失精,曲泉(百壮)、中封、太冲、至阴、膈俞、三阴交、肾俞、关元、三焦俞。

(2)《神灸经纶》:梦遗滑精鬼交,春秋冬三时可灸膏肓、肾俞(灸随年壮)、命门(遗精不禁5壮立效)、白环俞、中极、三阴交、中封、然谷、三里、关元、气海、大赫、精宫、丹田。

第三十四节　阳　痿

阳痿(impotence)是指男子未到性功能衰退年龄,出现性生活中阴茎不能勃起或勃起不坚,影响正常性生活的病证,又称"阴痿"。

阳痿的发生常与嗜食肥甘、手淫、房事太过、思虑忧愁、惊吓紧张等因素有关。本病病位在宗筋,与肾、心、脾、肝关系密切,在经脉上主要与肝、肾、阳明三经相关。基本病机是宗筋失养不振、弛缓。

西医学中,阳痿多见于男子性功能障碍及某些慢性虚弱性疾病。

【辨证要点】

主症　性生活时阴茎不能勃起,或勃起不坚,临房早泄,随之疲软;或虽能性交,但不经泄精而自行痿软。

命门火衰　精薄清冷,头晕耳鸣,面色淡白,腰膝酸软,畏寒肢冷,舌淡,苔白,脉沉细。

心脾两虚　神疲身倦,面色萎黄无华,心悸,失眠健忘,气短纳差,舌淡,苔薄白,脉细弱。

惊恐伤肾　神怯惊悸,夜寐不安,胸闷,舌红,苔薄白,脉弦细。

湿热下注　阴茎痿软,阴囊湿痒臊臭,下肢酸重,小便黄赤,舌红,苔黄腻,脉滑数。

【治疗】

1. 基本治疗

治则　补益肾气,荣养宗筋。取任脉穴及肾的背俞穴、原穴为主。

主穴　关元　肾俞　太溪　三阴交

配穴　命门火衰配命门;心脾两虚配心俞、脾俞;惊恐伤肾配百会、神门;湿热下注配会阴、阴陵泉。

操作　关元针尖向下斜刺,力求针感传向前阴,其他腧穴均常规刺。虚证可加用灸法。

方义　关元为任脉与足三阴经的交会穴,可调补肝脾肾,温下元之气,直接兴奋宗筋;肾俞可补益元气,培肾固本;太溪为肾之原穴,可滋阴补肾;三阴交是肝、脾、肾三经的交会穴,可健脾益气,补益肝肾,又可清热利湿。诸穴合用,可达补益肾气、强筋起痿的目的。

2. 其他治疗

(1) 耳针:取内生殖器、外生殖器、内分泌、肾、神门、皮质下。每次选用2～4穴,毫针刺法,或埋针法、压籽法。

(2) 穴位注射:取关元、中极、肾俞。选用胎盘组织液、黄芪注射液、当归注射液、维生素B_1或维生素B_{12}注射液。每次取2穴,每穴注入药液0.5～1 ml,要求针感向前阴传导。

(3) 穴位埋线:取关元、中极、肾俞、三阴交、次髎。每次选用2～3穴,埋入羊肠线。

【按语】

(1) 针灸治疗阳痿有一定的效果。取得疗效后,仍需注意节制房事。

(2) 在针灸治疗的同时配合心理治疗,予以精神疏导。在性生活时男方要消除紧张心理,克服悲观情绪,树立信心。

【文献摘录】

(1)《类经图翼》:阳不起,灸命门、肾俞、气海、然谷。

(2)《神灸经纶》:阳痿,命门、肾俞、气海、然谷、阴谷,均灸。

[附] 慢性前列腺炎

慢性前列腺炎(chronic prostatitis)是指中青年男性生殖泌尿系统感染而致前列腺长期充血、腺泡淤积、腺管水肿引起的炎症性改变,可分为细菌性和非细菌性两种类型。

慢性前列腺炎属中医学"精浊""白浊""淋浊"等范畴,其发生常与饮食不节、思虑过度、房劳太过等因素有关。本病病位在下焦,与肾、膀胱、脾关系密切。基本病机是膀胱泌别失职、脾虚精微下渗、肾虚失于固摄。

【辨证要点】

主症　排尿频繁,尿道口时有白色黏液溢出,有时有排尿困难,严重者可有遗精、早泄、血精、射精时疼痛,下腰部、会阴部或阴囊部疼痛。

湿热下注　尿频,尿急,尿痛,尿道口时有白浊溢出,伴口干口臭,前列腺压痛较明显,舌红,苔黄腻,脉滑数。

脾虚气陷　尿滴白,尿意不尽,尿后余沥,伴劳累后加重,头晕失眠,气短体倦,面色少华,心悸,自汗,舌淡,苔薄白,脉细弱。

肾气不足　尿滴沥不尽,腰膝酸软,头晕耳鸣,性功能障碍,舌淡,苔薄白,脉沉细弱。

【治疗】

1. 基本治疗

治则　清利湿热,健脾补肾。取任脉穴为主。

主穴　会阴　关元　太溪　三阴交

配穴　湿热下注配中极、秩边;脾虚气陷配脾俞;肾气不足配肾俞。

操作　毫针常规刺。脾虚气陷和肾气不足者,可加用灸法。

方义　会阴为任、督二脉的交会穴,可交通阴阳,清利小便;关元为任脉与足三阴经的交会穴,太溪为肾之原穴,二穴相配可补益肾气;三阴交为足三阴经的交会穴,取之可调理肝、脾、肾,以达通便之功。

2. 其他治疗

(1) 耳针:取肾、膀胱、脾、三焦、外生殖器。毫针刺法,或埋针法、压籽法。

(2) 皮肤针:取下腹部任脉经、第1~5腰夹脊、阴陵泉、三阴交。叩刺至皮肤潮红为度。

【按语】

(1) 慢性前列腺炎是一种较顽固的疾病,针灸有较好的疗效,但需长期坚持。

(2) 注意防寒保暖,不吃刺激性食物,禁酒,治疗期间宜节制房事。

【文献摘录】

《百症赋》:针三阴交于气海,专司白浊久遗精。

第三十五节　阳　强

阳强(priapism)是以阴茎挺举持续不倒为特征的病证,又称"强中"。

阳强的发生多与妄服壮阳药物、嗜酒肥甘、忍精不泄、跌仆损伤、情欲妄动、情志化火等因素有关。本病病位在阴器,肾主生殖、开窍于二阴,肝经络阴器,足太阴经筋聚于阴器,故本病与肾、肝、脾关系密切。基本病机是相火妄动,火扰阴器。

西医学中,多见于阴茎异常勃起。

【辨证要点】

主症　阴茎挺举持续不倒。

阴虚阳亢　阴茎坚挺,胀痛不适,口苦咽干,两颧潮红,舌红,少苔,脉细数。

湿热下注　阴茎胀痛,小便短黄,口干口苦,舌红,苔黄腻,脉滑数。

瘀血内阻　阴茎坚挺麻木,皮色紫暗,痛如针刺,舌紫暗,脉弦涩。

【治疗】

1. 基本治疗

治则　清泻相火,弛缓宗筋。取足厥阴肝经穴为主。

主穴　大敦　行间　蠡沟　侠溪　三阴交

配穴　阴虚阳亢配太溪、太冲;湿热下注配阴陵泉、曲骨;瘀血内阻配中极、血海。

操作　毫针常规刺,泻法或平补平泻。

方义　肝主筋,前阴乃宗筋之所聚,故取足厥阴肝经的大敦、行间、蠡沟与侠溪相配,可泻肝胆之火;三阴交为肝、脾、肾经的交会穴,可调理前阴经气。诸穴合用,可使宗筋弛缓,阳强得除。

2. 其他治疗

(1) 耳针:取内生殖器、外生殖器、内分泌、肾、肝、脾、神门、皮质下。每次选用2～4穴,毫针刺法,或埋针法、压籽法。

(2) 穴位贴敷:取劳宫。用芒硝60 g,分握于两手劳宫穴,待芒硝自然融化或阴茎疲软后,去掉药物。若不效,可反复使用数次。

【按语】

针灸治疗本病的效果较好。但本病属急症,应及时治疗,否则易导致阴茎水肿或小便艰涩、癃闭。

【文献摘录】

《灵枢·经脉》:足厥阴之别,名曰蠡沟……其别者,循胫上睾,结于茎。其病气逆则睾肿卒疝,实则挺长,虚则暴痒,取之所别也。

第三十六节　早　泄

早泄(premature ejaculation)是指阴茎插入阴道不到1 min,甚至刚触及阴道口便发生射精,不能进行正常性交的病证。

早泄的发生常与饮食不节、思虑过度、情志不舒、房劳太过、手淫过度等因素有关。本病病位在肾、肝,与心、脾关系密切。基本病机是肾失封藏或肝失疏泄。

西医学中,早泄多见于男子性功能障碍。

【辨证要点】

主症　准备性交时,男女双方刚接触或尚未接触,男方即出现射精,或性交中阴茎插入阴道上下抽动数下即射精,阴茎随即痿软。

肾虚不固　泄后疲惫,腰膝酸软,性欲减退,小便频数,舌淡,苔薄,脉沉细。
心脾两虚　肢体倦怠,面色少华,心悸气短,失眠多梦,舌淡,苔薄白,脉细无力。
阴虚火旺　遗精,阴茎易举,腰膝酸软,五心烦热,潮热盗汗,舌红,少苔,脉细数。
肝经湿热　阴部潮湿,口苦纳呆,少腹胀痛,小便黄赤,舌红,苔黄腻,脉弦数。
肝郁气滞　精神抑郁,焦躁不安,少腹不舒,牵引睾丸,胸闷叹息,少寐多梦,舌边红,苔薄白,脉弦。

【治疗】
1. 基本治疗
治则　调肾固精。取任脉穴及肾的背俞穴、原穴为主。
主穴　关元　肾俞　太溪　志室　三阴交
配穴　肾虚不固配复溜;心脾两虚配心俞、脾俞;阴虚火旺配然谷、照海;肝经湿热配蠡沟、中极;肝郁气滞配蠡沟、太冲。
操作　毫针常规刺。肾虚不固及心脾两虚可加用灸法。
方义　关元为任脉与足三阴经的交会穴,可补益下元虚损,振奋肾气;肾俞为肾的背俞穴,太溪为肾之原穴,与志室合用可补肾固精;三阴交为足三阴经的交会穴,取之可调养肝、脾、肾,以固精关。

2. 其他治疗
(1) 耳针:取内生殖器、外生殖器、神门、内分泌、肾、肝、脾、心。每次选用2~4穴,毫针刺法,或埋针法、压籽法。
(2) 穴位注射:取关元、三阴交、肾俞、志室、命门、心俞、脾俞。选用维生素B_1、维生素B_{12}或胎盘组织液、黄芪注射液、当归注射液、参附注射液等。每次取2~3穴,每穴注入药液约1 ml,要求针感向前阴传导。
(3) 穴位贴敷:取露蜂房、白芷各10 g,研末,醋调成饼,临睡前贴敷神阙穴。

【按语】
(1) 针灸治疗本病有一定的疗效。
(2) 在治疗期间应节制房事,养成起居和房事有规律,同时应戒烟、戒酒。
(3) 在针灸治疗的同时配合心理治疗。帮助患者克服悲观情绪,树立信心。

【文献摘录】
《针灸正宗》:病早泄……非关元、气海、中极、肾俞无功效也,且须灸至百壮。

第三十七节　男性不育症

男性不育症(infertility)是指育龄夫妇同居2年以上,性生活正常,未采取任何避孕措施,由于男方原因使女方不能受孕的病证,多见于精子减少症、无精子症、死精子症、精液不化症、不射精症、逆行射精症等。精液检查常发现:一次排精量低于2 ml,射出的精液中无精子或仅有少量活精子,精子总数少于4×10^9/L,50%以上无活动能力,精液在室温下60 min不液化。

男性不育症属中医学"无子""无嗣"范畴,其发生常与禀赋不足、恣情纵欲、劳伤久病等因素有关。本病病位在精宫,与任脉、督脉、冲脉及肾、肝、脾等脏腑有关,尤与肾的关系最为密切。基本病机是肾精亏损,或气滞、血瘀、湿热闭阻精宫。

【辨证要点】

主症　男子婚后 2 年以上,性生活正常,未行避孕,不能使女方怀孕。
肾精亏损　精液量少,或死精过高,或精液黏稠不化,精神疲惫,腰膝酸软,头晕耳鸣,舌淡,脉细弱。
气血虚弱　面色萎黄,懒言乏力,心悸失眠,头晕目眩,纳呆便溏,舌淡,脉细弱。
气滞血瘀　睾丸坠胀,胸闷不舒,舌质暗,脉沉弦。
湿热下注　死精过多,或伴遗精,小便短少,尿后滴白,口苦咽干,舌红,苔黄腻,脉滑数。

【治疗】

1. 基本治疗

治则　补肾填精,通利精宫。取任脉及肾的背俞穴、原穴为主。
主穴　气海　关元　肾俞　太溪　三阴交　足三里
配穴　肾精亏虚配命门;气血虚弱配脾俞、胃俞;气滞血瘀配次髎、蠡沟;湿热下注配秩边、中极。
操作　毫针常规刺。次髎、秩边宜朝前阴方向深刺,使针感向前阴放散;肾精亏损、气血虚弱可灸。
方义　本病病位在精宫,且与肾、肝、脾关系密切,任脉起于胞中(男子为精宫),任脉的气海、关元又为任脉与足三阴的交会穴,故取之可调理精宫和肝脾肾三脏;肾主生殖,故取肾的背俞穴肾俞、原穴太溪以补肾精、益生殖;三阴交为足三阴经的交会穴,既可滋补肝肾、健脾益气,又可理气活血、清利湿热,故不论虚实用之皆宜;足三里为胃的下合穴,可补益后天之气,以旺精血生化之源。

2. 其他治疗

(1) 耳针:取肾、外生殖器、内生殖器、内分泌。毫针刺法,或埋针法、压籽法。
(2) 穴位注射:取足三里、关元、肾俞、三阴交。每次选用 2～3 穴,用黄芪注射液或当归注射液,每穴注射 0.5～1 ml。

【按语】

(1) 针灸治疗本病有较满意的效果。
(2) 戒烟戒酒。避免有害因素的影响,如放射性物质、毒品、高温环境等。
(3) 治疗期间宜节制房事,注意选择同房日期,以利受孕。

【文献摘录】

(1)《扁鹊神应针灸玉龙经》:阳气虚惫,失精绝子,宜灸中极。
(2)《神灸经纶》:精冷无子,肾俞。

第三十八节　消　渴

消渴(diabetes)是以多饮、多食、多尿、形体消瘦,或尿浊、尿有甜味为主要临床表现的病证。
消渴的发生多与禀赋不足、饮食不节、情志失调、劳欲过度等因素有关。本病病变脏腑主要在肺、胃、肾,又以肾为关键。基本病机是阴虚燥热。临床上根据患者的症状,可分为上、中、下三消。其中,上消属肺燥,中消属胃热,下消属肾虚。肺燥、胃热、肾虚亦可同时存在。

本病与西医学的糖尿病基本一致。西医学中的尿崩症,因具有多尿、烦渴的临床特点,与消渴病有某些相似之处,可参考本节内容治疗。

【辨证要点】

主症 多饮,多食,多尿,形体消瘦,或尿有甜味。

上消证 口渴多饮,口干舌燥,尿频量多,舌边尖红,苔薄黄,脉洪数。

中消证 多食易饥,形体消瘦,大便干燥,苔黄,脉滑实有力。

下消证 尿频量多,浑浊如脂膏,或尿甜,口干舌燥,舌红,脉细数。

【治疗】

1. 基本治疗

治则 清热润燥,养阴生津。取相应的背俞穴为主。

主穴 肺俞 胃俞 肾俞 胃脘下俞 三阴交 太溪

配穴 上消证配太渊、少府;中消证配内庭、地机;下消证配复溜、太冲;视物模糊配太冲、光明;肌肤瘙痒配曲池、血海;上肢疼痛配肩髃、曲池;上肢麻木配少海、手三里;下肢疼痛或麻木配阳陵泉、八风。

操作 肺俞、胃俞、胃脘下俞不可深刺,以免伤及内脏。余穴常规刺。

方义 消渴因肺燥、胃热、肾虚等所致,故取肺俞以清热润肺、生津止渴;取胃俞、三阴交清胃泻火、和中养阴;取肾俞、太溪以益肾滋阴,增液润燥;胃脘下俞为治疗消渴的经验穴。

2. 其他治疗

(1) 耳针:取胰(胆)、内分泌、肾、三焦、神门、耳迷根。每次选用2~4穴,毫针刺法或压籽法。

(2) 穴位注射:取肺俞、脾俞、胃俞、肾俞、胃脘下俞、三阴交。每次选2~4穴,用当归注射液、黄芪注射液,每穴注射0.5~2 ml。

【按语】

(1) 针灸治疗消渴对早、中期患者及轻型患者的效果较好,但需坚持较长时间治疗。若病程长而病重者,应积极配合药物治疗。

(2) 消渴病患者的皮肤极易并发感染,在针刺过程中应注意严格消毒。

【文献摘录】

(1)《针灸甲乙经》:消渴嗜饮,承浆主之。

(2)《备急千金要方》:消渴,咽喉干,灸胃管下输三穴各百壮,穴在背第八椎下横三寸间寸,灸之。

(3)《针灸大成》:消渴,水沟、承浆、金津玉液、曲池、劳宫、太冲、行间、商丘、然谷、隐白(百日以上者,切不可灸)。

(4)《神灸经纶》:消渴,承浆、太溪、支正、阳池、照海、肾俞、小肠俞、手足小指尖。

第三十九节 瘿病

瘿病(goiter diseases)是指以颈前喉结两侧肿大结块、不痛不溃、逐渐增大、缠绵难愈为主要临床特征的病证,又称"瘿气""瘿瘤""瘿囊""影袋""大脖子病"等。

瘿病的发生多与情志内伤、饮食及水土失宜等因素有关。本病病位在颈部喉结两旁,颈部为多条经脉所过之处,故本病涉及肝、脾、胃、肾、心等经脉脏腑,与肝脏、胃经关系尤为密切。基本病机是气(火)、痰、瘀互结于颈部。

西医学中,可见于单纯性甲状腺肿大、甲状腺功能亢进症、甲状腺肿瘤,以及慢性淋巴细胞性甲状腺炎等疾病中。

【辨证要点】

主症　颈前喉结两侧肿大结块、不痛不溃、逐渐增大、缠绵难愈。

气郁痰阻　兼见胸闷气短,善太息,病情常随情志波动,苔薄白,脉弦。

痰结血瘀　兼见结块较硬,胸闷不舒,情志不畅,舌质暗或紫,苔薄白,脉弦或涩。

肝火上炎　兼见急躁易怒,眼球突出,面红目赤,口苦咽干,手指颤抖,小便色黄,舌质红,苔薄黄,脉弦数。

阴虚火旺　兼见心烦少寐,手指颤动,眼干目眩,倦怠乏力,舌质红,苔少,脉细数。

【治疗】

1. 基本治疗

治则　理气化痰,化瘀散结。取阿是穴和足阳明经穴为主。

主穴　阿是穴　天突　膻中　足三里　丰隆

配穴　气郁痰阻配太冲、内关;痰结血瘀配中脘、血海;肝火上炎配期门、行间;阴虚火旺配太溪、照海。

操作　毫针常规刺。天突穴先直刺0.2~0.3寸,然后将针柄竖起,针尖向下,沿胸骨后缘刺入1~1.5寸;瘿肿局部阿是穴用1寸毫针以45°角围刺,再用一根针从囊肿顶部刺入,直达底部,小幅提插捻转,注意勿伤及颈总动脉和喉返神经。

方义　瘿结肿于喉部,故取天突、局部阿是穴以疏通气血;膻中为气之会穴,可行气活血,化痰消肿;瘿肿局部为足阳明胃经所过之处,足三里、丰隆为足阳明经穴位,可通经散结,化痰消瘀。

2. 其他治疗

(1) 皮肤针:取瘿肿局部阿是穴、第5~11胸夹脊、脊柱两侧膀胱经、翳风、肩井、曲池、合谷、足三里。叩刺至局部皮肤潮红为度。

(2) 耳针:取神门、内分泌、皮质下、交感、对屏尖、颈、肝、胃。每次选用2~3穴,毫针刺法,或埋针法、压籽法。

【按语】

(1) 针灸对单纯甲状腺肿的治疗效果较好。

(2) 因水土失宜所致者,应注意饮食调摄,使用加碘食盐。患者应保持精神愉快,防止情志内伤。

【文献摘录】

(1)《针灸甲乙经》:瘿,天窗及臑会主之……瘤瘿,气舍主之。

(2)《备急千金要方》:天府、臑会、气舍主瘤瘿气咽肿……脑户、通天、消泺、天突,主颈有大气……通天主瘿,灸五十壮。

(3)《针灸大全》:五瘿,列缺、扶突、天突、天窗、缺盆、俞府、膺俞、膻中、合谷、十宣(出血)。

第四章 妇儿科病证

导学　本章介绍了妇儿科常见病证的针灸治疗方法。通过学习,要求重点掌握月经不调、痛经、经闭、绝经前后诸症、带下病、胎位不正、缺乳、小儿惊风、小儿积滞、遗尿的针灸基本治疗方法,包括治则、主穴、配穴及特殊操作;熟悉其病因、病位、相关联的脏腑经络、基本病机、辨证分型、处方方义及其他疗法;了解其概念、临床表现及古代文献。对其余病证要求重点掌握针灸基本治疗的主穴。

第一节　月经不调

月经不调(menstrual irregularities)是以月经的周期及经量、经色、经质的异常为主症的月经病。临床上有月经先期、月经后期、月经先后无定期等情况,古代文献分别称为"经早""经迟""经乱"。

月经不调的发生多与房劳多产、饮食伤脾、感受寒邪、情志不畅等因素有关。本病病位在胞宫,与冲、任二脉及肾、肝、脾关系密切。基本病机是冲任失调。

西医学中,可见于排卵型功能失调性子宫出血、生殖器炎症或肿瘤等疾病中。

【辨证要点】

月经先期

主症　月经先期而至,甚至经行一月两次。

实热　月经量多,色深红,质黏稠,舌红,苔黄,脉数。

虚热　月经量少或多,色红质稠,舌红,苔少,脉细数。

气虚　月经量多,色淡质稀,神疲肢倦,舌淡,脉细。

月经后期

主症　月经期推迟,甚或四五十日一至。

血寒　月经量少,色暗有块,小腹冷痛,苔白,脉沉。

血虚　月经量少色淡,头晕心悸,面白,舌淡,脉细。

肾虚　月经量少,色淡质稀,头痛,头晕耳鸣,腰膝酸软,舌淡,苔白,脉沉细。

气滞　月经量少,色暗有块,胸胁小腹胀痛,舌红,脉弦。

月经先后无定期

主症 经期提前或延后1~2周,连续3个周期以上。

肝郁 经期或前或后,量或多或少,色紫红,有血块,经行不畅,或胸胁、乳房及少腹胀痛,喜太息,苔薄白或薄黄,脉弦。

肾虚 经期或前或后,量少,色淡质稀,头晕耳鸣,腰膝酸软,舌质淡,苔薄,脉沉细。

【治疗】

1. 基本治疗

月经先期

治则 清热益气调经。取任脉及足太阴经穴为主。

主穴 关元 三阴交 血海

配穴 实热配行间;虚热配太溪;气虚配足三里、脾俞。

操作 毫针常规刺。实热、虚热只针不灸,气虚可加灸。

方义 冲任失调是本病的主要病机。关元为任脉与足三阴经的交会穴、八脉隶于肝肾,故本穴是益肝肾、调冲任的要穴;三阴交为足三阴经的交会穴,可调理脾、肝、肾三脏,养血调经,为治疗月经病的要穴;血海为足太阴经穴,具有和气血、调冲任的作用。

月经后期

治则 温经散寒,补血调经。取任脉及足阳明、太阴经穴为主。

主穴 气海 归来 三阴交

配穴 血寒配关元、命门;血虚配足三里、血海;肾虚配肾俞、太溪;气滞配太冲。

操作 毫针常规刺。血寒、血虚、肾虚可加灸。

方义 气海为任脉经穴,具有和气血、调冲任的作用;冲脉隶于阳明,胃经主血所生病,归来为胃经穴位,穴近胞宫,具有调经活血的作用;三阴交为足三阴经的交会穴,可调理脾、肝、肾三脏,养血调经,为治疗月经病的要穴。

月经先后无定期

治则 疏肝益肾,调理冲任。取任脉及足太阴经穴为主。

主穴 关元 三阴交

配穴 肝郁配肝俞、太冲;肾虚配肾俞、太溪。

操作 毫针常规刺。肾虚可加灸。

方义 关元为任脉与足三阴经的交会穴,八脉隶于肝肾,故本穴是益肝肾、调冲任的要穴;三阴交为足三阴经的交会穴,可调理脾、肝、肾三脏,养血调经,为治疗月经病的要穴。

2. 其他治疗

(1) 耳针:取内生殖器、皮质下、内分泌、肝、脾、肾。毫针刺法或压籽法。

(2) 穴位注射:取脾俞、肾俞、肝俞、三阴交、血海、足三里、关元。每次选用2~3穴,选当归注射液或丹参注射液,每穴注射0.5~2 ml。

【按语】

(1) 针灸对月经不调有较好的治疗效果,特别是对功能性月经不调有显著的疗效,若是生殖系统器质性病变引起的月经不调,要针对病因处理。

(2) 针灸治疗一般多在经前5~7 d开始,至经期来潮停止,连续治疗3个月经周期为1个疗程。

【文献摘录】
(1)《备急千金要方》：妇女月使不调,王月则闭,男子失精,尿有余沥,刺足少阴经,治阴,在足内踝下动脉。
(2)《针灸资生经》：血海……带脉,治月脉不调……
(3)《丹溪心法》：夫人月经不调,刺窍阴三分,此穴大效,须待经完为度。
(4)《针灸大成》：月脉不调,气海、中极、带脉(一壮)、肾俞、三阴交。

第二节 痛经

痛经(dysmenorrheal)是指经期或行经前后出现的周期性小腹疼痛,又称"经行腹痛"。

痛经的发生常与饮食生冷、情志不畅、起居不慎等因素有关。本病病位在胞宫,与冲、任二脉及肝、肾关系密切。基本病机不外虚实二端,实者为冲任瘀阻,气血运行不畅,胞宫经血流通受阻;虚者为冲任虚损,胞宫失却濡养。

西医学中,可分为原发性痛经和继发性痛经。原发性痛经是指生殖器官无器质性病变者;继发性痛经多继发于生殖器官的某些器质性病变,如盆腔子宫内膜异位症、子宫腺肌病、慢性盆腔炎、子宫肌瘤等。

【辨证要点】
主症 经前或行经少腹疼痛。
气滞血瘀 胀痛或刺痛为主,伴胸胁乳房胀痛,经行不畅,紫暗有块,舌有瘀斑、瘀点,脉涩。
寒凝血瘀 冷痛为主,得热痛减,经量少,色暗,苔白,脉紧。
气血虚弱 腹痛下坠,经色淡,头晕,心悸,舌淡,脉细。
肾气亏损 绵绵作痛,腰酸,耳鸣,月经量少质稀,舌淡,脉沉细。

【治疗】
1. 基本治疗
治则 调理冲任,温经止痛。取任脉及足太阴经穴为主。
主穴 中极 三阴交 地机 十七椎 次髎
配穴 气滞血瘀配太冲、血海;寒凝血瘀配关元、归来;气血虚弱配气海、血海;肾气亏损配肾俞、太溪。
操作 针刺中极,宜用连续捻转手法,使针感向下传导。寒凝血瘀、气血虚弱、肾气亏损,可加灸法。疼痛发作时可用电针。发作期每日治疗1～2次,非发作期可每日或隔日1次(一般在月经来潮前5～7 d开始治疗)。
方义 中极为任脉经穴,与足三阴经交会,可活血化瘀,通络止痛;三阴交为足三阴经的交会穴,可调理肝、脾、肾;地机为足太阴脾经郄穴,足太阴经循于少腹部,阴经郄穴治血症,可调血通经止痛;十七椎、次髎是治疗痛经的经验效穴,单用即效。

2. 其他治疗
(1)耳针：取内分泌、内生殖器、肝、肾、皮质下、神门。每次选用3～5穴,毫针刺法或压籽法。
(2)皮肤针：取相应背俞穴、夹脊穴及腰骶部、下腹部任脉、足少阴肾经、足厥阴肝经、带脉等。

循经叩刺,中等刺激,重点叩刺腰骶部、下腹部穴。隔日1次,于月经前3～5 d开始治疗。

(3) 穴位注射:取三阴交、地机、足三里、归来。每次选用1～2穴,选黄芪、当归、丹参等注射液,每穴注入药液0.5～1 ml。

(4) 穴位贴敷:取神阙穴。用吴茱萸、白芍、元胡各30 g,艾叶、乳香、没药各15 g,冰片6 g。研细末,每用5～10 g,用白酒调成膏状贴敷。

【按语】

(1) 针灸对原发性痛经有较好的疗效,对继发性痛经,应及时诊断原发病变,施以相应治疗。

(2) 注意经期卫生和保暖,避免过食生冷、精神刺激和过度劳累。

【文献摘录】

(1)《针灸甲乙经》:女子胞中痛,月水不依时休止,天枢主之。

(2)《针灸大全》:女人经水正行,头晕小腹痛,照海……阴交一穴、内庭二穴、合谷二穴。

(3)《扁鹊神应针灸玉龙经》:妇人血气痛,合谷补,三阴交泻。

(4)《神灸经纶》:行经头晕少腹痛,内庭。

第三节　经前期紧张综合征

经前期紧张综合征(premenstrual tension)是妇女在经期前出现一系列精神和躯体症状,随着月经来潮而消失的疾病。临床症状表现各异,可出现头痛、身痛、眩晕、乳房胀痛、泄泻等症状,病情轻重有别,轻者可以忍受,重者影响工作和生活。多与经期激素的平衡失调和精神因素有关。

经前期紧张综合征属中医学的"经行头痛""经行眩晕""经行乳房胀痛""经行情志异常""经行泄泻"等范畴,其发生多与情志失调、素体虚弱、饮食所伤、劳倦过度等因素有关。本病与冲、任二脉及肝、脾、肾关系密切。基本病机是冲任气血不和,脏腑阴阳失调。

【辨证要点】

主症　月经来潮前出现精神紧张、神经过敏、烦躁易怒、乳房胀痛等症状,随月经周期性发作。

气滞血瘀　兼见乳房胀痛连及两胁,拒按,烦躁易怒,经色紫暗或有块,舌质暗或有瘀点,脉沉弦。

肝肾阴虚　兼见腰膝酸软,五心烦热,咽干口燥,舌红少津,脉细数。

气血不足　兼见心悸气短,少寐多梦,体倦乏力,面色无华,月经量少、色淡、质稀,舌质淡,苔薄,脉细弱。

痰浊上扰　兼见头晕头重,胸闷呕恶,纳呆腹胀,平素带下量多,色白质黏,月经量少、色淡,舌体胖,苔厚腻,脉濡滑。

【治疗】

1. 基本治疗

治则　调气安神;调理冲任。取足三阴经穴为主。

主穴　三阴交　太冲　神门　百会　太溪

配穴　气滞血瘀配膻中、血海;肝肾阴虚配肝俞、肾俞;气血不足配足三里、气海;痰浊上扰配丰隆、中脘。

操作　毫针常规刺。

方义　三阴交为脾、肝、肾三经的交会穴,可健脾调血,补肝益肾,是治疗妇科疾病的要穴;太冲有疏肝解郁、清肝养血的作用;神门为心之原穴,可养心安神;百会位于巅顶,有镇静宁神之功;太溪为肾之原穴,可补肾气、调冲任。

2. 其他治疗

(1) 皮肤针:取下腹部任脉、脾经、肝经和腹股沟以及下肢足三阴经循行线。叩刺至局部皮肤潮红为度。

(2) 耳针:取内生殖器、皮质下、内分泌、肝、肾。毫针刺法,或压籽法。

【按语】

(1) 针灸治疗本病有较好的疗效,可以从整体上调节脏腑阴阳气血的平衡。

(2) 本病受心理因素影响大,宜注意消除患者紧张情绪,保持心情舒畅,注意生活起居的调适。

(3) 一般多在经前1周左右症状未出现时开始治疗。

第四节　经　闭

经闭(amenorrhea)指年逾16周岁月经尚未来潮,或已行经又中断6个月经周期以上的病证。古代文献中,又称"女子不月""月事不来""月水不通""经闭"等。

经闭的发生多与禀赋不足、七情所伤、感受寒邪、房事不节、产育或失血过多等因素有关。本病病位主要在胞宫,与肝、肾、脾、胃有关。基本病机是血海空虚或脉道不通,前者为"血枯经闭",后者为"血滞经闭"。

西医学中,多见于下丘脑、垂体、卵巢、子宫等功能失调,或者由于甲状腺、肾上腺、消耗性疾病等所致。

【辨证要点】

主症　女子年逾16周岁尚未初潮或经行又复中断6个月以上。

气血虚弱　兼见头晕心悸,纳少肢倦,面色萎黄,舌淡,脉细。

肾气亏虚　兼见腰膝酸软,头晕耳鸣,舌淡,苔白,脉沉细。

气滞血瘀　兼见心烦易怒,胸胁、少腹胀痛或刺痛,舌暗,脉弦涩。

痰湿阻滞　兼见形体肥胖,胸满痰多,苔腻,脉滑。

【治疗】

1. 基本治疗

治则　调理冲任,活血通经。取任脉及足太阴、阳明经穴为主。

主穴　血枯经闭:关元　三阴交　归来　足三里
　　　血滞经闭:中极　三阴交　归来

配穴　气血虚弱配气海、血海;肾气亏虚配肾俞、太溪;气滞血瘀配合谷、太冲;痰湿阻滞配丰隆。

操作　毫针常规刺。气血虚弱可在背部穴或腹部穴加灸,气滞血瘀可配合刺络拔罐。

方义 关元、中极为任脉与足三阴经的交会穴,位近胞宫,均是治疗月经病的要穴,关元有补益元气、调理冲任之功,虚证多用;中极有活血化瘀、通络止痛之效,实证多用;三阴交调理脾、肝、肾及冲、任二脉,凡月经病不论寒热虚实皆可用之;足三里为胃的下合穴,有健脾胃、补气血的作用;归来位于下腹部,具有活血调经作用,为治疗闭经的效穴。

2. 其他治疗

(1) 穴位注射:取肝俞、脾俞、肾俞、关元、归来、足三里、三阴交。每次选用2~3穴,选当归、红花、黄芪等注射液,每穴注入1~2 ml。

(2) 耳针:取内分泌、内生殖器、肾、肝、脾、心、皮质下。每次选用3~5穴,毫针刺法或压籽法。

【按语】

(1) 针灸对精神因素所致的闭经疗效较好,对严重营养不良、子宫发育不良等其他原因引起的闭经,应采取综合治疗方法。

(2) 应进行认真检查,以明确发病原因,注意有无生殖器发育异常,尤其要注意与早期妊娠的鉴别诊断。

【文献摘录】

(1)《针灸甲乙经》:女子血不通,会阴主之……月水不通,奔豚泄气,上下引腰脊痛,气穴主之。

(2)《针灸资生经》:关元,治月脉断绝……阴蹻,疗不月水……太冲,疗月水不通。

(3)《针灸大成》:月水断绝,中极、肾俞、合谷、三阴交。

(4)《针灸集成》:月经不通,合谷、阴交、血海、气冲。

第五节 崩 漏

崩漏(metrorrhagia and metrostaxis)是指妇女不在行经期阴道突然大量出血或淋漓不断的病证。古代文献前者称"崩中",后者称"漏下"。

崩漏的发生多与素体阳盛或脾肾亏虚、劳倦思虑、饮食不节、房劳多产、七情内伤等因素有关。本病病位在胞宫,与冲、任二脉及脾、肾关系密切。基本病机是冲任不固,不能制约经血。

西医学中,常见于无排卵型功能失调性子宫出血病、生殖器炎症和某些生殖器肿瘤引起的不规则阴道出血。

【辨证要点】

主症 经血非时暴下不止或淋漓不尽。

脾虚 经血色淡质稀,头晕心悸,舌淡,苔薄,脉细。

肾虚 经血色淡质清,腰酸肢冷,夜尿频多,舌淡,苔薄,脉沉细。

血热 经血色红质稠,心烦口渴,舌红,苔黄,脉弦。

血瘀 经血紫暗有块,行经日久又突然崩中漏下,舌紫暗,脉涩。

【治疗】

1. 基本治疗

治则 调理冲任,固崩止漏。取任脉及足太阴经穴为主。

主穴　关元　三阴交　隐白
配穴　脾虚配脾俞、足三里；肾虚配肾俞、太溪；血热、血瘀配血海、地机。
操作　关元针尖向下斜刺，使针感传至耻骨联合上下；隐白多用灸法；三阴交常规刺。
方义　关元为任脉与足三阴经的交会穴，有益元气、固脾肾、调冲任、理经血的作用；三阴交为足三阴的交会穴，可健脾调肝固肾；隐白为足太阴井穴，可健脾统血，为治疗崩漏经验效穴。

2. 其他治疗

(1) 皮肤针：取腰骶部督脉、足太阳经，下腹部任脉、足少阴经、足阳明经、足太阴经，下肢部足三阴经。由上向下反复叩刺 3 遍至局部微出血。

(2) 三棱针：取腰骶部督脉或足太阳经上反应点。每次选用 2~4 个点，挑断皮下白色纤维数根。每月 1 次，连续挑刺 3 次。

(3) 头针：取额旁 3 线。头针常规刺法。

【按语】

(1) 针灸对本病有一定的疗效。但对于血量多、病势急者，应采取综合治疗措施。

(2) 绝经期妇女如反复多次出血，应做妇科检查，排除肿瘤致病因素。

【文献摘录】

(1)《针灸甲乙经》：妇人漏下，若血闭不通，逆气胀，血海主之。
(2)《备急千金要方》：女人漏下赤白及血，灸足太阴五十壮，穴在内踝上三寸，足太阴经内踝上三寸，名三阴交。
(3)《神应经》：血崩，取气海、大敦、阴谷、太冲、然谷、三阴交、中极。
(4)《针灸大成》：妇人漏下不止，太冲、三阴交；血崩，气海、大敦、阴谷、太冲、然谷、三阴交、中极。

第六节　绝经前后诸症

绝经前后诸症(perimenopausal syndrome)是指绝经期前后出现月经停止或月经紊乱、忧郁或烦躁易怒、情绪不定、潮热汗出、心悸失眠、头晕耳鸣等一系列症状为主要表现的病证。

绝经前后诸症的发生与先天禀赋、情志所伤、劳逸失度、经孕产乳所伤等因素有关。本病病位主要在肾，与肝、脾、心关系密切。基本病机是肾精不足，冲任亏虚。

西医学中，围绝经期综合征、双侧卵巢手术切除或放疗后双侧卵巢功能衰竭也可出现类似症状。

【辨证要点】

主症　在绝经前后出现月经紊乱，情绪不宁，潮热汗出，心悸等症状。
肾阳虚　头晕耳鸣，形寒肢冷，腰酸尿频，舌淡，苔薄，脉沉细。
肾阴虚　头晕耳鸣，烘热汗出，五心烦热，口燥咽干，舌红，少苔，脉细数。
肾阴阳俱虚　头晕心烦，潮热汗出，腰酸神疲，肢冷尿长，便溏，舌胖大，苔白，脉沉细。

【治疗】

1. 基本治疗

治则　补益肾精，调理冲任。取任脉穴及肾经的背俞穴、原穴为主。
主穴　关元　三阴交　肾俞　太溪

配穴　肾阳虚配命门;肾阴虚配照海;肾阴阳俱虚配命门、照海。
操作　毫针常规刺,补法或平补平泻。肾阳虚,可加灸。
方义　本病基本病机是肾精亏虚,肾的阴阳平衡失调,故取肾的背俞穴肾俞、原穴太溪,补益肾之精气以治其本;关元属于任脉与足三阴经的交会穴,益肾元,调冲任;三阴交为足三阴经的交会穴,可健脾,疏肝,益肾,理气开郁,调补冲任。

2. 其他治疗

耳针:取皮质下、内分泌、内生殖器、肾、神门、交感。每次选用2～3穴,压籽法,或埋针法、毫针刺法。

【按语】

针灸对本病效果良好,但宜配合心理疏导。

【文献摘录】

(1)《备急千金要方》:肾俞、内关,主面赤热。
(2)《针灸资生经》:阴郄、巨阙,治心中烦满。
(3)《针灸大全》:女人血气劳倦,五心烦热,肢体皆痛,头目昏沉,百会一穴,膏肓二穴,曲池二穴,合谷二穴,绝骨二穴,肾俞二穴。

第七节　带下病

带下病(leukorrheal diseases)是指带下量明显增多,色、质、气味异常的一种病证,又称"带证""下白物"等。

带下病的发生常与感受湿邪、素体虚弱、饮食劳倦等因素有关。本病病位在胞宫,与带脉、任脉及脾、肾关系密切。基本病机是湿邪伤及任、带二脉,任脉不固,带脉失约。

西医学中,可见于阴道炎、宫颈炎、盆腔炎、内分泌功能失调、宫颈或宫体肿瘤等疾病中。

【辨证要点】

主症　阴道内不断流出浊液。
湿热下注　带下色黄,质黏有臭味,舌红,苔黄腻,脉濡数。
脾虚　带下色白质黏无臭,绵绵不断,神疲纳少,舌淡,苔薄,脉细。
肾虚　带下清冷,稀薄如水,腰酸肢冷,尿频,舌淡,苔薄,脉沉细;或带下赤白,阴部灼热,头晕耳鸣,潮热,舌红,脉细数。

【治疗】

1. 基本治疗

治则　利湿化浊,固摄止带。取任脉及足太阴经穴为主。
主穴　中极　三阴交　带脉　白环俞
配穴　湿热下注配阴陵泉、行间;脾虚配脾俞、足三里;肾虚配肾俞、关元。
操作　带脉向前斜刺,不宜深刺;白环俞直刺,使骶部酸胀为佳;中极针尖向下斜刺,使针感传至耻骨联合下为佳;三阴交常规刺。带脉、三阴交可加电针。

方义　中极为任脉与足三阴经的交会穴,有固任化湿、健脾益肾之效;带脉穴属足少阳经,为足少阳、带脉二经交会穴,是带脉经气所过之处,可协调冲任,止带下,调经血,理下焦;三阴交调理脾、肝、肾,以治其本;白环俞属足太阳经,可调膀胱气化,利湿止带。

2. 其他治疗

(1) 刺络拔罐:取十七椎、腰眼、"八髎"周围之络脉。三棱针点刺出血后拔罐。每 3~5 d 治疗 1 次。用于湿热下注所致的带下病。

(2) 穴位注射:取双侧三阴交。每穴注入双黄连注射液 1~3 ml。

(3) 耳针:取内生殖器、脾、肾、三焦。毫针刺法,或埋针法、压籽法。

【按语】

(1) 针灸治疗带下病有较好的效果,同时要明确病因,滴虫性及真菌性阴道炎引起者,宜结合外用药,以增强疗效。

(2) 养成良好的卫生习惯,经常保持会阴部清洁干燥卫生。

【文献摘录】

(1)《针灸资生经》:带脉治带下赤白……有此疾者,即速灸之……若再灸百会尤佳。

(2)《神应经》:赤白带下,带脉、关元、气海、三阴交、白环俞、间使三十壮。

(3)《证治准绳》:赤白带,气海、中极、白环俞,不效取后穴三阴交。

第八节　不 孕 症

不孕症(sterility)是指婚后未避孕,有正常性生活,夫妇同居 2 年以上而不受孕;或曾有过妊娠,而后未避孕,连续 2 年而再未受孕。前者为原发性不孕,古代文献称"全不产""绝嗣不生";后者为继发性不孕,故称"断续"。

不孕症的发生常与先天禀赋不足、房事不节、反复流产、情志失调、饮食所伤等因素有关。本病病位在胞宫,与任、冲二脉及肾、肝、脾关系密切。基本病机是肾气不足,冲任气血失调。

西医学中,多见于排卵功能障碍、输卵管闭塞、子宫肌瘤、子宫内膜炎等疾病中。

【辨证要点】

主症　女子婚后同居不避孕 2 年以上未受孕。

肾虚　月经量少色淡,腰酸肢冷,性欲淡漠,尿频,舌淡,苔白,脉沉细。

肝气郁结　月经后期或前后无定期,月经量少,乳房胀痛,精神抑郁,嗳气善太息,舌红,脉弦。

痰湿阻滞　经期延后,带下量多,形体肥胖,呕恶痰多,苔白腻,脉滑。

瘀滞胞宫　经色紫暗有块,痛经,癥瘕,舌紫,脉涩。

【治疗】

1. 基本治疗

治则　调理冲任,补肾助孕。取任脉穴及肾经的背俞穴、原穴为主。

主穴　关元　肾俞　太溪　三阴交

配穴　肾虚配复溜;肝气郁结配期门、太冲;痰湿阻滞配丰隆、中脘;瘀滞胞宫配子宫、归来。

操作 毫针常规刺。肾虚、痰湿阻滞、瘀滞胞宫，可加灸。

方义 关元属于任脉,位于脐下,邻近胞宫,可补肾经气血,壮元阴元阳,针之调和冲任,灸之温暖胞宫;三阴交通于任脉和脾、肝、肾诸经,既能疏肝理气行瘀,又能健脾化湿导滞,还能补益肾阴肾阳,调和冲任气血;肾主生殖,取肾的背俞穴肾俞、原穴太溪,补益肾气,以治其本。

2. 其他疗法

(1) 隔物灸：选用熟附子、肉桂、白芷、川椒、五灵脂、桃仁、乌药、大青盐、冰片等温肾助阳、化瘀行气类中药,共研细末,用黄酒调和制成药饼,置于神阙穴,上置大艾炷灸之,每次 8~10 壮,每周治疗 1~2 次。

(2) 耳针：取内分泌、内生殖器、肾、皮质下。毫针刺法或压籽法。

【按语】

(1) 针灸治疗不孕症有一定的疗效。

(2) 不孕的原因复杂,要排除男方原因及自身生殖系统器质性不孕,对输卵管堵塞的输卵管性不孕要综合治疗。

【文献摘录】

(1)《针灸甲乙经》：女子绝子,衃血在内不下,关元主之……绝子,商丘主之。

(2)《针灸大全》：女人子宫久冷,不受胎孕,照海二穴、中极一穴、三阴交二穴、子宫二穴(在中极两旁各二寸)。

(3)《针灸大成》：妇女无子,子宫、中极。

第九节 胎位不正

胎位不正(malposition of fetus)是指孕妇在妊娠 28 周之后,产科检查时发现胎儿在子宫体内的位置异常。常见于经产妇或腹壁松弛的孕妇,是导致难产的主要因素之一。

胎位不正的发生多与先天禀赋不足、情志失调、形体肥胖等因素有关。本病病位在胞宫,与肾、肝、脾关系密切。基本病机是正气不足,无力正胎;或气机不畅,胎位难转。

西医学中,斜位、横位、臀位、足位等非枕前位称胎位不正。

【辨证要点】

主症 孕妇在妊娠 28 周之后产科检查发现胎位异常。

【治疗】

治则 调整胎位。

主穴 至阴

操作 嘱孕妇放松腰带仰卧床上,或坐在靠背椅上,以艾条灸两侧至阴穴 15~20 min,每日 1~2 次,灸至胎位正常。也可用毫针刺法。

方义 至阴为足太阳膀胱经的井穴,五行属金,足太阳经气由此交入足少阴肾经,能助肾水、调肾气,且按全息理论,至阴穴所在位置对应于骶部正中线,为矫正胎位的经验效穴。

【按语】

(1) 针灸治疗胎位不正的疗效确切,灸法应注意治疗时机,妊娠 7~8 个月是转胎的最佳时机。

若灸数次无效应查明原因,转妇科处理。

(2) 因子宫畸形、骨盆狭窄、肿瘤,或胎儿本身因素引起的胎位不正,不宜采用针灸治疗。

(3) 针灸治疗后,可指导患者做胸膝卧位 10~15 min 的配合治疗,平时适当运动,不宜过度营养和卧床太多。

第十节 妊娠恶阻

妊娠恶阻(morning sickness)是指妊娠早期出现恶心、呕吐、厌食的病证而言。恶阻即因恶心而阻其饮食之意,又称"阻病""病儿""子病"等。

妊娠恶阻的发生常与素体脾胃虚弱、抑郁恚怒等因素有关。本病病位在胃,与冲脉及肝、脾关系密切。基本病机是冲气上逆,胃失和降。

西医学中,可见于促性腺激素的刺激及孕妇的精神过度紧张、兴奋和神经系统功能不稳定引起的妊娠剧吐等。

【辨证要点】

主症 妇女在妊娠后出现恶心呕吐、头晕厌食或食入即吐。

脾胃虚弱 呕吐流涎或清水,神疲嗜睡,舌淡,脉滑无力。

肝胃不和 呕吐酸水或黄水,嗳气叹息,胸胁乳房胀痛,苔薄黄,脉弦滑。

【治疗】

1. 基本治疗

治则 和胃平冲,降逆止呕。取胃的募穴、下合穴为主。

主穴 中脘 足三里 内关 公孙

配穴 脾胃虚弱配脾俞、胃俞;肝胃不和配期门、太冲。

操作 用平补平泻法,手法轻柔;不用泻法,恐损伤胎儿;腹部也不宜针刺太深,慎用提插法。

方义 中脘是胃的募穴、腑会穴,通调腑气,和胃降逆;内关属心包经的络穴,沟通三焦,宣上导下,为降逆止呕的要穴;公孙为脾经的络穴,联络于胃,通于冲脉,与内关合用为八脉交会配穴法,既能健脾和胃,又能平冲降逆;足三里乃胃的下合穴,与中脘合用,可健脾和胃,降逆止呕。

2. 其他治疗

(1) 穴位贴敷:取胃俞、中脘、内关、足三里。用生姜片先涂擦腧穴至局部潮红,再将生姜片用胶布固定于上穴。

(2) 皮肤针:取中脘、足三里、内关、公孙。叩刺至局部皮肤潮红。

【按语】

(1) 针灸治疗妊娠恶阻疗效明显,妊娠早期,针治取穴不宜多,进针不宜深,手法不宜重,以免影响胎气。

(2) 剧烈呕吐的重症患者宜采取综合治疗措施。

第十一节 滞产

滞产(prolonged labor)是指妊娠足月临产时胎儿不能顺利娩出,总产程超过 24 h,又称"难产""产难"。

滞产的发生多与素体元气不足或临产用力过早、过度紧张等因素有关。本病病位在胞宫,与冲、任二脉及肾关系密切。基本病机是气血失调,或气血虚弱,不能促胎外出;或气滞血瘀,碍胎外出。

西医学中,多见于产力异常、产道异常、胎位异常、胎儿发育异常等原因所致。

【辨证要点】

主症 浆水已下,胎儿久久不能娩出。

气血虚弱 产时坠胀阵痛不甚,面白神疲,气短而喘,舌淡,苔薄,脉虚弱。

气滞血瘀 产时腰酸疼痛剧烈,拒按,面色晦暗,精神紧张,恐惧烦躁,舌暗,脉弦。

【治疗】

1. 基本治疗

治则 调理气血,行滞催产。

主穴 三阴交 合谷 至阴 肩井

配穴 气血虚弱配足三里;气滞血瘀配血海、太冲。

操作 合谷直刺,补法;三阴交直刺,泻法。余穴常规刺。一般用间歇动留针法,治疗至宫缩规律为止。

方义 合谷是手阳明大肠经的原穴,主调气分;三阴交是足三阴经的交会穴,主调血分,二穴配合,补合谷以助气行,泻三阴交以助血行,气行血行则能行滞化瘀以催产;至阴为足太阳经的井穴,能益肾气,理胞脉;肩井为足少阳与足阳明、阳维脉的交会穴,通利阳气,助胎下行,与至阴同为催产下胎的经验效穴。

2. 其他治疗

耳针:取内生殖器、神门、皮质下、内分泌、肾。毫针刺法,每隔 5 min 左右行针 1 次或用电针疏密波刺激,至产妇宫缩规律有力为止,或压籽法。

【按语】

(1) 针灸对产力异常引起的滞产具有明显的催产作用。

(2) 对子宫畸形、骨盆狭窄等原因引起的滞产,应作其他处理,以免发生意外。

(3) 滞产时间过长,对产妇和胎儿健康危害极大,病情危重者,应配合药物或手术处理。

【文献摘录】

(1)《备急千金要方》:产难,针两肩井入一寸泻之,须臾即分娩。

(2)《针灸资生经》:张仲文疗横产先手出,诸符药不捷,灸右脚小指尖头三壮,炷如小麦,下火立产。

(3)《神应经》:难产,合谷(补)、三阴交(泻)、太冲。

(4)《针灸大成》:妇女难产,独阴、合谷、三阴交。

第十二节　恶露不绝

恶露不绝(lochiorrhea)是指产妇分娩后3周以上仍有阴道出血、溢液,又称"恶露不止""恶露不尽"。

恶露不绝的发生多与素体虚弱、产后过食辛辣温燥之品、情志郁结等因素有关。本病病位在胞宫,与冲、任二脉及脾关系密切。基本病机是冲任不固,血行体外。

本病相当于西医学的晚期产后出血、胎盘附着面复旧不全、部分胎盘残留、蜕膜残留、产褥感染等。

【辨证要点】

主症　产后3周以上仍有阴道出血、溢液。

气虚　恶露量多或淋漓不断,色淡、质稀、无异味,小腹空坠,神倦懒言,气短自汗,面色㿠白,舌淡,苔薄,脉缓无力。

血热　恶露量多,色红、质稠,有臭秽之气,面色潮红,身有微热,口燥咽干,舌红,苔薄黄,脉细数。

血瘀　恶露量少,淋漓不爽,色紫暗,有血块,小腹疼痛,拒按,舌有瘀斑或瘀点,脉弦涩。

【治疗】

1. 基本治疗

治则　调和气血,固摄冲任。取任脉、足太阴经穴为主。

主穴　关元　气海　血海　三阴交

配穴　气虚配足三里、脾俞;血热配中极、行间;血瘀配膈俞、地机。

操作　毫针常规刺。气虚、血瘀,可加灸。

方义　关元、气海为任脉穴,邻近胞宫,与足三阴经交会,可益元气、固冲任、理胞宫,令血归经;血海、三阴交为脾经穴,为理血调经的要穴。

2. 其他疗法

耳针:取内生殖器、皮质下、交感、内分泌。毫针刺法,或埋针法、压籽法。

【按语】

(1) 针灸治疗恶露不绝的疗效较好。

(2) 患者应卧床休息,安定情绪;饮食宜清淡而富含营养,忌食生冷,不宜过劳,禁忌房事。

【文献摘录】

(1)《针灸资生经》:石门,治妇人因产恶露不止,遂结成块,崩中漏下。

(2)《神应经》:因产恶露不止,气海、关元。

(3)《针灸聚英》:产后恶露不止,及诸淋注,灸气海……产后恶露不止,绕脐冷痛,灸阴交百壮。

(4)《针灸集成》:因产恶露不止,阴交百壮、石门七壮至百壮。

第十三节　缺　乳

缺乳（agalactia）是指产后哺乳期内乳汁甚少或乳汁全无，又称"产后乳少""乳汁不足""乳汁不行"等。

缺乳的发生常与素体气血亏虚或肥胖、产后情志不畅、分娩失血过多、产后营养缺乏等因素有关。本病病位在乳房，胃经过乳房，肝经至乳下，脾经行乳外，故本病与胃、肝、脾关系密切。基本病机是乳汁化生不足或乳络不畅。

西医学中，可因哺乳方法、营养、睡眠、情绪及健康状况等因素影响乳汁分泌。

【辨证要点】

主症　产后乳汁量少，甚或全无。

气血不足　兼见乳房柔软无胀感，头晕心悸，神疲纳少，舌淡，脉细弱。

肝气郁结　兼见乳房胀满而痛，情志抑郁，善太息，舌淡，脉弦。

痰浊阻滞　兼见形体肥胖，胸闷呕恶，纳呆腹胀，舌体胖、质淡，苔厚腻，脉濡滑。

【治疗】

1. 基本治疗

治则　调理气血，疏通乳络。取足阳明经穴为主。

主穴　乳根　膻中　少泽

配穴　气血不足配脾俞、足三里；肝气郁结配太冲、内关；痰浊阻滞配丰隆、中脘。

操作　膻中穴向两侧乳房平刺；乳根向乳基底部平刺，至双乳微胀为佳；少泽浅刺。气血不足、痰浊阻滞，可加灸。

方义　膻中位于两乳之间，为气之会穴，补法则能益气养血生乳，泻法则能理气开郁通乳；乳根属多气多血的足阳明经，位于乳下，既能补益气血，化生乳汁，又能行气活血，通畅乳络；少泽为手太阳经的井穴，小肠经主液所生病，为生乳、通乳的经验效穴。

2. 其他治疗

耳针：取胸、内分泌、交感、胃、肝、脾。毫针刺法，或埋针法、压籽法。

【按语】

（1）针灸治疗产后乳少的效果较好。

（2）患者宜注意心情舒畅，避免过度疲劳，保证充足睡眠，掌握正确哺乳方法，可多食高蛋白质流质食物。

【文献摘录】

（1）《千金翼方》：妇人无乳法：初针两手小指外侧近爪甲深一分，两手液门深三分，两手天井深六分，若欲试之，先针一指即知之，神验不传。

（2）《杨敬斋针灸全书》：妇人无乳，少泽、合谷。

（3）《针灸逢源》：乳汁不通，膻中（灸）、少泽。

第十四节 阴 挺

阴挺(prolapse of uterus)是指子宫位置沿阴道下降,宫颈达坐骨棘水平以下,甚至全部脱出阴道口外,或阴道壁膨出,又称"阴脱""阴菌""阴痔"。

阴挺的发生常与产伤未复、素体虚弱、房劳多产等因素有关。本病病位在胞宫,与任、督、冲三脉及肾、脾关系密切。基本病机是气虚下陷,无论是中气下陷或肾气虚而固摄无权都能导致阴挺。

西医学称本病为子宫脱垂。

【辨证要点】

主症 子宫下移或脱出阴道口外。

中气下陷 子宫下垂,咳嗽加剧,神疲懒言,少气乏力,舌淡,脉弱。

肾虚失固 子宫下垂伴下坠感,腰酸尿频,头晕耳鸣,舌淡,脉沉细。

【治疗】

1. 基本治疗

治则 补气益肾,固摄胞宫。取任脉、督脉穴为主。

主穴 百会 气海 大赫 子宫 维道

配穴 中气下陷配足三里、脾俞;肾虚失固配肾俞、太溪。

操作 百会沿前后方向平刺,先针后灸或针灸同施;维道向会阴方向针刺;余穴常规刺。

方义 督、任、冲三脉同起于胞宫,百会属于督脉,位于巅顶,可升阳举陷、固摄胞宫;气海属于任脉,邻近胞宫,可调理冲任、益气固胞;大赫为足少阴肾经和冲脉的交会穴,位于小腹,可固肾调冲维胞;维道位于腰腹,交会于带脉,能维系和约束任、督、冲、带诸脉,固摄胞宫;子宫为治疗阴挺的经验效穴。

2. 其他治疗

(1) 芒针:取提托、气海、带脉。每次选用1个穴,以3.5寸长毫针,针尖朝向会阴方向,横刺,反复提插,以会阴和小腹有抽动感为度,隔日1次。

(2) 穴位注射:取关元、气海、肾俞、足三里。每次选用2穴,选黄芪注射液或当归注射液等,每穴注入1~2 ml。

(3) 穴位贴敷:取百会、神阙。用蓖麻籽10~20粒,捣烂成泥膏状,贴敷于腧穴上。

(4) 耳针:取内生殖器、皮质下、交感、脾、肾。毫针刺法,或埋针法、压籽法。

【按语】

(1) 针灸治疗子宫脱垂Ⅰ度、浅Ⅱ度的疗效明显,Ⅲ度患者宜针药并用,综合治疗。

(2) 在治疗期间,指导患者做提肛肌锻炼。患者应注意休息,不宜久蹲及从事负重工作,积极治疗引起腹压增高如便秘、慢性咳嗽等病证。

【文献摘录】

(1)《针灸甲乙经》:妇人阴挺出,四肢淫泺,身闷,照海主之。

(2)《备急千金要方》:妇人胞落颓,灸脐中三百壮。

(3)《针灸资生经》：大敦主阴挺出。少府主阴挺长。上髎治妇人阴挺出不禁。阴蹻、照海、水泉、曲泉，治妇人阴挺出。

第十五节　阴　　痒

阴痒(pruritus vulvae)是指妇女外阴部或阴道内瘙痒，甚则痒痛难忍，坐卧不宁的一种病证，又称"阴门瘙痒"等。

阴痒的发生常与感染虫疾、恼怒忧思、素体肝肾不足、房劳过度等因素有关。本病病位在阴部，任脉过前阴，肝经环阴器，故本病的病经主要在任脉与肝经。基本病机是肝经湿热下注或阴虚化燥生风。

西医学中，多见于外阴瘙痒症、外阴炎、阴道炎、外阴白斑等疾病中。

【辨证要点】

主症　外阴或阴道瘙痒。

肝经湿热　阴部瘙痒刺痛，带下质稠，胸闷口苦而黏，舌红，苔黄腻，脉弦数。

肝肾阴虚　阴部瘙痒、干燥灼热，五心烦热，头晕耳鸣，舌红，少苔，脉细数。

【治疗】

1. 基本治疗

治则　清热利湿止痒。取足厥阴经及任脉穴为主。

主穴　蠡沟　太冲　中极　三阴交

配穴　肝经湿热配行间、曲骨；肝肾阴虚配肝俞、太溪。

操作　蠡沟针尖向上斜刺，以针感向大腿内侧或前阴放射为佳；中极针尖稍向下斜刺，以针感向前阴放散为度；余穴常规刺。

方义　足厥阴肝经环阴器，足厥阴络脉结于阴器，蠡沟为足厥阴肝经的络穴，可疏泻肝胆湿热、杀虫止痒，为治疗阴痒的要穴；太冲为肝之原穴，既可清肝经湿热，又可补肝肾阴虚；中极为任脉与足三阴之会，又为膀胱的募穴，可清下焦湿热、调带止痒；三阴交既可清湿热，又可滋补肝肾，不论虚实用之皆宜。

2. 其他治疗

(1) 耳针：取外生殖器、神门、肝、脾、肾。毫针刺法，或埋针法、压籽法。

(2) 穴位注射：取长强、曲骨、环跳、足三里、三阴交。每次选用2~3穴，每穴注射维生素 B_{12} 注射液1~2 ml。

【按语】

(1) 针灸对本病有一定的疗效。但阴道炎要查明病因，配合外用药治疗，必要时配偶亦应同时治疗。

(2) 要注意日常卫生，治疗期间应禁止房事。

【文献摘录】

(1)《灵枢·经脉》：足厥阴之别，名曰蠡沟，去内踝五寸，别走少阳；其别者，循胫上睾，结于茎。其病气逆则睾肿卒疝，实则挺长，虚则暴痒，取之所别也。

(2)《针灸甲乙经》：女子下苍汁不禁,赤沥,阴中痒痛……下髎主之……绝子,阴痒,阴交主之……阴痒及痛,经闭不通,中极主之。

第十六节 小儿惊风

小儿惊风(infantile convulsion)又称"惊厥",是以四肢抽搐、口噤不开、角弓反张,甚则神志不清为特征的病证,为小儿常见的危急重症。好发于1～5岁小儿。

临床上根据其表现分为急惊风与慢惊风两类。急惊风多因外感时邪、饮食内伤、暴受惊恐引起。慢惊风则多由先天禀赋不足或久病正虚所致。本病病变脏腑主要在心、肝、脑,慢惊风还与脾、肾关系密切。基本病机为热极生风或肝风内动。

西医学中,可见于高热、脑膜炎、脑炎等所致的小儿惊厥。

【辨证要点】

1. 急惊风

主症　发病急骤,高热,抽风,甚则神昏。

外感惊风　发热,头痛,鼻塞,流涕,咳嗽,咽痛,随即出现烦躁、神昏、惊风,苔薄白或薄黄,脉浮数。

痰热生风　壮热面赤,烦躁不宁,摇头弄舌,咬牙龂齿,呼吸急促,苔微黄,脉浮数或弦滑。

惊恐惊风　暴受惊恐后惊惕不安,身体颤栗,喜投母怀,夜间惊啼,甚至痉厥,神志不清,大便色青,脉律不整或指纹紫滞。

2. 慢惊风

主症　起病缓慢,时惊时止,全身肌肉强直性或阵发性痉挛,神志不清。

脾肾阳虚　面黄肌瘦,形神疲惫,四肢不温,囟门低陷,昏睡露睛,时有抽搐,大便稀薄,舌淡,苔薄,脉沉迟无力。

肝肾阴虚　神倦虚烦,面色潮红,手足心热,舌红少苔或无苔,脉沉细而数。

【治疗】

1. 基本治疗

(1) 急惊风

治则　醒脑开窍,息风镇惊。取督脉及足厥阴经穴为主。

主穴　水沟　印堂　合谷　太冲

配穴　壮热配大椎、十宣或十二井;痰多配丰隆;惊恐配神门;口噤配颊车。

操作　毫针常规刺,泻法。大椎、十宣或十二井点刺出血。

方义　水沟、印堂位居督脉,有醒脑开窍、醒神镇惊之功;合谷、太冲相配,谓开"四关",擅长息风镇惊,为治疗惊厥的常用效穴。

(2) 慢惊风

治则　健脾益肾,镇惊息风。取督脉及相应背俞穴为主。

主穴　百会　印堂　脾俞　肾俞　肝俞　足三里

配穴　脾肾阳虚配关元、神阙；肝肾阴虚配太冲、太溪。
操作　毫针常规刺，补法或平补平泻法。
方义　百会、印堂为督脉经穴，有醒神定惊之功，且印堂为止痉的经验穴；脾俞、肾俞、肝俞可健脾、益肾、息风；足三里可健脾和胃，补益气血。

2. 其他治疗

（1）耳针：取交感、神门、皮质下、心、肝，慢惊风加脾、肾。急惊风毫针刺法，强刺激；慢惊风毫针刺法，中等刺激，或压籽法。

（2）灯火灸：取印堂、承浆。用灯火灸，多用于急惊风。

【按语】

（1）针灸对小儿惊风有较好的疗效。治疗时应查明病因，对症治疗。

（2）惊风发作时立即让患儿平卧，头偏向一侧，松开衣领，将压舌板缠多层纱布塞入口中，以防咬伤舌头。吸出呼吸道分泌物，保持呼吸通畅。

【文献摘录】

(1)《太平圣惠方》：小儿急惊风，灸前顶一穴三壮，在百会前一寸，若不愈，须灸两眉头，及鼻下人中一穴，炷如小麦大。

(2)《针灸大全》：小儿急惊风，手足搐搦。印堂一穴、百会一穴、人中一穴、中冲二穴、大敦二穴、太冲二穴、合谷二穴。

(3)《医学入门》：小儿惊风少商穴，人中涌泉泻莫深。小儿急、慢惊风皆效。

(4)《马丹阳天星十二穴治杂病歌》：太冲……能除惊痫风。

第十七节　小儿积滞

小儿积滞（infantile indigestion）是指小儿喂养不当，乳食停聚不化，滞而不消所致的一种胃肠疾病。

小儿积滞的发生常与素体虚弱、饮食不节、喂养不当等因素有关。本病病位在胃肠。基本病机是脾胃运化失调，气机升降失常。

西医学中，小儿积滞多见于胃肠消化不良等疾病。

【辨证要点】

主症　不思饮食，脘腹胀满或疼痛，或伴有呕吐，大便酸臭或溏薄。

乳食内积　烦躁多啼，夜卧不安，呕吐乳块或酸馊食物，舌淡，苔厚腻，脉滑。

脾胃虚弱　面色萎黄，形体消瘦，困倦乏力，夜卧不安，腹满喜按，时有呕恶，大便稀薄，或夹有乳食残渣，苔白腻，脉细弱无力。

【治疗】

1. 基本治疗

治则　健脾和胃，消食化积。取胃和大肠的募穴、下合穴为主。

主穴　中脘　天枢　足三里　上巨虚

配穴　乳食内积配梁门、建里；脾胃虚弱配脾俞、胃俞；呕吐配内关。

操作　婴幼儿腹部腧穴可用指压法，其余穴位毫针常规刺法。

方义　本病为胃肠运化失常,故取胃之募穴中脘、大肠之募穴天枢,以疏通脘腹部气机,为局部选穴;胃之下合穴足三里与大肠之下合穴上巨虚相配,属于远端选穴,可调理胃肠,即"合治内腑"之意。

2. 其他治疗

(1) 耳针:取胃、神门、大肠。毫针刺法,或压丸法。

(2) 皮肤针:取脾俞、胃俞、华佗夹脊穴。轻叩以皮肤潮红为度,每日1次。

【按语】

针灸对本病治疗效果良好,如配合捏脊疗法效果更佳。

【文献摘录】

《类经图翼·卷十一》:食积肚大,脾俞、胃俞、肾俞。

第十八节　疳　证

疳证(infantile malnutrition)是由多种慢性疾患引起的一种疾病,临床以面黄肌瘦、毛发稀疏、腹部膨隆、精神萎靡为特征。一般多见于5岁以下的婴幼儿。

疳证的发生多与喂养不当、病后失调、禀赋不足、感染虫疾等因素有关。本病病位主要在脾、胃,可涉及心、肝、肺、肾。基本病机是脾胃受损,气血津液亏耗。

西医学中,可见于小儿严重营养不良、佝偻病和慢性腹泻等疾病中。

【辨证要点】

主症　形体羸瘦,精神疲惫,面色萎黄,毛发稀疏干枯,饮食异常。

脾胃虚弱　兼见大便干稀不调,乏力,纳呆,唇舌色淡,脉细无力。

食积　兼见肚腹膨胀,食欲不振,大便酸臭,夹有不消化食物,舌淡,苔腻,脉沉细而滑。

虫积　兼见嗜食无度,或喜食异物,脘腹胀大,时有腹痛,吮指磨牙,舌淡,脉细弦。

【治疗】

1. 基本治疗

治则　健脾益胃,化滞消疳。取胃的募穴、下合穴为主。

主穴　中脘　足三里　脾俞　四缝

配穴　食积配下脘、梁门;虫积配百虫窝、天枢;潮热配太溪、三阴交;重症配神阙、膏肓。

操作　足三里、脾俞用补法;中脘用平补平泻法或补法;四缝用三棱针点刺,出针后轻轻挤出液体。对婴幼儿可采取速刺不留针。

方义　本病病本在脾胃,故取胃的募穴中脘,胃的下合穴足三里,脾的背俞穴脾俞,以健运脾胃、化滞消疳;四缝为经外奇穴,是治疗疳积的经验效穴。

2. 其他治疗

(1) 穴位贴敷:取神阙。用大黄、芒硝、栀子、杏仁、桃仁各6g,共研细末,加面粉适量,用鸡蛋清、葱白汁、醋、白酒少许,调成膏状贴敷。

(2) 皮肤针:取脾俞、胃俞、夹脊穴(第7～12胸椎),从上到下轻轻叩刺,至局部潮红为度。

【按语】

(1) 针灸治疗本病有较好的疗效。如因肠寄生虫、结核病等其他慢性疾病所致的患者,应根治其原发病。

(2) 患儿乳食需定时定量,不宜过饱,勿过食肥甘油腻、生冷。

【文献摘录】

(1)《太平圣惠方》：小儿羸瘦,食饮少,不生肌肤,灸胃俞各一壮……炷如小麦大。

(2)《针灸大成》：此子形羸,虽有疳证,而腹内有积块,附于脾胃之旁,若徒治其疳,而不治其块,是不求其本而揣其末矣。治之之法,宜先取章门灸针,消散积块。后次第理治脾胃。

(3)《类经图翼》：食积肚大,脾俞、胃俞、肾俞。

第十九节 遗 尿

遗尿(infantile enuresis)又称尿床,是指年满3周岁以上的小儿睡中小便自遗,醒后方觉的一种病证。

遗尿的发生多与禀赋不足、久病体虚、习惯不良等因素有关。本病病位在膀胱,与任脉及肾、肺、脾、肝关系密切。基本病机是膀胱和肾的气化功能失调、膀胱约束无权。

西医学中,精神因素、泌尿系异常或感染、隐性脊柱裂等均可导致遗尿。

【辨证要点】

主症 年满3周岁以上在睡眠中小便自遗,醒后方觉。轻者几天一次,重者每夜1~2次或更多。

肾气不足 小便清长频数,面色苍白,畏寒肢冷,腰膝酸软,舌淡,脉沉细。

肺脾气虚 劳累后遗尿加重,面色无华,乏力懒言,纳呆便溏,舌淡,苔白,脉细弱。

心肾失交 昼日多动少静,夜间寐不安宁,五心烦热,形体较瘦,舌红少津,脉细数。

肝经郁热 尿黄量少,气味臊臭,性情急躁,面赤唇红,舌红,苔黄,脉弦滑。

【治疗】

1. 基本治疗

治则 调理膀胱,益肾固摄。取任脉穴及膀胱的背俞穴、募穴为主。

主穴 关元 中极 膀胱俞 三阴交

配穴 肾气不足配肾俞、太溪;肺脾气虚配列缺、足三里;心肾失交配通里、大钟;肝经郁热配蠡沟、太冲。

操作 毫针常规刺。肾气不足、肺脾气虚,可加灸。

方义 关元为任脉与足三阴经的交会穴,可培补元气,益肾固本;中极为膀胱的募穴,配背俞穴膀胱俞,为俞募配穴法,可调理膀胱气化功能;三阴交为足三阴经的交会穴,可健脾益气,益肾固本而止遗尿。

2. 其他治疗

(1) 耳针：取膀胱、肾、皮质下、尿道、神门。毫针刺法,或埋针法、压籽法。

(2) 皮肤针：取夹脊穴、气海、关元、中极、膀胱俞、八髎、肾俞、脾俞。叩刺至局部皮肤潮红，也可叩刺后加拔火罐。

(3) 穴位注射：取关元、中极、膀胱俞、三阴交。每次选用1～2穴，选当归注射液或维生素 B_{12} 注射液、维生素 B_1 注射液，每穴注入药液0.5 ml。

(4) 穴位贴敷：取神阙。用煅龙牡、覆盆子、肉桂各30 g，生麻黄10 g，冰片6 g。共研细末，每用5～10 g，用醋调成膏饼状贴于脐部，夜敷昼揭。

【按语】

(1) 针灸对功能性遗尿的疗效较好，但对某些器质性病变引起的遗尿，应治疗其原发病。

(2) 治疗期间嘱家长密切配合，解除患儿心理负担，控制患儿睡前饮水，夜间按时唤醒排尿，逐渐养成自觉起床排尿的良好习惯。

【文献摘录】

(1)《针灸甲乙经》：遗溺，关门及神门、委中主之。

(2)《备急千金要方》：小儿遗尿……灸脐下一寸半，随年壮。又方，灸大敦三壮。

(3)《针灸大成》：遗溺，神门、鱼际、太冲、大敦、关元。

(4)《类经图翼》：小便不禁，气海、关元、阴陵泉、大敦、行间。

第二十节 小 儿 脑 瘫

小儿脑性瘫痪(cerebral palsy)简称小儿脑瘫，是以小儿大脑发育不全、智力低下、四肢运动障碍为主要症状的一种疾病。本病可归属于中医学"五软""五迟"的范畴。

小儿脑瘫的发生多与先天禀赋不足、分娩时难产或产伤、脐带绕颈、后天失养等因素有关。本病病位在脑，与五脏密切相关。基本病机是脑髓失充，五脏不足。

【辨证要点】

主症　智力低下，发育迟缓，四肢运动障碍。

肝肾不足　筋骨瘦弱，发育迟缓，站立、行走或长齿等明显迟于正常同龄小儿，智力迟钝，舌质淡，苔薄白，脉细。

心脾两虚　语言发育迟缓，神情呆滞，智力低下，四肢痿软，流涎不禁，食少便溏，舌淡，苔白，脉细弱。

【治疗】

1. 基本治疗

治则　健脑益智，调补五脏。取督脉穴为主。

主穴　百会　风府　四神聪　悬钟　足三里

配穴　肝肾不足配肝俞、肾俞；心脾两虚配心俞、脾俞；语言障碍配哑门、通里；上肢瘫痪配肩髃、曲池；下肢瘫痪配环跳、阳陵泉。

操作　毫针常规刺，补法。四神聪可向百会透刺。

方义　脑为髓海，其输上在百会，下在风府，故取百会、风府，补髓健脑，开窍益智；四神聪为经外奇穴,有醒脑益智宁神之功;悬钟为髓之会穴,可益髓充脑,强壮筋骨;足三里为胃的下合穴,可培补后天之本,化生气血,滋养筋骨、脑髓、五脏。

2. 其他治疗

(1) 头针:取额中线、顶颞前斜线、顶旁1线、顶旁2线、顶中线、颞后线、枕下旁线。每次选取2~3穴线,头针常规刺法。

(2) 耳针:取枕、皮质下、心、肾、肝、脾、交感、神门。每次选用2~4穴,毫针刺法或压籽法。

【按语】

(1) 针灸治疗本病有一定的疗效,年龄小、病程短者效果较好,但需坚持较长时间治疗。

(2) 同时应加强功能训练和智力培训,以增强疗效。

【文献摘录】

(1)《针灸集成》:四五岁不言,心俞、足内踝尖上各灸三壮。

(2)《传悟灵济灵》:数岁不语,又口中转尿,因母食寒凉所致,俱灸中脘九壮。

第二十一节 注意力缺陷多动症

注意力缺陷多动症(attention deficit hyperactivity disorder)习称儿童多动综合征(hyperkinetic syndrome of childhood)。临床上以注意力不集中,自我控制力差,活动过多、情绪不稳,冲动任性,伴有不同程度的学习困难,但智力正常为主要特征。

注意力缺陷多动症的发生常与先天禀赋不足、后天护养不当、外伤瘀滞或情志失调等因素有关。本病病位在心、脑,与肝、脾、肾关系密切。基本病机是心神失守或元神受扰。

【辨证要点】

主症 注意力不集中,活动过多,情绪不稳,冲动任性,伴有不同程度的学习困难,但智力正常。

肾虚肝亢 兼见急躁易怒,难以静坐,或有遗尿、腰酸乏力,舌红,苔薄,脉细弦。

心脾两虚 兼见神思涣散,多动而不暴躁,乏力纳呆,舌淡,苔薄白,脉虚弱。

痰火内扰 兼见多动多语,心烦懊侬,口苦尿赤,舌质红,苔黄腻,脉滑数。

【治疗】

1. 基本治疗

治则 调神定志。取督脉及手少阴、手厥阴经穴为主。

主穴 百会 四神聪 神门 内关 三阴交

配穴 肾虚肝亢配太溪、太冲;心脾两虚配心俞、脾俞;痰火内扰配丰隆、劳宫。

操作 四神聪可向百会穴透刺;余穴常规刺。

方义 百会、四神聪位于头部,可安神定志,健脑益智;神门为心之原穴,内关为心包经的络穴,二穴合用可宁心安神;三阴交为足三阴的交会穴,可调补肝脾肾,滋肾平肝,健脾化痰。

2. 其他治疗

(1) 耳针:取心、神门、交感、缘中。毫针刺法或压籽法。

(2) 头针:取顶颞前斜线、额中线、顶中线、顶旁1线、顶旁2线、颞前线。头针常规针刺。

【按语】
(1) 针灸治疗本病有较好的治疗效果。
(2) 宜加强教育与诱导,给予必要的心理治疗,配合行为纠正,培养患儿养成良好的生活习惯。

第二十二节 孤 独 症

孤独症(autism)又称自闭症,是一种终生性、固定性、具有异常行为特征的广泛性发育障碍性疾病,以儿童自幼开始的社会交往障碍、语言发育障碍、兴趣范围狭窄和刻板重复的行为方式为基本临床特征。

孤独症属于中医学"五迟"范畴,其发生多因先天不足、肾精亏虚或后天失养,且小儿体属"纯阳",心火易亢,肝木易旺,郁而化火亦可发病。本病病位在脑,与心、肝、肾关系密切。基本病机是元神失养,痰火扰心。

【辨证要点】
主症 社会交往障碍,语言发育障碍,兴趣范围狭窄和刻板重复的行为,可伴有感知异常、智力和认知障碍。
心肝火旺 急躁易怒,任性固执,毁物打人,夜不能寐,时有便秘,溲黄,口干,舌尖红,苔黄,脉弦数。
痰迷心窍 表情淡漠,神志痴呆,喃喃自语,口角流涎,舌体胖大,苔白腻,脉滑。
瘀阻脑络 有出生时难产史,时见自伤毁物,或面部抽动,舌质暗红或有瘀斑,舌苔薄白,脉涩或弦。
肾精亏虚 发育迟缓,身材矮小,囟门迟闭,骨骼肌肉痿软,舌淡,脉细弱。

【治疗】
1. 基本治疗
治则 醒脑益智,开窍安神。取经外奇穴及手少阴经穴为主。
主穴 四神聪 神门
配穴 心肝火旺配劳宫、行间;痰迷心窍配丰隆、内关;心脾两虚配心俞、脾俞;肾精亏虚配太溪、肾俞;瘀阻脑络配百会、长强。语言障碍配廉泉、通里。
操作 四神聪刺向百会方向。
方义 四神聪为经外奇穴,有健脑益智之功;心之原穴神门可宁心安神。

2. 其他治疗
(1) 耳针:皮质下、神门、肝、脾、肾、枕、心。每次选用3~5穴,埋针法或压丸法。
(2) 刮痧:患儿伴有情绪异常可取手三阴经和手三阳经,沿经脉走向轻轻刮10~20下,每周2~3次。

【按语】
(1) 孤独症的治疗仍在探索阶段,针灸治疗本病有一定疗效。
(2) 倡导相关教育和训练配合治疗。

第五章 皮外伤科病证

导学　本章介绍了皮外伤科常见病证的针灸治疗方法。通过学习,要求重点掌握瘾疹、蛇串疮、湿疹、痤疮、腱鞘囊肿、痄腮、乳痈、乳癖、肠痈、脱肛、痔疮、急性腰扭伤、急性踝关节扭伤的针灸基本治疗方法,包括治则、主穴、配穴及特殊操作;熟悉其病因、病位、相关联的脏腑经络、基本病机、辨证分型、处方方义及其他疗法;了解其概念、临床表现及古代文献。对其余病证要求重点掌握针灸基本治疗的主穴。

第一节　瘾　疹

瘾疹(urticaria)是以皮肤上出现风团,伴有瘙痒的过敏性皮肤病,又称为"风疹""风疹块"。

瘾疹的发生多与禀赋不耐、风邪侵袭、食用鱼虾荤腥食物等因素有关。本病病位在肌肤腠理。基本病机是营卫失和,邪郁腠理。

本病相当于西医学的急、慢性荨麻疹。

【辨证要点】

主症　皮肤上出现风团,发无定处,时发时退,伴有瘙痒,消退后不留痕迹。

风邪侵袭　疹块多发于露出部位如头面、手足,遇风加重,舌淡,苔薄,脉浮。

胃肠积热　发作与饮食因素有明显关系,腹痛,大便或秘或溏,小便黄赤,舌红,苔黄腻,脉滑数。

血虚风燥　病久不愈,日轻夜重,心烦口干,舌红,少苔,脉细无力。

【治疗】

1. 基本治疗

治则　祛风和营止痒。取手阳明、足太阴经穴为主。

主穴　曲池　合谷　血海　委中　膈俞

配穴　风邪侵袭配外关、风池;肠胃积热配足三里、天枢;血虚风燥配足三里、三阴交;呼吸困难配天突;恶心呕吐配内关。

操作　毫针浅刺。委中、膈俞可点刺出血。

方义　病在阳之阳(皮肤)者,取阳之合,故取手阳明大肠经的合穴曲池,与合谷同用,善于开泄,既可疏风解表,又能清泻阳明,故凡瘾疹无论外邪侵袭还是胃肠积热者皆可用之;本病邪在营血,膈俞为血之会穴,可活血祛风;委中又名血郄,且为阳之合,与血海同用,可理血和营,取"治风先治血,血行风自灭"之意。

2. 其他治疗

(1) 耳针：取风溪、耳中、神门、肾上腺、肺、胃、大肠。每次选用3~4穴,毫针刺法,或埋针法、压籽法。

(2) 拔罐：取神阙。拔火罐,留罐5 min,反复拔罐3次左右,至局部充血。

(3) 皮肤针：取风池、血海、曲池、风市、夹脊(第2~5胸椎、第1~4骶椎)。用重叩法至皮肤隐隐出血为度。

【按语】

(1) 针灸治疗急性瘾疹效果较好。本病若多次反复发作,需查明原因,作针对性治疗。

(2) 凡属体质过敏者,应忌食鱼腥等食物。

(3) 皮肤瘙痒症可参照本节治疗。

【文献摘录】

(1)《千金翼方》：瘾疹,灸曲池二穴,随年壮,神良。

(2)《针灸资生经》：曲泽治风疹,肩髃治热风瘾疹,曲池治刺风瘾疹,涌泉、环跳治风疹……伏兔疗瘾疹,合谷、曲池疗大小人遍身风疹。

(3)《扁鹊神应针灸玉龙经》：风毒隐疹,遍身瘙痒,抓破成疮,曲池灸,针泻;绝骨灸,针泻;委中出血。

第二节　蛇串疮

蛇串疮(herpes zoster)是一种皮肤上出现一侧簇集性水疱,呈带状分布,痛如火燎的急性疱疹性皮肤病,又称"缠腰火丹""蛇丹""蛇窠疮""蜘蛛疮""火带疮"等。

蛇串疮的发生多与情志不畅、过食辛辣厚味、感受火热时毒等因素有关。本病病位主要在肝、脾二经。基本病机是火毒湿热蕴蒸于肌肤、经络。

本病相当于西医学的带状疱疹。

【辨证要点】

主症　初起时先觉发病部位皮肤灼热刺痛,皮色发红,继则出现簇集性粟粒大小丘状疱疹,多呈带状排列,多发生于身体一侧,以腰、胁部为最常见。疱疹消失后部分患者可遗留疼痛感。

肝经郁热　疱疹色鲜红,灼热刺痛,口苦,心烦易怒,舌红,脉弦数。

脾经湿热　疱疹色淡红,起黄白水疱或渗水糜烂,身重腹胀,脘痞便溏,苔黄腻,脉濡数。

瘀血阻络　疱疹消失后,遗留疼痛。

【治疗】

1. 基本治疗

治则　泻火解毒,清热利湿。取局部穴位及相应夹脊穴为主。

主穴　阿是穴　夹脊

配穴　肝经郁热配行间、大敦;脾经湿热配隐白、内庭;瘀血阻络配血海、三阴交。

操作　毫针刺,用泻法。皮损局部阿是穴用围刺法,即在疱疹带的头、尾各刺一针,两旁则根据疱疹带的大小选取1~3点,向疱疹带中央沿皮平刺,也可在阿是穴散刺出血后加拔火罐。大敦、隐白可点刺出血。

方义　局部阿是穴围刺或点刺拔罐,可引火毒外出;本病是疱疹病毒侵害神经根所致,取相应的夹脊穴,直针毒邪所留之处,可泻火解毒,通络止痛,正符合《内经》所言"凡治病者,必先治其病所从生者也"。

2. 其他治疗

(1) 皮肤针:取局部阿是穴,用皮肤针叩刺出血后,加艾条灸。用于疱疹后遗神经痛。

(2) 穴位注射:取肝俞、相应夹脊穴、足三里。选用维生素B_1注射液或维生素B_{12}注射液,每次每穴注射0.5 ml。

(3) 耳针:取肝、脾、神门、肾上腺、皮疹所在部位相应耳穴。毫针刺法,或埋针法、压籽法。

【按语】

(1) 针灸治疗蛇串疮有较好的疗效,对后遗神经痛也有较好的止痛效果,若发生化脓感染必须尽快转外科治疗。

(2) 忌食辛辣、油腻、鱼虾、牛羊肉等食品。

【文献摘录】

《外科备要》:丹上小泡,用针穿破,外用柏叶散敷之。

第三节　湿　疹

湿疹是以皮肤表皮和真皮浅层皮损呈丘疹、疱疹、渗出、肥厚等多形性损害,并反复发作为临床表现的疾病。西医学认为本病是一种变态反应性慢性皮肤病,可能与体质、感染、精神因素、消化系统功能障碍、内分泌与代谢紊乱有关。临床上分为急性、亚急性、慢性。

湿疹属于中医学"湿疮"范畴,其发生多与感受风湿热邪、饮食、体质、情志及脏腑功能失调有关。本病病位在皮肤。基本病机是湿热相搏,化燥生风。

【辨证要点】

主症　皮疹呈多形性损害,如丘疹、疱疹、糜烂、渗出、结痂、鳞屑、肥厚、苔藓样变、皮肤色素沉着等。瘙痒呈阵发性,遇热或入睡时瘙痒加剧。病程较长,可迁延数月或数年。

湿热浸淫　初起皮损潮红灼热、肿胀,继而粟疹成片或水疱密集,渗液流津,瘙痒不休,身热口渴,便秘,小便短赤,舌红,苔黄腻,脉滑数。

脾虚湿蕴　皮损潮红,瘙痒,抓后糜烂,可见鳞屑,纳少神疲,腹胀便溏,舌淡胖有齿痕,苔白腻,脉濡缓。

血虚风燥　病程较长,皮损色黯或色素沉着,粗糙肥厚,呈苔藓样变,剧痒,皮损表面有抓痕、血痂和脱屑,头昏乏力,口干不欲饮,舌淡,苔白,脉弦细。

【治疗】
1. 基本治疗
治则　清热利湿,润燥息风。取皮损局部和足太阴经穴为主。
主穴　皮损局部　曲池　足三里　三阴交　阴陵泉
配穴　湿热浸淫配合谷、内庭;脾虚湿蕴配脾俞、胃俞;血虚风燥加膈俞、肝俞。痒甚而失眠者加风池、安眠。
操作　毫针常规刺。皮损局部先用毫针围刺,后用皮肤针重叩出血后,再拔火罐。急性期每日1次,慢性期隔日1次。
方义　皮损局部疏调局部经络之气,祛风止痒;曲池为手阳明经的合穴,既能清肌肤湿气,又可化胃肠湿热;足三里既能健脾化湿,又能补益气血,标本兼顾;三阴交、阴陵泉运脾化湿,除肌肤之湿热。

2. 其他疗法
(1) 皮肤针:取局部阿是穴、夹脊穴及足太阳经第一侧线。轻叩以皮肤红晕为度。
(2) 耳针:取肺、神门、肾上腺、肝、皮质下。毫针刺法。
(3) 穴位注射:取曲池、足三里、血海、大椎等。每次选2穴,用苦参注射液、板蓝根注射液,或自血加2.5%的枸橼酸钠注射液,每穴注入1~2 ml。隔日1次。
(4) 火针:取局部阿是穴。选用细火针局部点刺。

【按语】
(1) 针灸治疗湿疹效果明显,特别是缓解症状较快,但根治有相当难度。
(2) 患处应避免搔抓,忌用热水烫洗或用肥皂等刺激物洗涤,忌用不适当的外用药。
(3) 避免外界刺激,回避致敏因素。畅达情志,避免精神紧张,防止过度劳累。

第四节　痤　疮

痤疮(acne)是青春期男女常见的一种毛囊及皮脂腺的慢性炎症,又称"肺风粉刺""粉刺""青春痘"。

痤疮的发生多与先天禀赋、过食辛辣厚味、冲任不调等因素有关。本病病位在肌肤腠理,与肺、脾、胃、肠关系密切。基本病机是热毒郁蒸肌肤。

【辨证要点】
主症　初起为粉刺或黑头丘疹,可挤出乳白色粉质样物,后期可出现脓疱、硬结、瘢痕。
肺经风热　颜面潮红,粉刺焮热、疼痛或有脓疱,舌红,苔薄,脉数。
肠胃湿热　皮疹红肿疼痛,脘腹胀满,便秘尿赤,舌红,苔黄腻,脉滑数。
冲任不调　病情与月经周期有关,可伴有月经不调、痛经,舌暗红,苔薄黄,脉弦数。

【治疗】
1. 基本治疗
治则　清热解毒,散郁消痤。取督脉及手足阳明经穴为主。

主穴　大椎　合谷　曲池　内庭　阳白　四白
配穴　肺经风热配少商、尺泽；肠胃湿热配足三里、阴陵泉；冲任不调配血海、三阴交。
操作　毫针刺，用泻法。大椎点刺出血后加拔罐。
方义　《素问·至真要大论篇》曰："寒薄为皶，郁乃痤。"督脉为诸阳之会，大椎为督脉与三阳经的交会穴，可透达诸阳经的郁热；阳明经脉上循于面，且手阳明与肺经相表里，肺主皮毛，故取合谷、曲池、内庭，可清泻阳明邪热；四白、阳白为局部取穴，可疏通局部气血，使肌肤疏泄功能得以调畅。

2. 其他治疗

(1) 耳针：取交感、肺、神门、内分泌、皮质下、肾上腺、面颊、耳尖。每次选用2~3穴，毫针刺法或压籽法，耳尖可点刺放血。

(2) 三棱针：取第1~12胸椎旁开0.5~3寸范围内的阳性反应点。用三棱针挑断皮下部分纤维组织，使之出血少许，每周1~2次。

【按语】

(1) 针灸对痤疮的治疗效果较好。
(2) 严禁用手挤压，以免引起继发感染，遗留瘢痕。
(3) 忌食辛辣、油腻及糖类食品。

【文献摘录】

《扁鹊神应针灸玉龙经》：肺风满面赤疮暴生者，少商、委中泻，其疮年深者，合谷泻。

第五节　斑　秃

斑秃(alopecia areata)是指头皮部毛发突然发生斑状脱落的病证，又称"油风"，俗称"鬼剃头"。

斑秃的发生多与素体肝肾不足或脾胃虚弱、情志不遂、思虑太过等因素有关。本病病位在头部毛发，与肝、肾关系密切。基本病机为精血亏虚或气滞血瘀，血不养发。

西医学中，对斑秃病因尚未完全明了，可能与高级神经活动障碍有关，多由于中枢神经功能紊乱、内分泌失调，致毛发乳头供血障碍，使毛发营养不良而发病。

【辨证要点】

主症　患部头发突然间呈圆形、椭圆形或不规则形脱落，边界清楚，小如指甲，大如钱币，一个至数个不等，局部毛发脱净，少数患者可出现头发全秃(称为全秃)，甚则眉毛、胡须、腋毛、阴毛等全部脱落(普秃)。

肝肾不足　兼见头晕目眩，耳鸣，失眠多梦，健忘，舌红，少苔，脉细。
血虚风燥　兼见面色无华，头部瘙痒，头晕，失眠，舌淡，苔薄，脉细弱。
气滞血瘀　兼见面色晦暗，舌质暗或有瘀点、瘀斑，脉弦涩。

【治疗】

1. 基本治疗

治则　养血生发。取局部穴位为主。
主穴　阿是穴　百会　风池　太渊　膈俞

配穴　肝肾不足配肝俞、肾俞;血虚风燥配血海、足三里;气滞血瘀配血海、太冲。
操作　阿是穴用梅花针叩刺,余穴毫针常规刺。
方义　头为诸阳之会,百会为督脉与足太阳经的交会穴,风池为足少阳经和阳维脉的交会穴,且二穴皆近脱发患处,同用可疏通患部气血,疏散风邪;血会膈俞,太渊为脉之所会,且为肺之原穴,配局部阿是穴,补能益气养血,泻能活血化瘀;梅花针叩刺阿是穴,更可疏导局部经气,促进新发生长。

2. 其他治疗
(1) 皮肤针:取阿是穴。叩刺至患部皮肤微呈潮红为止,然后涂搽生姜汁,每日1次。
(2) 艾灸:取阿是穴,用艾条在局部熏灸,至皮肤呈红晕为度,每日1~2次。

【按语】
(1) 针灸治疗斑秃的疗效较好。
(2) 不宜用碱性强的肥皂洗头发,治疗期间及平时宜保持心情舒畅,忌烦恼、悲观、忧愁。

【文献摘录】
《医宗金鉴》:此证毛发干焦,成片脱落,皮红光亮,痒如虫行,俗成鬼舐头……若耽延年久,宜针砭其光亮之处出紫血,毛发庶可复生。

第六节　神经性皮炎

神经性皮炎(neurodermatitis)是一种皮肤神经功能障碍疾病,以皮肤肥厚、皮沟加深、苔藓样改变和阵发性剧烈瘙痒为特征。临床上分为局限性神经皮炎和播散性神经皮炎两种。与大脑皮质兴奋和抑制过程平衡失调有关。精神因素被认为是主要的诱因,情绪紧张、神经衰弱、焦虑都可促使皮损发生或复发。

神经性皮炎属中医学的"牛皮癣""顽癣""摄领疮"范畴,其发生多与情志不遂、风热侵袭、过食辛辣等因素有关。本病病位在肌肤腠理络脉,与肺、肝关系密切。基本病机是风热外袭或郁火外窜肌肤,化燥生风,肌肤失养。

【辨证要点】
主症　好发于颈后、肘、腘、骶、踝等部位,初起瘙痒而无皮疹,反复搔抓后皮肤出现粟粒至绿豆大小的丘疹,日久局部皮肤增厚、粗糙,呈皮革样、苔藓样变。
风热侵袭　发病初期,仅有瘙痒而无皮疹,或丘疹呈正常皮色或红色,食辛辣食物加重,舌红,苔薄黄,脉浮数。
肝郁化火　心烦易怒,每因情志刺激后诱发或加重,舌红,苔薄黄,脉弦。
血虚风燥　病久皮肤增厚,干燥如皮革样,色素沉着,舌淡,苔白,脉细。

【治疗】
1. 基本治疗
治则　疏风止痒,清热润燥。取局部穴位为主。
主穴　皮损局部阿是穴　风池　曲池　血海　膈俞　委中

配穴 风热侵袭配外关、合谷;肝郁化火配行间、侠溪;血虚风燥配足三里、三阴交。

操作 毫针常规刺,也可用皮肤针叩刺或三棱针点刺。皮损局部阿是穴可用围刺法,也可用刺络拔罐法。

方义 在皮损局部阿是穴围刺,可疏通局部经络,祛风泻火,化瘀止痒;项后是神经性皮炎的好发部位,风池位于项后,是足少阳胆经和阳维脉的交会穴,既可宣通局部气血,又可祛风止痒,清泻肝胆郁火;神经性皮炎多属血虚血热之证,曲池、血海、膈俞、委中皆为调理血分的要穴,且膈俞为血会,委中为血郄,四穴合用既可祛风止痒,又可凉血解毒,取"治风先治血,血行风自灭"之意。

2. 其他疗法

(1) 皮肤针:取皮损局部阿是穴、背俞穴、相应夹脊。用皮肤针叩刺至出血后,可拔罐。

(2) 耳针:取肺、神门、肾上腺、皮质下、内分泌、肝。毫针刺法,或埋针法、压籽法。

(3) 穴位注射:取曲池、足三里、大椎、肺俞、百会。每次选用2~3穴,用维生素 B_{12} 500 μg 和盐酸异丙嗪 25 mg 注射液混合,每穴注入 0.5 ml。

【按语】

(1) 针灸治疗神经性皮炎有一定的疗效,但本病较难痊愈,必须坚持治疗。

(2) 宜保持心情舒畅,忌恼怒,忌食辛辣、饮酒,忌用热水洗烫和用刺激性药物外搽。

【文献摘录】

《针灸集成》:治疮疥顽癣,取绝骨、三里、间使、解溪、委中,或针或灸。

第七节 扁平疣

扁平疣(verruca plana)是发生于皮肤浅表部位的小赘生物,为一种多发生于青年人颜面、手背部的常见皮肤病,尤以青春期前后女性为多,故也称为青年扁平疣。多由人类乳头瘤病毒引起。

扁平疣中医学称之为"扁瘊",其发生多与感受风热毒邪、情志不畅等因素有关。本病病位在肌肤腠理。基本病机是风热毒邪,搏结于肌肤;或肝郁气滞、毒聚瘀结。

【辨证要点】

主症 颜面、手背和前臂处散在或密集分布米粒至芝麻粒大的扁平丘疹,正常肤色或浅褐色,表面光滑发亮,呈圆形、椭圆形或多角形,边界清楚。一般无自觉症状,偶有痒感。

风热搏结 发病初期,丘疹呈淡红色或红褐色,伴有瘙痒。

毒聚瘀结 发病日久,丘疹呈灰色或暗褐色,疣体较大,触之坚实,急躁易怒,口苦咽干,脉弦。

【治疗】

1. 基本治疗

治则 解毒散结。取局部穴位为主。

主穴 阿是穴

操作 用毫针在母疣中心快速进针至疣底部,大幅度捻转提插30次左右,然后摇大针孔,迅速出针,放血1~2滴,再压迫止血;若疣体较大,再于疣体上下、左右四面与正常皮肤交界处各刺1针,以刺穿疣体对侧为度,施用同样手法,3~5 d 针刺1次。

方义　本病刺法以刺疣体局部为主,针刺出血后再按压止血,意在破坏疣底部供应疣体的营养血管,使之出血、阻塞、断绝疣体的血液供应,从而使疣体枯萎脱落。

2. 其他治疗

(1) 耳针:取肺、肝、相应病变部位。毫针刺法或压籽法。

(2) 激光针:取阿是穴。用7～25 mV的氦-氖激光腧穴治疗仪散焦作局部照射20～30 min,每日1次。

【按语】

(1) 针灸治疗扁平疣有较好的疗效,多采用局部选穴。

(2) 若在治疗期间出现局部色泽发红,隆起明显,瘙痒加重,往往是经气通畅之象,为转愈的征兆,应坚持治疗。

(3) 注意劳逸结合,避免过度精神紧张,避免挤压摩擦疣体,以防感染。

【文献摘录】

(1)《备急千金要方》:疣目,着艾炷疣目上,灸之三壮即除。

(2)《医宗金鉴》:灸癞风及赘疣诸痣奇穴,其穴在左右手中指节宛宛中,俗名举尖是也。

第八节　疔　疮

疔疮(acute suppurative infection)是好发于颜面部和手足部的外科疾患。发病开始即有粟粒样小脓头,发病迅速,以根深坚硬如钉为特征。因病位和形状不同,又有"人中疔""蛇头疔""虎口疔""红丝疔"等不同名称。

疔疮的发生多与恣食膏粱厚味、辛辣炙煿、肌肤不洁、刺伤后火毒侵袭等因素有关。本病病位在肌肤腠理。基本病机是火毒蕴结肌肤。

西医学中,多见于由金黄色葡萄球菌感染所致颜面部疖、痈,以及急性甲沟炎、脓性指头炎、急性淋巴管炎等疾病。

【辨证要点】

主症　初起如粟粒状小脓头,发病迅速,根深坚硬如钉,始觉麻痒,而疼痛轻微,继则红肿灼热,疼痛加剧,可伴有恶寒发热等全身症状。

火毒流传经络　四肢部疔疮,患处有红丝上窜(名红丝疔)。

疔疮走黄　兼见壮热烦躁,眩晕呕吐,神昏谵语,为疔疮内攻脏腑的危候。

【治疗】

1. 基本治疗

治则　泻火解毒。取督脉穴为主。

主穴　灵台　身柱　合谷　委中

配穴　高热配大椎、十宣;神昏配水沟、十二井。还可根据患部所属的经脉循经取穴,发于面部,属阳明经配商阳、内庭,属少阳经配关冲、足临泣,属太阳经配少泽、足通谷;发于手部配足部同名经腧穴,发于足部配手部同名经腧穴;或用经脉首尾配穴法,如发于迎香穴处用对侧的商阳;如系红丝疔可沿红丝从终点依次点刺到起点,以泻其恶血。

操作　毫针刺,用泻法,或三棱针点刺出血。

方义　疔疮为阳热过甚、火毒蕴结之病,故治疗本病首当针泻阳气。督脉总督诸阳,灵台、身柱为督脉穴,有疏泄阳热火毒之功,为治疗疔疮的经验效穴;合谷为手阳明经的原穴,阳明经多气多血,在三阳经中阳气最盛,故泻之可清阳热、祛火毒,对面部疔疮更为适宜;疔疮为火毒蕴结血分之急症,委中又名"血郄",刺之出血可清泻血分热毒。

2. 其他治疗

三棱针:取背部脊柱两旁丘疹样突起或肩胛间区阳性反应点。用三棱针挑治,每周2次。

【按语】

(1) 针灸治疗本病有一定疗效。疔疮初起,切忌挤压、挑刺,不宜在病变部位拔罐和针刺;红肿发硬时忌手术切开,以免扩散感染;如已成脓,应转外科处理。

(2) 疔疮走黄,病情凶险,必须积极抢救。

(3) 忌食鱼、虾及辛辣厚味。

【文献摘录】

(1)《备急千金要方》:疔肿,灸掌后横纹后五指,男左女右,七壮即差。

(2)《针灸大成》:疔疮,合谷、曲池、足三里、委中。

(3)《针灸逢源》:疔疮,初起如粟米,次如赤豆,顶凹坚硬或痛痒麻木,或寒热头痛,面口合谷,手上曲池,背上肩井、委中、三里。

第九节　丹　　毒

丹毒(erysipelas)是患部皮肤突然变赤,色如涂丹的一种急性感染性疾病。本病好发于颜面和小腿部,其中发于头面者称"抱头火丹",发于腿胫者称"流火",新生儿丹毒称"赤游丹"。

丹毒的发生多与素体血分有热、皮肤黏膜破损、火毒入侵等因素有关。本病病位在肌肤腠理。基本病机是血热火毒蕴结肌肤。

本病相当于西医学的急性网状淋巴管炎。

【辨证要点】

主症　局部皮肤突然变赤,色如丹涂脂染,焮红肿胀,边界分明。

火毒夹风　发于头面,发热恶寒,头痛,骨节酸楚,舌红,苔薄白或薄黄,脉浮数。

火毒夹湿　发于下肢,红斑表面出现黄色水疱,发热心烦,口渴,胸闷,关节肿痛,小便黄赤,脉濡数。

火毒内陷　胸闷呕吐,壮热烦躁,神昏谵语,属危急之候。

【治疗】

1. 基本治疗

治则　泻火解毒,凉血祛瘀。取督脉及手阳明经穴为主。

主穴　大椎　曲池　合谷　委中　阿是穴

配穴　火毒夹风配百会、风池；火毒夹湿配阴陵泉、内庭；火毒内陷配十宣或十二井。

操作　毫针刺，用泻法。大椎、委中、十宣、十二井诸穴均可用三棱针点刺出血，皮损局部阿是穴用三棱针散刺出血。

方义　阳气过多则为热，热甚则为火，火盛则为毒，故清火毒必当泻阳气；督脉为阳脉之海，阳明经为多气多血之经，在三阳经中阳气最盛，故本病当取督脉、阳明经穴为主；大椎为督脉与诸阳经的交会穴，曲池、合谷为手阳明经穴，三穴同用可泻阳气而清火毒；委中又名"血郄"，凡血分热毒壅盛之急症，用之最宜；本病病在血分，诸经穴及皮损局部点刺或散刺出血可直接清泻血分热毒，使热毒出则丹毒自消，有"菀陈则除之"之义。

2. 其他治疗

(1) 耳针：取肾上腺、神门、耳尖、耳背静脉、皮损对应部位。毫针刺法或压籽法，耳尖、耳背静脉可点刺出血。

(2) 三棱针：取阿是穴。用三棱针散刺或用皮肤针叩刺，使其少量出血后加拔火罐。

【按语】

(1) 针灸对丹毒有一定的疗效，一般应配合内服或外用中药可提高疗效，缩短病程。

(2) 针具应严格消毒，以防止交叉感染。

(3) 病情严重者，应采取综合治疗措施。

【文献摘录】

(1)《丹溪心法》：治丹毒发作，恐其入腹，一时无药，急以针于红点处刺出恶血，使毒于此而散。

(2)《针灸大成》：浑身发红丹，百会、曲池、三里、委中。

(3)《针灸集成》：风丹及火丹毒，以三棱针无间乱刺，当处及晕畔多出恶血，翌日更看赤气所在，如初乱刺，弃血如粪，神效。

第十节　腱鞘囊肿

腱鞘囊肿(ganglion)是发生于关节部腱鞘内的囊性肿物，内含有无色透明或橙色、淡黄色的浓稠黏液。常见于腕背和足背部及指、趾附近。

腱鞘囊肿属中医学"筋结""筋瘤"范畴，其发生多与患部关节过度活动、反复持重、外伤等因素有关。本病病位在筋，属经筋病。基本病机为经筋劳伤，气津凝滞。

【辨证要点】

主症　腕背或足背部出现圆形隆起，高出皮肤，质地较硬，活动度好，无明显的自觉症状，稍有压痛。

根据腱鞘囊肿所在部位，可辨属何经筋病。

【治疗】

1. 基本治疗

治则　理气散结，疏调经筋。取局部穴位为主。

主穴　阿是穴

配穴　发于腕背部配外关;发于足背部配解溪。

操作　囊肿局部常规消毒,用较粗的毫针在囊肿的正中和四周各刺入1针,以刺破对侧的囊壁为度,出针时尽量摇大针孔。

方义　本病属经筋病,"在筋守筋",故于囊肿局部围刺,可起到理气散结、疏调经筋的作用。

2. 其他治疗

(1) 三棱针:取阿是穴。在囊肿局部常规消毒,医者左手捏持囊肿,右手持三棱针对准囊肿高点迅速刺入,将表层囊壁刺破,并向四周深刺,但勿透过囊壁的下层,然后摇大针孔并快速拔针,同时左手用力挤压囊肿,尽量使囊内的黏稠状物全部排出,然后常规消毒并加压包扎3～5 d,一般1次即可。若囊肿未全消或复发,可于1周后再行治疗1次。

(2) 火针:取阿是穴。用火针点刺局部,视肿物大小,每次点刺2～3针,每周1次。

【按语】

(1) 针灸治疗腱鞘囊肿的效果较好,治疗时应注意严格消毒,以防感染。

(2) 治疗期间及愈后1月内,应注意休息,避免过劳,尽量减少囊肿发生部位的活动摩擦,以防复发。

【文献摘录】

《儒门事亲》:以铍针十字刺破,按出黄胶脓三两匙,立平,瘤核更不再作。

第十一节　痄　腮

痄腮(mumps)是以发热、耳下腮部肿胀疼痛为主症的一种急性传染性疾病,又称"蛤蟆瘟""大头瘟"。多流行于冬春季节,儿童多见。

痄腮的发生多与感受风热疫毒之邪有关。少阳经脉行耳下,阳明经脉过腮部,风热疫毒之邪从口鼻而入,遏阻少阳、阳明经脉,郁而不散,蕴结于耳下腮部而发病。少阳与厥阴相表里,足厥阴肝经络阴器,若受邪较重,邪从少阳胆经内传厥阴肝经,则可出现睾丸红肿疼痛;若温毒炽盛,热极生风,内陷厥阴,则可发生痉、厥等变证。基本病机是温毒之邪蕴结于少阳、阳明经。

本病相当于西医学的流行性腮腺炎。

【辨证要点】

主症　耳下腮部肿胀疼痛,咀嚼困难,常伴有发热。

温毒在表　仅觉耳下腮部酸痛肿胀,而无其他见症,或有恶寒、发热。

温毒蕴结　耳下腮部红肿热痛,咀嚼困难,发热。

温毒内陷　高热烦渴,睾丸红肿疼痛,甚则神昏、抽搐。

【治疗】

1. 基本治疗

治则　清热解毒,消肿散结。取手少阳、手足阳明经穴为主。

主穴　翳风　颊车　外关　合谷　关冲

配穴　高热配大椎、商阳;睾丸肿痛配蠡沟、太冲;神昏抽搐配水沟、十宣或十二井。

操作　毫针刺,用泻法。关冲、商阳及十宣或十二井,用三棱针点刺出血。

方义　从患病部位来看,本病以少阳经为主,涉及阳明经,故近取手足少阳经的会穴翳风、足阳明经穴颊车,宣散患部蕴结之气血;远取手少阳络穴外关、井穴关冲,及手阳明经原穴合谷,以清泻少阳、阳明二经之郁热温毒。

2. 其他治疗

(1) 灯火灸:取患侧角孙穴。先将角孙穴处头发剪短,穴位常规消毒,取灯芯草1根,蘸香油点燃,对准患侧角孙穴迅速点灸,并立即提起,可闻及"啪"的响声。

(2) 耳针:取面颊、肾上腺、耳尖、对屏尖。毫针刺法,耳尖可点刺出血。

【按语】

(1) 针灸治疗痄腮的效果较好。有并发症者应及时对症治疗。

(2) 本病有传染性,治疗期间应注意隔离,一般至腮腺肿大完全消失为止。

【文献摘录】

(1)《针灸甲乙经》:颊肿,口急,颊车痛,不可以嚼,颊车主之。

(2)《针灸资生经》:颐颔肿、颊肿痛,取巨髎、天窗、腕骨、侠溪、颊车、完骨、大迎、翳风、支正、少商、商阳。

第十二节　乳　痈

乳痈(acute mastitis)是以乳房红肿疼痛、乳汁排出不畅,以致结脓成痈为主症的病证。多发生于产后哺乳的产妇,尤以初产妇为多见,好发于产后3~4周,又称"产后乳痈"。

乳痈的发生多与忧思恼怒、过食辛辣厚味、乳头皮肤破裂、外邪火毒入侵等因素有关。足阳明胃经过乳房,足厥阴肝经至乳下,故本病主要在肝、胃二经。基本病机是胃热肝郁、火毒凝结。

本病相当于西医学的急性化脓性乳腺炎。

【辨证要点】

主症　乳房结块,红肿疼痛。

气滞热壅(郁乳期)　乳房结块,肿胀疼痛,常伴有恶寒发热、全身不适等症。

火毒炽盛(酿脓期)　肿块增大,焮红疼痛,时有跳痛。

毒盛肉腐(溃脓期)　肿块中央触之渐软,有应指感,或见乳头有脓汁排出。

【治疗】

1. 基本治疗

治则　清热解毒,散结消痈。取足阳明、足厥阴经穴为主。

主穴　足三里　期门　膻中　内关　肩井

配穴　肝郁甚配行间;胃热甚配内庭;火毒盛配厉兑、大敦。

操作　毫针刺,用泻法。期门、肩井切忌针刺过深,以免伤及内脏。

方义　乳痈为病,多为胃热、肝郁,故取胃的下合穴足三里,以清泻阳明胃热;取肝之募穴期门,以疏通厥阴肝郁;膻中、内关远近相配,宽胸理气;肩井为治疗乳痈的经验效穴,系手少阳、足阳明、阳维脉的交会穴,所交会的经脉均行胸乳部,用之即可通调诸经经气,使少阳通则郁火散,阳明清则肿痛消,从而收"乳痈刺肩井而极效"之功。

2. 其他治疗

(1) 三棱针:取背部肩胛区阳性反应点。反应点为大如小米粒的红色斑点,指压不退色,稀疏散在,数个至十几个不等。用三棱针挑刺并挤压出血,刺血后可拔罐。

(2) 灸法:取肩井、乳根、曲池、手三里、足三里。用艾条温和灸患侧穴位,每次每穴灸 5~10 min,每日 1~2 次。或取阿是穴,用葱白或大蒜捣烂,铺于乳房患处,用艾条熏灸 20 min 左右,每日 1~2 次。用于乳痈初期未成脓时。

(3) 耳针:取内分泌、肾上腺、胸。毫针刺法或压籽法。

【按语】

(1) 针灸治疗本病初期未化脓者疗效较为满意。乳痈初期,可配合局部热敷以提高疗效。若已化脓应考虑转外科治疗。

(2) 哺乳期妇女注意保持乳头清洁,断乳时应先逐渐减少哺乳时间,再行断乳,以防乳汁瘀积。

(3) 注意饮食调配,宜清淡,忌辛辣肥甘之品。此外,注意精神调养,避免情绪激动。

【文献摘录】

(1)《针灸甲乙经》:乳痈有热,三里主之。

(2)《卫生宝鉴》:治乳痈肿痛,诸药不能止痛者,足三里一穴,针入五分,其痛立止。

(3)《针灸大全》:乳头生疮名曰妒乳……乳根二穴,少泽二穴,肩井二穴,膻中一穴。

第十三节 乳　癖

乳癖(breast lump)是指妇女乳房部常见的慢性良性肿块,以乳房肿块和胀痛为主症,与月经周期、情绪有明显关系。常见于中青年妇女。

乳癖的发生多与情志内伤、忧思恼怒等因素有关。本病病位在乳房,足阳明胃经过乳房,足厥阴肝经至乳下,足太阴脾经行乳外,故本病与胃、肝、脾三经关系密切。基本病机是气滞痰凝,冲任失调。

西医学中,可见于乳腺小叶增生、乳房囊性增生、乳房纤维瘤等疾病。

【辨证要点】

主症　单侧或双侧乳房出现单个或多个大小不等、形态不一的肿块,胀痛或压痛,表面光滑,边界清楚,推之可动,增长缓慢,质地坚韧或呈囊性感。

气滞痰凝　肿块和疼痛每因喜怒而消长,心烦易怒,舌红,脉弦。

冲任失调　乳房肿块和疼痛经前加重,经后缓减,或月经不调。

【治疗】

1. 基本治疗

治则　化痰散结,调理冲任。取足阳明、足厥阴经穴为主。

主穴　乳根　人迎　足三里　期门　膻中

配穴　气滞痰凝配内关、太冲;冲任失调配血海、三阴交。

操作 毫针常规刺,泻法或平补平泻法。乳根、膻中均可向乳房肿块方向斜刺或平刺。针人迎时应避开颈动脉,不宜深刺。

方义 乳根、人迎、足三里可疏导阳明胃经经气,疏通局部气血;足阳明胃经标在人迎,根据气街理论,胸气有街,其腧前在于人迎,且人迎穴近乳房,故人迎穴对本病治疗尤为重要;膻中为气之会穴,且肝经络于膻中,期门为肝之募穴,二穴均位近乳房,故用之既可疏肝理气,且与乳根同用,又可直接通乳络消痰块。

2. 其他治疗

耳针:取内分泌、胸、内生殖器、交感、皮质下、肝、胃、脾。每次选用3~5穴,毫针刺法,或埋针法、压籽法。

【按语】

(1) 针灸治疗对本病有良好的疗效,可使肿块缩小或消失,但疗程较长。少数病例有恶变的可能,必要时应及时进行手术治疗。

(2) 宜保持心情舒畅,忌忧思恼怒。

第十四节 肠 痈

肠痈(acute appendicitis)是外科最常见的急腹症之一,临床以转移性右下腹持续性疼痛和右下腹局限而固定的压痛为特征。

肠痈的发生多与饮食不节、寒温不适、暴食后剧烈运动、忧思郁怒等因素有关。本病病位在大肠。基本病机是肠腑气壅、热瘀互结、血败肉腐。

本病相当于西医学的急、慢性阑尾炎。

【辨证要点】

主症 转移性右下腹疼痛,疼痛呈持续性、阵发性加剧,右下腹有局限而固定的压痛,甚则出现腹肌紧张、反跳痛。

肠腑气结 兼见痛势不剧,无明显全身症状。

热盛肉腐 痛势剧烈,腹皮拘急、拒按,局部可触及肿块,壮热汗出、脉洪数等全身症状明显。

【治疗】

1. 基本治疗

治则 清热通腑止痛。取大肠的募穴、下合穴为主。

主穴 天枢 上巨虚 阑尾穴 阿是穴

配穴 发热配曲池;呕吐配内关;便秘配腹结。

操作 毫针刺,用泻法,或用电针,可留针1~2 h。

方义 本病为大肠腑病,故取大肠的募穴天枢、下合穴上巨虚以通调肠腑,清泻肠腑积热;阑尾穴是治疗肠痈的经验效穴;针刺阿是穴可直达病所,畅通患部气血,消痈止痛。

2. 其他治疗

耳针:取阑尾、神门、交感、大肠。毫针刺法或压籽法。

【按语】

(1) 针灸对肠痈初起未化脓者效果良好。对急性阑尾炎症状严重已化脓有穿孔或坏死倾向者,宜及时转外科处理,采取综合疗法进行治疗。

(2) 慢性阑尾炎右少腹经常疼痛者,除针刺外,可配合艾条温和灸或隔姜灸治疗。

【文献摘录】

(1)《备急千金要方》:灸肠痈方:屈两肘,正灸肘头锐骨各百壮,则下脓血,即瘥。

(2)《针灸聚英》:肠痈痛治太白中,陷谷大肠俞与同。

第十五节 脱 肛

脱肛(rectal prolapse)是指直肠下端脱出肛门之外而言,常见于老人、小儿和多产妇女。

脱肛的发生与久病体质虚弱、劳伤过度、产育过多、久泻、久痢、久咳、恣食辛辣厚味等因素有关。本病病位在大肠,督脉过直肠,膀胱经别入肛中,故本病与督脉、膀胱经关系密切。基本病机是中气下陷,或湿热下注。

本病相当于西医学的肛管直肠脱垂。

【辨证要点】

主症 大便后肛内肿物脱出。

中气下陷 脱肛稍劳即发,肛门坠胀,面色萎黄,神疲乏力,头晕,纳呆,心悸,舌淡,苔白,脉细弱。

湿热下注 多见于痢疾急性期或痔疮发作时,肛门局部红肿灼热,小便黄赤,舌红,苔腻,脉滑数。

【治疗】

1. 基本治疗

治则 升提固脱。取督脉及足太阳经穴为主。

主穴 百会 长强 大肠俞 承山

配穴 中气下陷配脾俞、气海;湿热下注配阴陵泉。

操作 百会可用灸法。余穴常规刺。

方义 百会为督脉与足太阳经的交会穴,气为阳,统于督脉,故灸百会可使阳气旺盛,有升提收摄之功;长强为督脉之别络,位近肛门,可增强肛门的约束功能;大肠俞为大肠之气转输之处,可调和大肠腑气;承山为膀胱经穴,足太阳经别入肛中,故可疏调肛部气血。

2. 其他治疗

(1) 耳针:取直肠、大肠、皮质下、神门。毫针刺法,或埋针法、压籽法。

(2) 三棱针:取第3腰椎至第2骶椎之间,脊柱旁开1.5寸处的纵线上任选一处皮肤反应点。用三棱针,挑破出血后,外敷消毒纱布。

【按语】

(1) 针灸治疗脱肛的疗效较好,重度脱肛或局部感染者应综合治疗。

(2) 针对诱发原因如慢性咳嗽、慢性泄泻、便秘者,应配合治疗原发病。

【文献摘录】
(1)《千金翼方》:脱肛,灸尾翠骨七壮,立愈,主脱肛,神良。又,灸脐中,随年壮。
(2)《医学纲目》:脱肛,取大肠俞、百会、长强、肩井、合谷、气冲。
(3)《针灸大全》:大肠虚冷、脱肛不收,取内关、百会、命门、长强、承山。

第十六节　痔　疮

痔疮(hemorrhoid)是发生于肛肠部的慢性疾病,指直肠下端黏膜下和肛管皮下的静脉扩大曲张形成的静脉团块,又称痔核。痔疮为成年人多发病,故有"十人九痔"之说。

痔疮的发生多与久坐久立、负重远行、嗜食辛辣、酒色过度、久泻、久痢、长期便秘等因素有关。本病病位在肛肠,与膀胱经、督脉关系密切。基本病机是肛部筋脉横解。

西医学中,痔疮是指直肠下端黏膜下和肛管皮下的静脉丛扩大曲张而形成的静脉团块。

【辨证要点】
主症　肛门部出现小肉状突出物,无症状或仅有异物感,也可伴有肛门处疼痛、肿胀和大便时出血。

湿热下注　兼见局部肿胀、疼痛、潮湿等。
气虚下陷　痔疮日久,伴有脱肛、乏力等。

【治疗】
1. 基本治疗
治则　清热利湿,消瘀止痛。取足太阳经及督脉穴为主。
主穴　承山　次髎　长强　二白
配穴　湿热下注配大肠俞、阴陵泉;气虚下陷配脾俞、百会;便秘配天枢、上巨虚。
操作　毫针常规刺。气虚下陷脾俞、百会宜用灸法。
方义　承山、次髎均为膀胱经穴,足太阳经别又自腨至腘,别入肛中,故取二穴清泻肛肠湿热,疏导膀胱经气而消瘀滞;长强穴属督脉,位近肛门,刺之直达病所,清利湿热;二白为治疗痔疮的经验效穴。

2. 其他治疗
(1) 耳针:取肛门、直肠、大肠、神门、脾、肾上腺。每次选用2~4穴,毫针刺法,或压籽法。
(2) 三棱针:取第7胸椎至腰骶部范围内痔点(紫红色或粉红色丘疹,以腰骶部接近督脉的痔点疗效较好)。每次选一个痔点,常规消毒,用三棱针将挑治部位的表皮纵行挑破0.2~0.3 cm,然后再向深部挑,将皮下白色纤维样物挑断,挤出血液或黏液。每周1次,连续3~4次。

【按语】
(1) 针灸可缓解痔疮症状,病情较重者可转专科手术治疗。
(2) 平素少食辛辣刺激性食物,保持大便通畅。坚持做提肛肌锻炼,有助于减轻症状或避免愈后复发。

【文献摘录】

(1)《千金翼方》：长强，在穷脊骨下宛宛中。主下漏五痔甘虫食下部。针入三寸，伏地取之，以大痛为度，灸亦良，不及针。灸日三十壮至七日止。特忌房室。

(2)《玉龙歌》：痔漏之疾亦可憎，表里急重最难禁，或痛或痒或下血，二白穴在掌后寻。

(3)《针灸大成》：五痔，委中、承山、飞扬、阳辅、复溜、太冲、侠溪、气海、会阴、长强。

第十七节　疝　气

疝气(hernia)是以少腹、睾丸、阴囊等部位肿大、疼痛为主症的一种病证，又称"小肠气""偏坠"等。

疝气的发生多与感受寒湿、劳累过度、体老体弱等因素有关。前阴在任脉循行线上，足厥阴肝经过阴器，抵少腹，故本病与任脉、足厥阴肝经密切相关。基本病机是寒湿、湿热阻络或脉失所养。

西医学中，多见于腹外疝、肠套叠、睾丸鞘膜积液等疾病。

【辨证要点】

主症　少腹、睾丸、阴囊肿胀疼痛。

寒疝　阴囊冷痛，睾丸坚硬拘急，形寒肢冷，面色苍白，舌淡，苔白，脉弦紧。

湿热疝　阴囊肿热，肢体困重，尿黄，便秘，苔黄腻，脉濡数。

狐疝　阴囊时大时小，立时睾丸下坠，阴囊肿大，卧侧睾丸入腹，阴囊肿胀自消，重症需以手推托方能复原回腹。

【治疗】

1. 基本治疗

治则　散结通络止痛。取任脉、足厥阴经穴为主。

主穴　关元　大敦　太冲　三阴交

配穴　寒疝配神阙、气海；湿热疝配中极、阴陵泉；狐疝配下巨虚、三角灸。

操作　毫针常规刺。寒疝、狐疝，可用灸。

方义　任脉为病，内结七疝，足厥阴肝经绕阴器、抵少腹，故取任脉关元和足厥阴经大敦、太冲，配足三阴经的交会穴三阴交，可疏调任脉、疏肝理气、消肿散结、行气止痛，不论何种疝气皆可用之。

2. 其他治疗

(1) 耳针：取外生殖器、肝、肾、小肠、交感、神门。每次选用2～3穴，毫针刺法或压籽法。

(2) 穴位贴敷：吴茱萸、肉桂、丁香各1g，研细末，白酒调成膏状填脐内，外用胶布固定，2～3 d更换1次。适用于寒疝。

【按语】

(1) 针灸治疗本病有一定的疗效，但对发作频繁、回纳困难者，可考虑手术治疗。

(2) 应避免劳累，调摄营养。

【文献摘录】

(1)《世医得效方》：诸疝上冲气欲结，灸独阴神效……诸疝取关元，灸三七壮，大敦七壮。

(2)《医学纲目》：诸疝大法，取大敦、行间、太冲、中封、蠡沟、关元、水道。

(3)《针灸聚英》：疝，有因寒、因气、因湿热痰积流下，灸大敦、三阴交、小腹下横纹斜尖，灸一壮，针太冲、大敦、绝骨。
(4)《针灸大成》：若卒患小肠疝气、一切冷气、连脐腹结痛、小便遗溺，灸大敦三壮。

第十八节　急性腰扭伤

急性腰扭伤(acute lumbar muscle sprain)是指腰部肌肉、筋膜、韧带等软组织因外力作用突然受到过度牵拉而引起的急性撕裂伤，又称"闪腰""岔气"。

急性腰扭伤的发生多因用力不当、跌仆损伤等因素有关。本病病位在腰部经筋，与膀胱经、督脉等经脉关系密切。基本病机是腰部经络不通，气血壅滞。

【辨证要点】

主症　腰部疼痛，伤处皮色发红或青或紫，僵硬、运动受限。

督脉行腰部正中，手阳明大肠经筋挟脊内，足太阳膀胱经行脊柱两侧，故痛在脊柱正中，病属督脉。痛在脊旁(督脉与膀胱经之间)，属手阳明经筋病。痛在脊柱一侧或两侧膀胱经循行线上，病属足太阳经。

【治疗】

1. 基本治疗

治法　通经活络，舒筋止痛。以局部穴位为主。

主穴　阿是穴　腰痛点　委中　后溪

配穴　脊柱处疼痛配水沟；脊旁疼痛配手三里。

操作　毫针刺，用泻法。一般宜先针远端穴位，配合腰部活动。

方义　阿是穴可通调局部经脉、络脉和经筋的气血，通经止痛；委中为足太阳膀胱经穴，"腰背委中求"，可疏调腰背部膀胱经的气血；腰痛点为经验用穴；后溪为手太阳小肠经输穴，手、足太阳同名经脉气相通，"输主体重节痛"，后溪穴又为八脉交会穴之一，通督脉，故针刺该穴可行气血而通经络，使受伤组织功能恢复正常。

2. 其他治疗

(1) 拔罐：取阿是穴。常规消毒后用三棱针点刺出血后拔罐。

(2) 耳针：取腰骶椎、神门。毫针刺法或压籽法。

(3) 腕踝针：取踝上6区、5区。常规操作，留针期间嘱患者活动腰部。

【按语】

(1) 针刺对急性腰扭伤疗效快捷。

(2) 许多疾病如脊椎结核、肿瘤等的临床症状有时可与急性腰扭伤相似，应注意鉴别，排除原发病。

【文献摘录】

(1)《针灸甲乙经》：腰痛不得卧，手三里主之。

(2)《席弘赋》：委中专治腰间痛。

(3)《针灸大全》：闪挫腰痛，起止艰难，脊中一穴、腰俞二穴、肾俞二穴、委中二穴。

第十九节 急性踝关节扭伤

急性踝关节扭伤(acute ankle sprains)是指踝关节软组织韧带损伤引起的踝关节肿胀、疼痛,甚至活动受限的一种病证。

急性踝关节扭伤的发生多与踩空、弹跳或足部运动时用力过猛或不当等因素有关。本病病位在踝部筋络。基本病机是筋络不通。

【辨证要点】

主症 扭伤部位因瘀阻而肿胀疼痛,伤处肌肤青紫,关节有不同程度的功能障碍。

肿胀、疼痛在外踝下方,病在足太阳筋络;肿胀、疼痛在外踝前下方,病在足少阳筋络;肿胀、疼痛在内踝下方,病在足少阴筋络;肿胀、疼痛在内踝前下方,病在足太阴筋络。

【治疗】

1. 基本治疗

治法 舒筋活络,消肿止痛。以局部穴位为主。

主穴 申脉 丘墟 养老 阿是穴

配穴 可用手足同名经配穴法,在扭伤部位的对侧腕关节找压痛点针刺。

操作 毫针刺,用泻法。一般宜先取远端穴位,针刺时配合踝关节活动。

方义 踝关节扭伤属筋伤病,病在经筋、络脉,"在筋守筋",故治疗时取申脉、丘墟、阿是穴等扭伤部位穴位为主,以舒通筋络,散除局部气血壅滞,达到"通则不痛"的效果;踝关节扭伤以外踝下方为多见,病在足太阳筋络,取对侧养老穴处压痛点,属缪刺法,也是手足同名经取穴法,对治疗本病常有捷效。

2. 其他治疗

(1) 三棱针:取患部所属经络的井穴、阿是穴。井穴用三棱针点刺出血。阿是穴以三棱针点刺出血后,可拔火罐。

(2) 耳针:取踝、神门、皮质下。毫针刺法或压籽法。

【按语】

(1) 针灸对急性踝关节扭伤的疗效较好,针刺远端穴位时可令患者活动踝部,常有针入痛止之效。

(2) 受伤后适当限制扭伤部位活动,避免加重损伤。扭伤早期应配合冷敷止血,24 h 内禁止热敷,24 h 后予以热敷以助消散。

第六章 五官科病证

导学 本章介绍了五官科常见病证的针灸治疗方法。通过学习,要求重点掌握目赤肿痛、麦粒肿、近视、青光眼、耳鸣耳聋、鼻衄、鼻渊、咽喉肿痛、牙痛的针灸基本治疗方法,包括治则、主穴、配穴及特殊操作;熟悉其病因、病位、相关联的脏腑经络、基本病机、辨证分型、处方方义及其他疗法;了解其概念、临床表现及古代文献。对其余病证要求重点掌握针灸基本治疗的主穴。

第一节 目赤肿痛

目赤肿痛(swelling and pain of eye)是一种常见的眼科病证。古代文献根据发病原因、症状急重和流行性,又称"风热眼""天行赤眼""红眼病"等。

目赤肿痛的发生多与感受时邪疫毒或素体阳盛、脏腑积热等因素有关。本病病位在眼,与肝、胆二经关系密切。多因风热或疫毒之邪侵袭目窍,或肝胆火盛,循经上扰目窍而发病。基本病机是热毒蕴结目窍。

西医学中,常见于急性结膜炎、假性结膜炎和流行性角膜炎等。

【辨证要点】

主症 目赤肿痛,羞明,流泪,眵多。

风热外袭 起病较急,患眼灼热,流泪,羞明,眼睑肿胀,白睛红赤,痒痛皆作,眵多黄黏,伴头痛,鼻塞,苔薄白或微黄,脉浮数。

肝胆火盛 病初眼有异物感,视物模糊不清,畏光羞明,涩痛,白睛混赤肿胀,伴口苦咽干,耳鸣,尿赤,便秘,苔黄,脉弦数。

【治疗】

1. 基本治疗

治则 清热解毒,消肿止痛。取局部穴位及足厥阴、足少阳经穴为主。

主穴 太阳 攒竹 风池 合谷 太冲

配穴 风热外袭配外关、少商;肝胆火盛配行间、侠溪。

操作 毫针刺,用泻法;太阳、攒竹可点刺出血。

方义 本病病位在眼,太阳位于眼旁,攒竹位于目上,点刺出血可宣泄眼部之郁热、消肿止痛;"面口合谷收",取合谷善清头面热邪;太冲、风池分属肝胆二经,上下相应,导肝胆之火下行;合谷、太冲相配名曰"开四关",能疏散一身热邪。

2. 其他治疗

(1) 三棱针:取两肩胛之间丘疹样反应点、大椎及其旁开 0.5 寸处、太阳、印堂、上眼睑等,选点挑刺。

(2) 耳针:取眼、肝、胆、耳尖。毫针刺法,亦可在耳尖或耳后静脉点刺出血。

(3) 刺络拔罐:取太阳穴,点刺出血后拔罐,每次留罐 5 min 左右。

【按语】

(1) 针刺治疗目赤肿痛的效果较好,可明显缓解病情。

(2) 本病常有传染性,必须注意洗脸用具隔离。

【文献摘录】

(1)《灵枢·热病》:目中赤痛,从内眦始,取之阴跷。

(2)《备急千金要方》:阳谷、太冲、昆仑,主目急痛赤肿。

(3)《针灸大全》:眼赤肿痛,风泪下不已,攒竹二穴,合谷二穴,小骨空二穴,临泣二穴。

(4)《杨敬斋针灸全书》:赤眼肿痛,睛明、攒竹、丝竹空、合谷。

(5)《玉龙歌》:两睛红肿痛难熬,怕日羞明心自焦,只刺睛明鱼尾穴,太阳出血自然消。

第二节 麦粒肿

麦粒肿(hordeolum)是胞睑边缘生小硬结,红肿疼痛,形似麦粒,易于溃脓的眼病,又名"针眼""土疳",俗称"偷针眼"。

麦粒肿的发生常与外感风热、热毒上攻或脾胃湿热等因素有关。本病病位在眼睑,眼睑属脾,太阳为目上纲,阳明为目下纲,故本病与足太阳、足阳明经及脾胃关系密切。基本病机是热邪结聚于胞睑。

西医学认为本病是指眼睑腺体组织的急性化脓性炎症,即睑腺炎。

【辨证要点】

主症 胞睑边缘生小硬结,红肿疼痛。

风热外袭 多发于上睑,针眼初起,痒痛微作,局部硬结微红肿,触痛明显,或伴有头痛发热,全身不适,苔薄黄,脉浮数。

热毒炽盛 多发于下睑,胞睑红肿,硬结较大,灼热疼痛,有黄白色脓点,或见白睛壅肿,口渴喜饮,便秘,尿赤,舌红,苔黄或腻,脉数。

脾胃湿热 多发于下睑,麦粒肿屡发,红肿不甚,或经久难消,伴有口黏,口臭,腹胀,便秘,苔黄腻,脉数。

【治疗】

1. 基本治疗

治则 清热解毒,消肿散结。取局部穴位及足太阳、足阳明经穴为主。

主穴　攒竹　太阳　厉兑
配穴　风热外袭配风池、商阳；热毒炽盛配大椎、曲池；脾胃湿热配内庭、阴陵泉。
操作　毫针刺，用泻法；攒竹、太阳、厉兑均可点刺出血；攒竹可透鱼腰、丝竹空。
方义　攒竹为足太阳经穴，与太阳穴均位于眼区，长于清泻眼部郁热而散结；厉兑为足阳明经的井穴，可清泻阳明积热，消肿散结。

2. 其他疗法
(1) 三棱针：取肩胛区第1~7胸椎棘突两侧的淡红色疹点或敏感点，用三棱针挑刺或点刺出血。
(2) 刺络拔罐：取大椎穴，用三棱针散刺出血后拔罐。
(3) 耳针：取眼、肝、脾、耳尖。毫针刺法，亦可在耳尖、耳背小静脉刺络出血。

【按语】
(1) 针灸治疗本病初期疗效显著。但成脓之后，宜转眼科切开排脓。
(2) 麦粒肿初起至酿脓期间，切忌用手挤压患处，以免脓毒扩散。

【文献摘录】
(1)《针灸聚英》：偷针眼，视其背上有细红点如疮，以针刺破即瘥，实解太阳之郁热也。
(2)《证治准绳》：土疳症，有一目生又一目者，有止生一目者……其病不一，当随宜治之……谨按世传眼眦初生小疱，视其背上，即有细红点如疮，以刺破时眼即瘥，故名偷针，实解太阳结热也，人每试之有验。
(3)《审视瑶函》：此症或眼皮上下，生出一小核是也，乃脾胃痰气所致。上睑属脾经，下睑属胃经。若结成小核，红而自破，不药而愈。若坚白不破，久则如杯如拳，而成瘤矣。若初起小核时，即先用细艾如粟米状放患上，令患目者卧榻紧闭目，以隔蒜片灸三四壮，外将膏药贴之。

第三节　眼睑下垂

眼睑下垂（blepharoptosis）是上睑提举无力、不能抬起，以致睑裂变窄，甚至遮盖部分或全部瞳仁，影响视力的一种眼病，古称"睢目""上胞下垂""睑废"。

眼睑下垂的发生与先天禀赋不足或素体中气不足、风邪外袭、外伤等因素有关。本病病位在胞睑筋肉，眼睑属脾，"太阳为目上冈"，故本病与脾脏、足太阳经关系密切，可涉及肝、肾。基本病机是气虚不能上提，血虚不能养筋。

西医学中，多见于重症肌无力眼肌型、眼外伤、动眼神经麻痹等疾病中。

【辨证要点】
主症　上睑下垂，抬举无力，或遮盖瞳仁。
肝肾不足　多自幼上睑下垂，可伴有五迟、五软。
脾虚气弱　起病较缓，朝轻暮重，休息后减轻，劳累后加重，面色少华，眩晕，纳呆，肢倦乏力，舌淡，苔薄，脉弱。
风邪袭络　起病突然，重者目珠转动失灵，或外斜，或视一为二，舌红，苔薄，脉弦。

【治疗】
1. 基本治疗
治则　健脾益气，养血荣筋。取眼区局部穴及背俞穴为主。

主穴　攒竹　丝竹空　阳白　脾俞　肾俞　三阴交

配穴　肝肾不足配肝俞、太溪；脾虚气弱配百会、足三里；风邪袭络配风门、风池。

操作　攒竹、丝竹空、阳白既可相互透刺，又均可透刺鱼腰穴，余穴常规刺。

方义　本病病在筋肉，"在筋守筋"，故以局部取穴为主，攒竹、丝竹空和阳白均位于眼上方，三穴合用，可通经活络，调和气血，升提眼睑；本病多属脾肾不足，且上睑为足太阳经所过之处，取膀胱经的脾俞、肾俞，既符合"经脉所过，主治所及"之理，又可健脾益气、补肾养血，以治其本；三阴交为肝、脾、肾三经的交会穴，可补脾益肾，养血柔筋，调和气血。

2. 其他疗法

皮肤针：取患侧攒竹、眉冲、阳白、头临泣、目窗、目内眦—上眼睑—瞳子髎连线。叩刺至局部皮肤潮红。隔日1次。

【按语】

针灸对本病有一定的疗效，但对于先天重症患者可考虑手术治疗。

【文献摘录】

《眼科锦囊》：上睑低垂轻证者，灸三阴交。

第四节　眼睑瞤动

眼睑瞤动(blepharospasm)又名"目瞤"，是因气血不和而致眼睑不自主牵拽跳动的病证。多为一侧发病，较少两侧同病。在情绪紧张、疲劳、久视、睡眠不足等情况下加剧，入睡时消失。少数病例日久不愈。

眼睑瞤动的发生多与久病、过劳、情志不遂等因素有关。本病病位在胞睑筋肉，眼睑属脾，"太阳为目上冈，阳明为目下冈"，故本病多与肝、脾、胃、膀胱等经脉脏腑有关。基本病机是肝脾血虚，虚风内动。

西医学中，多见于眼轮匝肌痉挛。

【辨证要点】

主症　眼睑不自主频繁振跳，重者可牵动口角乃至面颊部肌肉发生抽动。

肝脾血虚　兼见劳累或情绪激动、紧张时加重，纳差乏力，面色无华或萎黄，舌淡，脉细弱。

血虚生风　病程较长，兼见头昏目眩，心烦失眠，舌淡，苔薄，脉弦细。

【治疗】

1. 基本治疗

治则　补益肝脾，养血息风。以眼区局部穴和足厥阴、足太阴经穴为主。

主穴　四白　攒竹　丝竹空　合谷　太冲　三阴交　足三里

配穴　肝脾血虚配肝俞、脾俞；血虚生风配风池、血海；上胞振跳加睛明、申脉；下胞振跳加承泣、内庭。

操作　攒竹与丝竹空互相透刺，或分别透鱼腰穴；四白最好刺入眶下孔中；余穴常规刺。

方义　本病病在筋肉，"在筋守筋"，故以局部取穴为主，攒竹、四白、丝竹空均为眼周穴，可疏调眼周局部气血以息风止痉;"面口合谷收",合谷与太冲相配为四关穴,可养肝荣筋,息风止痉;眼睑属脾,下睑为胃经所过,三阴交为脾经穴,足三里为胃经合穴,二穴合用,可补脾胃、生气血、荣筋肉。

2. 其他疗法

(1) 耳针:取眼、神门、肝、脾。每次选用2~3穴,毫针刺法,或埋针法、压籽法。

(2) 头针:取枕上正中线、枕上旁线。头针常规操作。

(3) 穴位注射:取翳风、阳白、下关、足三里。选用丹参注射液或B族维生素注射液,每穴注入0.5~1 ml。

【按语】

针灸对本病的轻症有一定的疗效。但对病程较长者疗效较差。

【文献摘录】

(1)《针灸甲乙经》:目瞤动,与项口参相引,㖞僻口不能言,刺承泣。

(2)《针灸资生经》:四白,治……目瞤动不息。

(3)《神应经》:眼睑瞤动,头维、攒竹。

第五节　近　视

近视(myopia)是以视近物清晰、视远物模糊为主要症状的一种眼病,古称"能近怯远症"。

近视的发生常与先天禀赋不足和不良的用眼习惯有关。本病病位在眼,与心、肝、肾关系密切。多因先天禀赋不足,后天发育不良,劳心伤神,心阳耗损,使心、肝、肾气血亏虚,加上用眼不当而致。基本病机是目络瘀阻,目失所养。

本病即西医学的近视眼,为眼科屈光不正疾病之一。

【辨证要点】

主症　视近清晰,视远模糊,视力减退。

肝肾亏虚　目视昏暗,双目干涩,头昏耳鸣,夜寐多梦,腰膝酸软,舌偏红,少苔,脉细。

心脾两虚　目视疲劳,目喜垂闭,面色不华,失眠健忘,食欲不振,腹胀腹泻,四肢乏力,舌淡红,苔薄白,脉细弱。

【治疗】

1. 基本治疗

治则　通经活络明目。取局部穴位为主。

主穴　睛明　承泣　四白　太阳　风池　光明

配穴　肝肾亏虚配肝俞、肾俞;心脾两虚配心俞、脾俞。

操作　睛明、承泣针刺时应注意固定眼球,轻柔进针,不行提插捻转手法,出针时按压针孔片刻;风池注意把握针刺的方向、角度和深度,切忌向上深刺,以免刺入枕骨大孔;光明针尖宜朝上斜刺,使针感向上传导。余穴常规刺。

方义　睛明、承泣、四白、太阳均位于眼周,可通经活络,益气明目,是治疗眼疾的常用穴;风池为足少阳经与阳维脉的交会穴,内与眼络相连,光明为足少阳胆经络穴,与肝相通,两者相配,可疏调眼络,养肝明目。

2. 其他疗法

(1) 皮肤针:取眼周穴、风池等。轻度或中度叩刺。

(2) 耳针:取眼、肝、肾、心、神门。每次选用2～3穴,毫针刺法,或埋针法、压籽法。

(3) 头针:取枕上旁线、枕上正中线。头针常规操作。

【按语】

(1) 针灸治疗本病近期疗效较好,能较快提高视力,对假性近视疗效显著。

(2) 宜注意科学用眼,坚持做眼保健操,以辅助治疗。

【文献摘录】

(1)《标幽赋》:刺肝俞与命门,使瞽士视秋毫之末。

(2)《玉龙歌》:肝家血少目昏花,宜补肝俞力便加,更把三里频泻动,还光益血自无差。

第六节 斜 视

斜视(heterotropia)是指双眼注视目标时黑睛向内或向外偏斜的眼病,古称"眄目""风牵偏视""双目通睛"。两眼向内对视,称为"对眼",向外斜视称为"斜白眼"。多见于儿童。

斜视的发生多与先天禀赋不足、外伤、风邪外袭等因素有关。本病病位在眼,与肝、肾关系密切。基本病机是脾胃之气不足,络脉空虚,风邪乘虚侵袭,目系拘急而成;或肾阴亏虚,肝风内动;或外伤、气血瘀滞,经筋弛缓,目珠维系失衡而致。

西医学中,见于麻痹性斜视。

【辨证要点】

主症 一眼或双眼黑睛向内或向外偏斜,转动受限,视一为二。

风邪袭表 发病急骤,伴眼痛,上睑下垂,头痛发热,舌红,苔薄,脉浮。

肝风内动 兼见头晕目眩,耳鸣,面赤心烦,肢麻震颤,舌红,苔黄,脉弦。

瘀血阻络 多有外伤史,伤后眼偏斜,胞睑、白睛瘀血,头痛眼胀,恶心呕吐,舌红,苔薄,脉弦。

【治疗】

1. 基本治疗

治则 平肝息风,化瘀通络。取足少阳、足厥阴经穴为主。

主穴 风池 光明 合谷 太冲 太溪

配穴 风邪袭表配风府;肝风内动配肝俞;瘀血阻络配膈俞;内直肌麻痹配睛明、攒竹;外直肌麻痹配瞳子髎、太阳;上直肌麻痹配鱼腰、攒竹;下直肌麻痹配承泣、四白;上斜肌麻痹配球后、四白;下斜肌麻痹配丝竹空、鱼腰。

操作 风池穴应注意掌握针刺的方向、角度和深度,切忌向上斜刺,以免刺入枕骨大孔;针刺眼部穴位尤其是眼眶内的腧穴,手法要轻柔,不提插捻转,避免伤及眼球或引起眼内出血;余穴常规刺,可加电针。

方义 目系"上出于脑,后出于项中",故取项后风池以通经络,调目系;肝开窍于目,故取肝之原穴太冲,胆经的络穴光明,为原络配穴法,以平肝息风,通络明目;且太冲与合谷相配为四关穴,善于祛风通络、调和气血;太溪为肾之原穴,可滋水涵木,以治其本。

2. 其他疗法

皮肤针:取眼眶周围腧穴及风池。用皮肤针叩刺至潮红或少量出血。

【按语】

针刺治疗斜视效果肯定,对病程短者疗效较为满意。

【文献摘录】

(1)《针灸甲乙经》:睊目,水沟主之。
(2)《备急千金要方》:若眼戴睛上插,灸目两眦后二七壮。
(3)《圣济总录》:丝竹空、前顶,主目上插。

第七节 视神经萎缩

视神经萎缩(optic atrophy)是指视网膜神经节细胞轴索广泛损害,出现萎缩变性。以视力功能损害和视神经乳头苍白为主要特征,是一种严重影响视力的慢性眼底病,也为致盲率较高的一种眼病。视神经萎缩分原发性和继发性两大类,如视网膜、视神经的炎症、退变、缺血、外伤、遗传等因素,眶内或颅内占位性病变的压迫,其他原因所致的视乳头水肿、青光眼等,均可能引起视神经萎缩。

视神经萎缩属于中医学的"青盲""视瞻昏渺"范畴,其发生多与先天禀赋不足、外伤等因素有关。本病病位在眼,与肝、肾关系密切。基本病机是精血虚乏、神光不得发越于外;或脉络瘀阻、精血不能上荣于目。

【辨证要点】

主症　患眼外观无异常而视力显著减退,甚至完全失明。

肝气郁结　兼见情志不舒,急躁易怒,郁闷胁痛,口苦,舌红,苔薄,脉弦。

气血瘀滞　多有外伤史,兼见头痛,眩晕,健忘,舌色暗,有瘀斑,脉涩。

肝肾亏虚　兼见双眼干涩,头晕耳鸣,咽干颧红,遗精腰酸,舌红,苔薄,脉细数。

【治疗】

1. 基本治疗

治则　调补肝肾,养精明目。取眼区局部穴和足少阳、足厥阴经穴为主。

主穴　球后　睛明　承泣　风池　太冲　光明　三阴交

配穴　肝气郁结配行间、侠溪;气血瘀滞配合谷、膈俞;肝肾亏虚配肝俞、肾俞。

操作　球后、睛明、承泣均按眼区腧穴常规操作,可适当深刺,但应注意避免伤及眼球和血管;风池穴应把握好进针的方向、角度和深浅,最好能使针感向眼部传导;余穴常规刺。

方义　球后、睛明、承泣皆位于眼部,旨在通调眼部气血;风池属足少阳胆经,内通目系,可通络明目;太冲为肝之原穴,光明为足少阳胆经的络穴,原络互用,可疏肝理气,养肝明目;三阴交调补肝肾,养精明目,以治其本。

2. 其他疗法

(1) 皮肤针：取眼眶周围、第5～12胸椎两侧、风池、膈俞、肝俞、胆俞。眼区轻度叩刺至潮红，其余部位及经穴施以中度叩刺。隔日1次。

(2) 耳针：取肝、肾、皮质下、枕。毫针刺法，或埋针法、压籽法。

(3) 头针：取额旁二线、枕上正中线、枕上旁线。头针常规针刺。

【按语】

治疗视神经萎缩至今尚无满意的疗法。针灸有一定的近期疗效，可控制病情发展，促进康复，提高视力，延缓致盲。

【文献摘录】

(1)《针灸甲乙经》：青盲，远视不明，承光主之。

(2)《圣济总录》：商阳、巨髎、上关、承光、瞳子髎、络却，主青盲无所见。

(3)《神应经》：青盲无所见，肝俞、商阳（左取右，右取左）。

第八节　青光眼

青光眼(glaucoma)是指眼内压间断或持续升高的一种眼病，持续的高眼压可以给眼球各部分组织和视功能带来损害。一般将青光眼分为原发性、继发性和先天性三大类，视盘凹陷增大是青光眼常见的体征。本病是导致人类失明的重要致盲眼病之一，发病率高，且与年龄的增长呈正相关。

青光眼属中医学"青风内障""青风"范畴，其发生与先天禀赋不足、生活习惯、久病体虚、年龄等密切相关。本病病位在目，基本病机为目窍失养，神水滞涩。

【辨证要点】

主症　视物昏朦，目珠发胀或视物不清，视野缺损。

肝气郁结　时有视物昏朦、目珠微胀或瞳神稍大，兼见情志不舒，心烦口苦，舌红苔黄，脉弦细。

心脾两虚　早期偶有视物昏朦，渐进进展可见视野缺损，伴心悸，失眠健忘，食少，大便稀溏，倦怠乏力，舌淡，脉细弱。

肝肾亏虚　患病日久，视物不清，瞳神稍大，视野缺损，视盘苍白，可伴头晕失眠，面白肢冷，精神倦怠，腰膝无力，舌淡苔薄，脉细沉无力。

【治疗】

1. 基本治疗

治则　疏肝理气，养肝明目。以眼区局部穴及足厥阴肝经穴为主。

主穴　睛明　球后　承泣　光明　太冲

配穴　肝气郁结配太冲、期门；心脾两虚配心俞、脾俞；肝肾亏虚配肝俞、肾俞。

操作　常规针刺，针刺睛明、球后、承泣应注意避免伤及眼眶内重要组织和血管。

方义　睛明、球后、承泣皆位于眼部，旨在通调眼部气血；太冲为肝之原穴，光明为足少阳胆经的络穴，两穴相配属原络配穴，可疏肝理气，养肝明目，其中光明为治疗眼疾恢复视力之效穴。

2. 其他疗法

(1) 穴位按压：取眼眶周围穴位，用拇指罗纹面桡侧缘依次按顺序逐一点压按揉。每次按揉10~15分钟，每日1~2次。

(2) 穴位注射：取肝、肾、光明、太冲等穴，每次选取2~3穴，选用B族维生素注射液，常规穴位注射。

【按语】

(1) 本病早期轻微的视野缺损通常难以发现，如视神经严重受损，可导致失明。尽早进行青光眼的检查、诊断和治疗是防止视神经损害和失明的关键。针灸可作为本病的治疗方法之一，有一定的疗效。

(2) 养成健康的用眼习惯，注意休息，按时进行眼周局部按摩或眼保健操。

(3) 积极参加青光眼普查，一旦发现眼压偏高、视野改变等时，应专科诊治明确诊断以排查本病。

【文献摘录】

《秘传眼科龙木论·卷之八》：络却，二穴，一名强阳，又名脑盖，在通天后一寸五分，足太阳脉气所发，治青风内障，目无所见，可灸三壮。

第九节　耳聋、耳鸣

耳鸣（tinnitus）是指耳内鸣响，如蝉如潮，妨碍听觉；耳聋（deafness）是指听力不同程度减退或失听。临床上耳鸣、耳聋既可单独出现，亦可同时并见。

耳聋、耳鸣的发生多与肝胆火旺、外感风邪和肾精亏耗等因素有关。本病病位在耳，肾开窍于耳，少阳经入耳中，故本病与肝、胆、肾关系密切。实证多因外感风邪或肝胆郁火循经上扰；虚证多由肾精亏虚，耳窍失养。基本病机是邪扰耳窍或耳窍失养。

西医学中，多见于耳科疾病、脑血管疾病、高血压病、动脉硬化、贫血、红细胞增多症、糖尿病、感染性疾病、药物中毒及外伤性疾病等疾病中。

【辨证要点】

主症　耳鸣耳聋。

外感风邪　开始多有感冒症状，继之卒然耳鸣、耳聋、耳闷胀，伴头痛恶风，发热口干，舌质红，苔薄白或薄黄，脉浮数。

肝胆火盛　耳鸣、耳聋每于郁怒之后突发或加重，兼有耳胀、耳痛，伴头痛面赤，口苦咽干，心烦易怒，大便秘结，舌红，苔黄，脉弦数。

肾精亏虚　久病耳聋或耳鸣时作时止，声细调低，按之鸣声减弱，劳累后加剧，伴头晕，腰酸，遗精，舌红，苔少，脉细。

【治疗】

1. 基本治疗

实证

治则　疏风泻火，通络开窍。取局部穴及手足少阳经穴为主。

主穴　听会　翳风　中渚　侠溪
配穴　外感风邪配外关、合谷；肝胆火盛配行间、丘墟。
操作　听会、翳风的针感宜向耳底或耳周传导为佳；余穴常规刺，泻法。
方义　手足少阳经脉均入耳中，取听会、翳风，可疏导少阳经气；中渚泻三焦火而清耳窍；侠溪清泻肝胆之火。

虚证
治则　补肾养窍。取足少阴经穴为主。
主穴　太溪　肾俞　听宫　翳风
操作　听宫、翳风的针感宜向耳底或耳周传导为佳；余穴常规刺，补法；太溪、肾俞可加温灸或温针灸。
方义　太溪、肾俞能补肾填精，上荣耳窍；听宫为手太阳经与手、足少阳经的交会穴，气通耳内，具有聪耳启闭之功，为治耳疾的要穴；配手少阳经局部的翳风穴，可疏导少阳经气，宣通耳窍。

2. 其他疗法
(1) 耳针：取肾、肝、胆、三焦、内耳、外耳、皮质下。每次选用3～5穴，毫针刺法或压籽法。
(2) 头针：取双侧颞后线。头针常规针刺。
(3) 穴位注射：取翳风、完骨、肾俞、阳陵泉等穴。选用丹参注射液或维生素B_{12}注射液，每穴0.5～1 ml。每日或隔日1次。

【按语】
(1) 针灸治疗耳鸣、耳聋有一定的疗效。
(2) 生活规律和精神调节对耳鸣、耳聋患者的健康具有重要意义。应避免劳倦，节制房事，调适情绪。

【文献摘录】
(1)《灵枢·口问》：耳者，宗脉之所聚也……溜脉有所竭者，故耳鸣。补客主人，手大指爪甲上与肉交者也。
(2)《针灸大成》：耳内虚鸣，肾俞、足三里、合谷……耳聋气闭，听宫、听会、翳风。
(3)《针灸逢源》：新聋多热，取少阳、阳明……久聋多虚，补足少阳，液门、中渚、外关、翳风、耳门、后溪、听宫、听会、合谷、侠溪。

第十节　聤　耳

聤耳(otopyorrhea)是以耳内流脓为主症的一种病证，又称"脓耳"。

聤耳的发生多与外感风热、情志恚怒、嗜食辛辣厚味等因素有关。本病病位在耳，手足少阳经皆入于耳，故本病属少阳经病变，多属风热上壅或肝胆郁火挟湿热上攻所致。基本病机是邪扰耳窍或耳窍失养。

西医学中，多见于化脓性中耳炎。

【辨证要点】
主症　耳内疼痛，流脓，耳胀闷或耳鸣，听力下降。

风热上壅　兼见头痛,发热,咽干咽痛,舌红,苔薄黄,脉浮数。
肝胆火盛　兼见发热,面红,烦躁易怒,口苦咽干,小便黄赤,大便秘结,舌红,苔黄厚,脉弦数。
脾虚湿滞　兼见脓水清稀,经年不愈,四肢倦怠,面黄肌瘦,纳差食少,大便溏薄,舌淡,苔白腻,脉濡。
肾阴亏虚　兼见脓液秽臭,状如腐渣,经年不愈,头晕神疲,腰膝酸软,舌红,少苔,脉细数。

【治疗】

1. 基本治疗

治则　清热泻火,通利少阳。取耳区局部穴和手足少阳经穴为主。

主穴　耳门　听会　翳风　侠溪　外关

配穴　风热上壅配风池;肝胆火盛配行间、足临泣;脾虚湿滞配三阴交、阴陵泉;肾阴亏虚配太溪、肾俞。

操作　耳周腧穴针刺时应注意针尖的角度和方向,防止刺伤耳膜;刺翳风要选较细的针,只捻转,不提插,以防刺伤面神经,要求针感向耳底传导;余穴常规刺,可用灸法,灸前先擦净外耳道脓液,用艾条温和灸耳周穴,至局部皮肤红润、有温热感为度,每次约 15 min。

方义　手足少阳经均行于耳周,入耳中。取手足少阳经在耳部周围的耳门、听会、翳风,可疏利少阳,行气通窍;远取手少阳经的外关、足少阳经的侠溪,可和解少阳,清热泻火,疏通少阳经气。诸穴合用,既属远近配穴法,又属上下配穴法。

2. 其他疗法

(1) 耳针:取耳尖、神门、肾上腺、肾、内耳、肝、胆、外耳、内分泌、枕。每次选用 3～5 穴,毫针刺法或压籽法。

(2) 穴位注射:取耳门、听会、翳风、合谷、外关。每次选用 2～3 穴,选复方丹参注射液、当归注射液或维生素 B_1、维生素 B_{12} 注射液,每穴注入 1～2 ml。

(3) 激光针:取翳风、听会、足三里、丘墟、耳门、曲池、太溪及耳孔患处。每次选 2～4 穴,用氦-氖激光仪每穴照射 5 min(耳孔配光导纤维照射)。每日 1 次。

【按语】

(1) 针灸治疗聤耳有较好的疗效,特别在急性期,其疏风清热、解毒止痛的作用非常明显。对已化脓穿孔者,针灸治疗可促进吸收、痊愈。

(2) 应及时清除耳内积脓或积液,保持耳道引流通畅。

(3) 急性化脓性中耳炎应注意病情变化,防止产生变证而危及生命。

【文献摘录】

(1)《千金翼方》:又聤耳脓出,亦宜灸。日三壮至二百壮,侧卧张口取之。
(2)《针灸资生经》:下关,治聤耳,有脓汁出。耳门,治耳有脓汁出,生疮,膛耳,聤耳,耳鸣如蝉声,重听无所闻。
(3)《神应经》:聤生疮有脓汁,耳门、翳风、合谷。

第十一节　鼻鼽

鼻鼽(allergic rhinitis)是指突然和反复发作的以鼻痒、打喷嚏、流清涕、鼻塞等为主要特征的鼻病。呈季节性、阵发性发作,亦可常年发病。

鼻鼽的发生常与正气不足、外邪侵袭等因素有关。本病病位在鼻,与肺、脾、肾三脏关系密切。基本病机是脾肾亏虚,肺气不固,邪聚鼻窍。

西医学中,鼻鼽多见于变应性鼻炎、血管运动性鼻炎、嗜酸细胞增多性非变应性鼻炎等疾病中。

【辨证要点】

主症　鼻痒,打喷嚏,流清涕,鼻塞。

肺气虚寒　每遇风冷易发,气短懒言,语声低怯,自汗,面色苍白,或咳喘无力。舌质淡,苔薄白,脉虚弱。

脾气虚弱　患病日久,鼻塞鼻胀较重,面色萎黄,四肢倦怠,食少纳呆,大便或溏。舌淡胖,边有齿痕,苔薄白,脉弱无力。

肾阳亏虚　病久体弱,早晚较甚,神疲倦怠,面色苍白,形寒肢冷,小便清长,夜尿频多。舌质淡,舌苔白,脉沉细无力。

肺肾阴虚　多见禀赋不足,劳倦过度,或见咳嗽,咽痒,多梦少寐,口干烦热。舌红,苔白,脉细数。

【治疗】

1. 基本治疗

治则　调补正气,通利鼻窍。取局部穴为主。

主穴　上迎香　印堂　风门　足三里

配穴　肺气虚寒配肺俞、气海;脾气虚弱配脾俞、胃俞;肾阳亏虚配肾俞、命门;肺肾阴虚配太溪、三阴交。

操作　印堂由上往下沿皮直刺至鼻根部,上迎香由下往上沿鼻翼斜刺近鼻根部,余穴常规针刺。

方义　上迎香位于鼻旁,穴通鼻气,通利鼻窍之力最强,可治一切鼻病;印堂位于鼻上,为治鼻炎之要穴;风门可宣肺理气,肺开窍于鼻,肺气宣则鼻窍可通;足三里为保健要穴,可益气固表。

2. 其他治疗

(1) 耳针:取内分泌、内鼻、肺、脾、肾穴。毫针刺法,或埋针法、压丸法。

(2) 穴位注射:取迎香、合谷、足三里等穴。选用丹参注射液或维生素 B_1 等,每穴注射 0.5～1 ml。

(3) 穴位敷贴:取大椎、肺俞、膏肓、肾俞、膻中穴。用白芥子 30 g,延胡索、甘遂、细辛、丁香、白芷各 10 g,研成粉末。上述药末,用辣椒水调糊,涂纱布上,撒上适量肉桂粉,贴敷穴位。30～90 分钟后去掉,局部红晕微痛为度。

(4) 皮肤针:取颈椎夹脊 1～4、背部第 1 侧线、前臂部手太肺经。叩刺至局部皮肤潮红。

【按语】

(1) 针灸治疗本病有效,尤其对改善鼻道的通气功能较为迅速。

(2) 经常锻炼身体,适当户外运动,增强抵抗力。过敏性鼻炎还应积极查找过敏原,避免接触。

【文献摘录】

(1)《针灸甲乙经·卷七》:风眩头痛,鼻不利,时嚏,清涕自出,风门主之。

(2)《针灸资生经·第六》:玉枕、百会、印堂、当阳、临泣,疗鼻塞。

(3)《神灸经纶·卷之三》:鼻塞,囟会、上星、风门。

第十二节 鼻　　渊

鼻渊(sinusitis)是以鼻流腥臭浊涕、鼻塞、嗅觉减退为主症的一种病证,重者称"鼻漏"。

鼻渊的发生常与外热侵袭、胆腑郁热、脾胃湿热等因素有关。本病病位在鼻,肺开窍于鼻,足阳明胃经起于鼻,"胆移热于脑,则辛頞鼻渊"(《素问·气厥论篇》),故本病与肺、脾胃、胆关系密切。基本病机是邪壅鼻窍。

西医学中,多见于急、慢性鼻炎,急、慢性鼻窦炎和副鼻窦炎等。

【辨证要点】

主症　鼻塞,流涕,嗅觉减退。

肺经风热　多见于发病初期,鼻塞,涕多色白或微黄,发热恶寒,头痛,咳嗽,苔薄白,脉浮数。

胆腑郁热　鼻涕浓浊,量多,色黄或黄绿,头痛鼻塞,口苦咽干,心烦易怒,舌红,苔黄,脉弦数。

脾胃湿热　多见于鼻渊后期,鼻塞,流涕缠绵不愈,鼻腔内可见较多的脓性分泌物,头晕闷或重胀,脘痞,食少,苔黄腻,脉濡数。

【治疗】

1. 基本治疗

治则　通利鼻窍。取局部穴为主。

主穴　迎香　印堂　鼻通　通天　列缺　合谷

配穴　肺经风热配尺泽、少商;胆腑郁热配阳陵泉、侠溪;脾胃湿热配曲池、阴陵泉。

操作　常规针刺,泻法。

方义　迎香挟于鼻旁,印堂位于鼻上,鼻通位于鼻根,均是治鼻渊的要穴,近取三穴共奏疏散鼻部郁热而通鼻窍的功效;远取列缺、合谷为表里经配穴,可清泻肺热;邻近取通天善通鼻窍。诸穴合用为三部配穴法。

2. 其他疗法

(1) 耳针：取内鼻、外鼻、肾上腺、额、肺、胆、脾、胃。每次选用3～5穴,毫针刺法,或埋针法、压籽法。

(2) 穴位注射：取合谷、迎香等穴。选用复合维生素B注射液或丹参注射液、当归注射液,每穴注入0.2～0.5 ml。隔日1次。

(3) 穴位贴敷：取大椎、肺俞、脾俞、胃俞、胆俞。用白芥子30 g,元胡、甘遂、细辛、丁香、白芷、苍耳子、辛夷、薄荷各10 g,研成细末,用生姜汁或辣椒水调糊,涂纱布上,撒上适量肉桂粉,贴敷上穴,保留4 h以上。每周1次,连续3次。

【按语】

(1) 针灸治疗鼻渊有一定的疗效。

(2) 对鼻渊慢性反复发作者,应作专科检查,及时排除肿瘤。

(3) 平时要锻炼身体,增强体质,预防感冒。

【文献摘录】
(1)《备急千金要方》：曲差、上星、迎香、素髎、水沟、龈交、通谷、禾髎、风府，主鼻室喘息不利，鼻喎僻多涕，衄衄有疮……天柱，主不知香臭。
(2)《针灸大成》：鼻流涕臭，名曰鼻渊，曲差、上星、百会、风门、迎香。
(3)《针灸逢源》：鼻渊又名脑漏……上星、风府、曲差、人中、合谷。

第十三节　咽喉肿痛

咽喉肿痛(swelling and pain in throat)是口咽和喉咽部病变的主要症状，以咽喉红肿疼痛、吞咽不适为临床主症的一种常见耳鼻喉科病证，又称"喉痹""乳蛾"等。

咽喉肿痛的发生多与外感风热、饮食不节和体虚劳累等因素有关。本病病位在咽喉，咽通于胃，喉为肺系，肾经上循喉咙，结于廉泉，故本病与肺、胃、肾等脏腑关系密切。基本病机是火热或虚火上灼咽喉。

西医学中，多见于急性咽炎、扁桃体炎、扁桃体周围脓肿、咽后脓肿、咽旁脓肿、急性喉炎等。

【辨证要点】
主症　咽喉部红肿疼痛、吞咽不适。
外感风热　咽部红肿疼痛，伴有发热，汗出，头痛，咳嗽有痰，舌质红，苔薄白或微黄，脉浮数。
肺胃热盛　咽部红肿，灼热疼痛，咽喉有堵塞感，高热，口渴喜饮，大便秘结，小便黄赤，舌红，苔黄，脉数有力。
阴虚火旺　咽干疼痛，午后或入夜尤甚，声音嘶哑，不欲饮水，手足心热，舌红，少苔，脉细数。

【治疗】
1. 基本治疗
实证
治则　清热利咽，消肿止痛。取手太阴、手足阳明经穴为主。
主穴　少商　商阳　天容　关冲　内庭
配穴　外感风热配风池、外关；肺胃实热配厉兑、鱼际。
操作　毫针常规刺，泻法。少商、商阳、关冲、厉兑可点刺出血。
方义　少商为手太阴肺经的井穴，点刺出血，可清泻肺热，为治咽喉肿痛的要穴；商阳为手阳明大肠经的井穴，点刺出血，可疏泄阳明郁热；关冲为手少阳三焦经的井穴，点刺出血，可清泻三焦之火，消肿利咽；天容位于咽喉附近，属于手太阳小肠经，清热利咽作用显著；内庭善清胃经之火。

虚证
治则　滋阴降火，利咽止痛。取足少阴经穴为主。
主穴　太溪　照海　列缺　鱼际
操作　毫针常规刺，补法或平补平泻法。列缺、照海行针时可配合做吞咽动作。
方义　太溪为肾之原穴，有滋阴降火作用；照海属足少阴肾经，通阴跷脉，列缺属手太阴肺经，通任脉，二穴相配，为八脉交会组穴，专治咽喉疾患；鱼际为手太阴经的荥穴，可清肺热、利咽喉。

2. 其他治疗

(1) 三棱针：取少商、商阳、耳背静脉。点刺出血。

(2) 皮肤针：取合谷、大椎、后颈部、颌下、耳垂下方。中度或重度刺激。

(3) 穴位注射：取合谷、曲池、孔最等穴。每次选一侧穴，用10%葡萄糖注射液或板蓝根、鱼腥草、柴胡等注射液，每穴注射1～2 ml。左右交替使用，每日1次。

【按语】

(1) 针灸对咽喉肿痛有较好的疗效。

(2) 忌食辛辣刺激性食物，戒烟酒。

【文献摘录】

(1)《针灸大全》：单鹅风，喉中肿痛，肺三焦经热，关冲二穴、天突一穴、合谷二穴。

(2)《针灸大成》：咽喉肿痛，闭塞，水粒不下，合谷、少商，兼以三棱针刺手大指背头节上甲根下，挑刺三针。

(3)《类经图翼》：喉痹、喉癣、天柱、廉泉、天突、阳谷、合谷、后溪、三间、少商、关冲、足三里、丰隆、三阴交、行间。

第十四节　牙　痛

牙痛(toothache)是指各种原因引起的牙齿疼痛，为口腔疾患中最常见的症状。

牙痛的发生多与外感风火邪毒、过食膏粱厚味、体弱过劳等因素有关。本病病位在齿，肾主骨，齿为骨之余，手、足阳明经分别入下齿、上齿，故本病与胃、肾关系密切。基本病机是风火、胃火或虚火上炎所致。

西医学中，可见于龋齿、牙髓炎、牙周炎、牙槽或牙周脓肿、冠周炎及牙本质过敏等疾病中。

【辨证要点】

主症　牙齿疼痛。

风火牙痛　发作急骤，牙痛剧烈，牙龈红肿，遇风、遇热加重，兼发热，舌红，苔薄黄，脉浮数。

胃火牙痛　牙痛剧烈，牙龈红肿甚至出血，遇热加剧，伴口渴、口臭、便秘、尿赤，舌红，苔黄，脉洪数。

虚火牙痛　牙齿隐隐作痛，时作时止，午后或夜晚加重，日久不愈可见齿龈萎缩，甚则牙齿浮动，常伴腰膝酸软，手足心热，头晕眼花，舌红，少苔或无苔，脉细数。

【治疗】

1. 基本治疗

治则　祛风泻火，通络止痛。取手足阳明经穴为主。

主穴　颊车　下关　合谷　内庭

配穴　风火牙痛配翳风；胃火牙痛配厉兑；虚火牙痛配太溪；龋齿牙痛配偏历。

操作　毫针常规刺，并可用电针。内庭可点刺出血。疼痛剧烈者每日治疗2次。

方义　颊车、下关属局部取穴，可疏泄足阳明经气，消肿止痛；合谷为四总穴之一，"面口合谷收"，为治疗牙痛的要穴；内庭为足阳明胃经的荥穴，可清泻阳明火热。

2. 其他治疗

(1) 穴位贴敷：将大蒜捣烂，于睡前贴敷双侧阳溪穴，至发疱后取下。用于龋齿疼痛。

(2) 耳针：取口、上颌或下颌、牙、神门、胃、肾。每次选用3～5穴，毫针刺法，或埋针法、压籽法。

(3) 穴位注射：取颊车、下关、合谷、翳风。选用1～2穴，用柴胡注射液，每穴注入0.5～1 ml。

【按语】

(1) 针灸对牙痛的疗效显著，但对龋齿只能暂时止痛。

(2) 平时应注意口腔卫生，避免冷热酸甜等刺激。

【文献摘录】

(1)《灵枢·经脉》：手阳明之别，名曰偏历。去腕三寸，别入太阴；其别者，上循臂，乘肩髃，上曲颊偏齿；其别者，入耳，合于宗脉。实则龋聋；虚则齿寒痹隔。取之所别也。

(2)《针灸资生经》：大迎、颧髎、听会、曲池，主齿痛恶寒……翳风治牙车痛……商阳治齿痛恶寒……上关疗风牙疼、牙车不开。

(3)《类经图翼》：齿牙痛：承浆、颊车、耳垂下尽骨上穴(三壮，如神)，肩髃(七壮，随左右灸之)，列缺(七壮，立止)，太渊(风牙痛)，鱼际、阳谷(上牙)，合谷，三间(下齿，七壮)，足三里(上齿痛者，七七壮愈)，太溪、内庭(下牙)。

第十五节　口　疮

口疮(aphtha)是以口腔内的唇、舌、颊、上腭等处黏膜发生单个或多个溃疡为临床主症的一种常见口腔科病证，亦称"口糜""口疳"。

口疮的发生多与过食辛辣厚味、嗜饮醇酒、外感风火燥邪、病后劳损等因素有关。本病病位在口舌，心开窍于舌，脾开窍于口，脾经连舌本、散舌下，肾经夹舌本，故本病与心、脾、肾关系密切。基本病机是火热上炎于口舌。

西医学中，多见于溃疡性口炎、复发性口疮。

【辨证要点】

主症　口腔唇颊等处黏膜出现圆形或椭圆形的淡黄色或灰白色小点，周围红晕，表面凹陷，局部灼痛。

心脾蕴热　唇、颊、上腭及舌面等处见绿豆大小黄白色溃疡，周围鲜红微肿，灼热疼痛，口渴，心烦不寐，大便干结，小便短赤，舌红，苔黄腻，脉滑数。

阴虚火旺　口疮灰白，周围色淡红，溃疡面较小而少，每因劳累诱发，此愈彼起，反复绵延，五心烦热，腰膝酸软，舌红，苔少，脉细数。

【治疗】

实证

治则　清热泻火止痛。取手厥阴、手足阳明经穴为主。

主穴　劳宫　地仓　合谷

操作　毫针常规刺，泻法。

方义　劳宫为手厥阴经的荥穴，可清心火而止痛；地仓为足阳明经与阳蹻脉之会，可清泻阳明邪热；合谷为四总穴之一，"面口合谷收"，可清泻阳明之热，为治疗口腔疾患的要穴。

虚证

治则　滋阴降火。取手足少阴经穴为主。

主穴　廉泉　通里　照海

操作　以上穴位常规刺,平补平泻法。

方义　廉泉为阴维脉、任脉之会,肾经所结之处,可滋阴降火;通里为手少阴经的络穴,可养阴清心;照海为足少阴经穴,阴跷脉始发,可导虚热下行。

【其他治疗】

(1) 耳针:取口、心、脾、胃、肾。毫针刺法或压籽法。

(2) 三棱针:取大椎及大椎旁开1.5~2cm处阿是穴。用三棱针挑断皮下纤维组织2~3根,挤压针孔,令少许出血,每周2次。

(3) 穴位贴敷:吴茱萸10g,研细末,用醋调成膏状,敷贴涌泉穴。

【按语】

(1) 针灸治疗口疮有一定的疗效。

(2) 平时宜注意口腔卫生,少食刺激食物。

【文献摘录】

(1)《针灸甲乙经》:小儿口中腥臭,胸胁榰满,劳宫主之。

(2)《太平圣惠方》:小儿口有疮蚀,龈烂,臭秽气冲人,灸劳宫二穴各一壮,在手心中,以无名指屈指头著处是也。炷如小麦大。

(3)《类经图翼》:口舌疮痛糜烂疳蚀:颊车、地仓、廉泉、承浆、天突、金津、玉液(上二穴刺出血)、合谷、阳陵泉(治胆热口苦善太息)。

(4)《针灸集成》:口疮:取承浆、合谷、人中、长强,又取金津、玉液,各出血。又取委中,泻后溪,此二穴乃心火、肾水二经之表,胆俞、小肠俞,各灸七壮。又刺太冲、劳宫。

第七章 急 症

导学　本章介绍了常见急症的针灸治疗方法。通过学习,要求重点掌握晕厥、虚脱、高热、抽搐、心绞痛、胆绞痛、肾绞痛、鼻衄、便血的针灸基本治疗方法,包括治则、主穴、配穴及特殊操作;熟悉其病因、病位、相关联的脏腑经络、基本病机、辨证分型、处方方义及其他疗法;了解其概念、临床表现及古代文献。要求重点掌握咯血、吐血、尿血针灸基本治疗的主穴。

急症是指起病急骤和病势发展变化较快、病情较重甚至危及患者生命而需要及时诊治的病证。由于急症以新病暴急而起或痼疾卒然发作或加重为特征,故在古代文献中有关急症的病名常冠以"中""暴""卒"等字样,如中恶、暴厥、卒中、卒心痛、卒死等,以区别于慢性病。

历代医家都很重视急症的治疗,积累了很多有效的经验,并特别推崇用针灸治疗急症。本章仅介绍针灸疗效较好的,临床最常见的,或最危重的几个病证的针灸急救措施。

急症的取穴特点,应以患者体位舒适稳定,医师取穴方便、快速为原则,因此患者应尽量取仰卧位,选穴多以头面、四肢部穴位为主,在特定穴中以郄穴和井穴较为常用。

第一节　晕　厥

晕厥(fainting)以突发而短暂的意识丧失、四肢厥冷为主症。轻者昏厥时间较短,数秒至数分钟后恢复清醒;重者昏厥时间较长,但苏醒后无明显后遗症。历代文献记载有寒厥、热厥、暑厥、气厥、血厥、痰厥、食厥、尸厥、秽厥、蛔厥、尿厥、色厥、肢厥等十余种。

晕厥的发生多与暴怒、卒惊、跌仆创伤、劳倦过度、久病虚弱、失血过多、素体元气不足等因素有关。本病病位在脑,涉及五脏六腑,与心、肝关系尤为密切。基本病机是气机逆乱,神窍受扰;或气血不足,脑窍失养。

西医学中,可见于一过性脑缺血、脑血管痉挛、体位性低血压、低血糖昏迷、癔病性昏迷以及外伤、情志等各种原因引起的晕厥(反射性晕厥、心源性晕厥、脑源性晕厥)等。

【辨证要点】

主症　自觉头晕乏力,眼前发黑,继则突然昏倒,神志不清,四肢厥冷。

实证　多因暴怒引起,兼见面赤唇紫,口噤息粗,肢痉握拳,脉伏或沉弦。
虚证　兼见面白唇淡,目陷口张,息微汗出,舌质淡,脉沉微。

【治疗】

1. 基本治疗

治则　苏厥开窍。取督脉穴为主。

主穴　水沟　百会　中冲　涌泉

配穴　实证配合谷、太冲;虚证配关元、足三里。

操作　实证只针不灸,泻法,或百会点刺出血,可用电针;虚证针灸并用,补法,重灸百会。

方义　脑为元神之府,督脉入脑,水沟、百会属督脉穴,为醒脑苏厥开窍的要穴;心主神明,手厥阴心包经、足少阴肾经皆络于心,"病在藏者取之井",故取二经的井穴中冲、涌泉,醒神开窍以救急。

2. 其他治疗

(1) 指针:取水沟、内关、太冲。用拇指重力掐按,以患者出现疼痛反应并苏醒为度。

(2) 三棱针:取太阳、十二井穴或十宣。用三棱针点刺出血数滴。适用于实证。

(3) 耳针:取心、皮质下、神门、肾上腺。每次选用 2～3 穴,毫针刺法,实证用强刺激,虚证弱刺激。

【按语】

(1) 晕厥是临床上常见的危重病证,应紧急救治。对于情绪激动、外伤疼痛引起的晕厥针灸效果良好,对于其他原因引起者,针灸可作为应急辅助治疗。

(2) 晕厥患者苏醒后,必须对患者进行详细检查,明确诊断,以便采取相应综合治疗措施。

【文献摘录】

(1)《灵枢·九针十二原》:五藏之气已绝于内,而用针者反实其外,是谓重竭。重竭必死,其死也静。治之者,辄反其气,取腋与膺。

(2)《类经图翼》:厥逆,人中(灸七壮,或针入至齿妙)、胞中(二十一壮)、百会(暴厥逆冷)、气海。

(3)《神灸经纶》:扁鹊治虢太子疾,取三阳五会,更熨两胁下,即苏……厥逆昏沉,不省人事,脉伏绝者,气海、丹田、关元,用大艾炷灸二七壮,得手足温暖,脉至知人事,无汗要有汗即生。

第二节　虚　脱

虚脱(collapse)以突然面色苍白,大汗淋漓,四肢逆冷,表情淡漠,或烦躁不安,甚则昏迷,二便失禁,脉微欲绝、血压下降为主要特征。

虚脱的发生多与大汗、大吐、大泻、大失血、情志内伤、外感六淫邪毒等因素有关。古代文献中有亡阴、亡阳、阴阳俱脱的论述,为阴阳欲脱的危急证候。虚脱病本在五脏,基本病机是阴不敛阳,阳不固阴,阴阳欲离欲绝。

本病常见于西医学各种原因引起的休克。

【辨证要点】

主症　面色苍白,汗出淋漓,神情迟钝,四肢厥逆,少尿或二便失禁,甚则昏迷,血压下降,脉微欲绝。

亡阳　冷汗淋漓,神情淡漠,呼吸微弱,口唇发绀,舌淡胖润,脉微欲绝。

亡阴　神情恍惚,或烦躁不安,气促息弱,舌绛干瘦,脉数无力,脉细数。

【治疗】

1. 基本治疗

治则　回阳固脱,苏厥救逆。取督脉、任脉穴为主。

主穴　素髎　百会　神阙　关元　内关

配穴　亡阴配太溪、涌泉;亡阳配气海、足三里;神昏配水沟、涌泉。

操作　素髎毫针强刺激,泻法,内关用补法;神阙、关元、百会重灸。

方义　督脉为阳脉之海,入络脑,素髎、百会为督脉穴,故能醒脑开窍、振奋阳气;脐下为元气所聚之处,任脉为阴脉之海,神阙、关元为任脉穴,神阙位于脐部,关元位于脐下,重灸之可大补元气、敛阴固脱、回阳救逆;内关为手厥阴心包经的络穴,又是八脉交会穴,通于阴维脉,可维系和调节诸阴经之气,通心络,益心气,强心醒神。

2. 其他治疗

(1) 指针:取水沟、内关、合谷。每穴用拇指重力掐按1～3 min。

(2) 耳针:取肾上腺、皮质下、心、神门。毫针刺法或压籽法。

(3) 穴位注射:取关元、足三里、三阴交。选用参麦注射液或参附注射液,每穴注射1 ml。

【按语】

(1) 虚脱可由多种原因引起。由于其发病突然,病情复杂,必须针对病因采取不同的综合治疗方法,针灸可作为抢救措施之一。

(2) 对虚脱重症患者要加强护理,应静卧,头位略低,解开衣领,松开衣带,详细观察病情变化,逐日记录脉象、体温、出入量、呼吸、血压等。

【文献摘录】

(1)《针灸大成》:血迷血晕,人中。

(2)《类经图翼》:尸厥卒倒气脱,百会、人中、合谷、间使、气海、关元。

第三节　高　热

凡体温超过39℃以上即称为高热(hyperpyrexia),古代文献中有"壮热""灼热""身大热"等名称。

高热的发生多与外感六淫疫毒之邪有关,也有内伤发热者。阳盛则热,故高热总属阳气过多或阳气外布。基本病机是正邪相争,或体内阳热之气过盛。

西医学中,多见于急性感染性疾病、急慢性过敏性疾病、部分恶性肿瘤、严重烧伤、中暑等疾病。

【辨证要点】

主症　体温升高,超过39℃。

热在肺卫　发热,恶寒,头痛,咽痛,鼻塞流涕,咳嗽,痰黄而稠,脉浮数。

气分热盛　恶热,烦渴多饮,汗多尿少,舌红,苔黄,脉洪数。

热入营血　高热夜甚,烦躁不安,甚则神昏谵语,或斑疹隐隐,或衄血、尿血、便血,舌红绛而干,脉细数。

【治疗】

1. 基本治疗

治则　清热泻火,凉血解毒。取督脉、手阳明经穴为主。

主穴　大椎　曲池　合谷　十二井或十宣

配穴　热在肺卫配外关、鱼际;气分热盛配内庭;热入营血配曲泽、委中;神昏谵语配水沟;抽搐配阳陵泉、太冲。

操作　大椎、十二井或十宣点刺出血。余穴毫针刺,泻法。热在肺卫宜浅刺,热入营血刺宜出血。

方义　阳盛则热,头为诸阳之会,四肢为诸阳之本,督脉、阳明经阳气最盛,故治疗高热当首取头面部、四肢末梢、督脉与阳明经腧穴。大椎属督脉,交会诸阳,能宣散一身阳热之气;曲池、合谷分别为手阳明经的合穴、原穴,能调和阳明经气血,清泻阳明实热;十二井或十宣位于上肢末梢,为阴阳经交接之所,既能解表清热泻火,又能凉血解毒宁神。

2. 其他治疗

(1) 耳针:取耳尖、耳背静脉。用三棱针点刺出血。

(2) 穴位注射:取曲池、风门、肺俞。选用柴胡注射液或银黄注射液,每穴注射 1 ml。

(3) 刮痧:取脊柱两侧和背俞穴。用刮痧板刮至皮肤出现紫红色为度。

【按语】

(1) 针灸退热有较好的疗效,可作为应急处理高热的措施之一。同时,应查明病因,明确诊断,针对病因,结合其他方法综合治疗。

(2) 高热汗多者应多饮糖盐水。饮食宜清淡,易于消化,忌油腻、辛辣厚味、鱼虾。

【文献摘录】

(1)《素问·水热穴论篇》:头上五行行五者,以越诸阳之热逆也,大杼、膺俞、缺盆、背俞,此八者,以写胸中之热也。气街、三里、巨虚上下廉,此八者,以写胃中之热也。云门、髃骨、委中、髓空,此八者,以写四支之热也。五藏俞傍五,此十者,以写五藏之热也。凡此五十九穴者,皆热之左右也。

(2)《针灸甲乙经》:热病汗不出,天柱及风池、商阳、关冲、液门主之。

(3)《扁鹊神应针灸玉龙经》:伤寒一、二日,发热如火,曲池(泻)、委中。

(4)《针灸大成》:大热,曲池、三里、复溜。

第四节　抽　搐

抽搐(convulsion)以四肢不自主地抽动,或伴有项背强直,角弓反张,口噤不开为主症。历代文献记载有"搐搦""拘挛""刚痉""柔痉""痉厥""惊厥"等名称。

抽搐的发生多与感受六淫疫毒、暴怒、头部外伤、药物中毒、失血伤津等因素有关。本病病位在脑,而累及于肝。基本病机是热极生风或虚风内动,使筋脉失养。

西医学中,多见于小儿高热惊厥、颅内感染、高血压脑病、妊娠病证、癫痫、癔病、颅脑外伤、破伤风、颅内占位性病变等疾病中。

【辨证要点】

主症　四肢抽动,甚者伴有意识丧失,或伴有口噤不开,项背强直,角弓反张。

热极生风　兼见壮热口渴,烦躁或神昏,脉洪数。

虚风内动　兼见低热,虚烦不宁,肢颤或手足蠕动,面白无华,脉细弱。

【治疗】

1. 基本治疗

治则　醒脑开窍,息风止痉。取督脉、足厥阴经穴为主。

主穴　水沟　内关　阳陵泉　合谷　太冲

配穴　热极生风配大椎、曲池;虚风内动配血海、足三里;神昏不醒配十宣、涌泉。

操作　水沟向上斜刺 0.5 寸,用雀啄法捣刺;合谷透刺劳宫,太冲透刺涌泉,内关、阳陵泉直刺,用泻法,可用电针。

方义　督脉入络脑,水沟为督脉穴,故刺之可醒脑开窍,息风止痉;内关、合谷位于上肢,阳陵泉、太冲位于下肢,且阳陵泉为筋之会,合谷、太冲为四关穴,内关为手厥阴心包经的络穴,诸穴共用,可息风止痉,宁心安神。

2. 其他治疗

(1) 耳针:取皮质下、脑干、肝、心、神门。毫针刺法或埋针法。

(2) 穴位注射:取合谷、太冲、阳陵泉、曲池。每次选用 2～3 穴,用地龙注射液,每穴注射 0.5～1 ml。

【按语】

(1) 针灸治疗抽搐有一定的疗效,可息风止痉以救其急,痉止之后必须查明病因,及早作出诊断,采取针对病因的治疗措施。

(2) 保持室内安静,避免一切不必要的刺激,密切观察患者的呼吸、脉搏、体温、血压、瞳孔等变化。保持呼吸道通畅,以防窒息。

(3) 患者在抽搐时针刺或针刺中出现抽搐,应注意防止滞针、弯针、断针等现象的发生。

【文献摘录】

(1)《灵枢·热病》:风痉身反折,先取足太阳及腘中及血络出血;中有寒,取三里。

(2)《针灸甲乙经》:痉,取囟会、百会及天柱、膈俞、上关、光明主之……痉,身反折,口噤,喉痹不能言,三里主之。

(3)《扁鹊心书》:破伤风,牙关紧急,项背强直,灸关元穴百壮。

(4)《针灸集成》:角弓反张,天突(先针)、膻中、太冲、肝俞、委中、昆仑、大椎、百会。

第五节　内脏绞痛

一、心绞痛

心绞痛(angina pectoris)是指冠状动脉供血不足,心肌急剧的、暂时性缺血与缺氧所引起的以胸痛为突出表现的综合征。

心绞痛属于中医学"胸痹""心痛""厥心痛"等范畴,其发生多与寒邪内侵、情志失调、饮食不当、年老体虚等因素有关。本病病位在心,与肝、肾、脾、胃关系密切。基本病机是心脉失养,或心络不畅。

【辨证要点】

主症　突发胸闷及心前区压榨性或窒息性疼痛,或心痛如绞,心痛彻背。伴心悸,胸闷,气短,出汗,面色苍白,表情焦虑和恐惧感。疼痛一般持续1~15 min不等,可放射至左肩、左上肢、前内侧及环指和小指。休息或含服硝酸甘油可缓解。

气滞血瘀　七情诱发,胸闷及心区压榨性疼痛,烦躁不宁,脉弦紧。

寒邪凝滞　遇寒诱发,面色晦暗,唇甲青紫,心痛如刺,痛有定处,心痛彻背,舌质紫暗或有瘀斑,脉涩。

痰浊阻络　形盛体胖,心区窒息性疼痛,喘不得卧,口黏味臭,舌胖,苔腻,脉滑。

阳气虚衰　面色苍白或表情淡漠,大汗淋漓,气促息微,心痛彻背,得热痛减,四肢厥冷,舌淡红有齿痕,脉沉细或沉微欲绝。

【治疗】

1. 基本治疗

治则　行气通阳,活血止痛。取手厥阴、手少阴经穴为主。

主穴　内关　阴郄　郄门　膻中

配穴　气滞血瘀配太冲、血海;寒邪凝滞配神阙、至阳;痰浊阻络配丰隆、中脘;阳气虚衰配心俞、至阳。

操作　膻中向下平刺,余穴毫针常规刺,可用电针。寒邪凝滞、阳气虚衰宜用灸法。

方义　内关是手厥阴心包经的络穴,又是八脉交会穴,与阴维脉相通,"阴维为病苦心痛",是治疗胸痹心痛的要穴,不论寒热虚实皆可用之;阴郄是手少阴心经的郄穴,郄门是手厥阴心包经的郄穴,二穴合用,善治心脏急症;膻中是心包之募穴,又是气会,可化瘀止痛。

2. 其他治疗

(1) 耳针:取心、神门、交感、皮质下、内分泌。每次选用3~4穴,毫针刺法或压籽法。

(2) 穴位贴敷:取膻中、巨阙、心俞、厥阴俞。用七厘散少许,撒于麝香关节止痛膏上,敷贴。

(3) 穴位注射:取内关、郄门、心俞、厥阴俞、足三里。每次选用2穴,选复方丹参注射液或川芎嗪注射液,每穴0.5~1 ml。

【按语】

针灸对减轻和缓解心绞痛、心律不齐疗效确切,对心肌梗死也有一定疗效。间歇期坚持治疗,对于减少心绞痛发作、减轻症状和心电图的改善大有帮助。

【文献摘录】

(1)《灵枢·经脉》:手心主之别,名曰内关,去腕二寸,出于两筋之间,别走少阳,循经以上系于心包,络心系。实则心痛,虚则为烦心,取之两筋间也。

(2)《神应经》:心胸痛,曲泽、内关、大陵。

(3)《医学纲目》:心胸痛,并气攻:劳宫、大陵(各三分,泻之),内关。

二、胆绞痛

胆绞痛(colic of gallbladder)是一种常见的急腹症,以右上腹胆区绞痛,阵发性加剧或痛无休止为主要特征。多见于各种胆道疾患如胆囊炎、胆管炎、胆石病、胆道蛔虫病等。

胆绞痛属于中医学"胁痛"范畴，其发生多与情志不畅、恣食肥甘、结石、蛔虫等因素有关。本病病位在胆，与肝关系密切。基本病机是胆腑气机不畅。

【辨证要点】

主症　右上腹持续性绞痛，阵发性加剧。疼痛部位拒按，并向右肩背部放射。

肝胆气滞　情志刺激而发作，心烦易怒，纳差，嗳气，苔薄白，脉弦紧。

肝胆湿热　右上腹绞痛，伴寒战发热，冷汗淋漓，口苦咽干，恶心呕吐，甚者目黄，身黄，小便黄，大便秘结，苔黄腻，脉弦数。

蛔虫妄动　右上腹和剑突下钻顶样剧痛，拒按，恶心呕吐或吐蛔，脉弦紧。

【治疗】

1. 基本治疗

治则　疏肝利胆，行气止痛。取胆的背俞穴、募穴、下合穴为主。

主穴　胆俞　日月　阳陵泉　胆囊穴

配穴　肝胆气滞配太冲、丘墟；肝胆湿热配行间、阴陵泉；蛔虫妄动配迎香透四白；发热寒战配大椎、曲池；恶心呕吐配内关、足三里。

操作　日月沿肋间隙向外斜刺或平刺，勿深刺，以免刺伤内脏；余穴常规刺，泻法，久留针，间歇行针以保持较强的针感，或用电针。

方义　胆囊穴为经外奇穴，是治疗胆囊病的经验效穴；日月、胆俞合用是俞募配穴法，可利胆止痛；阳陵泉为胆的下合穴，合治内腑，可调理胆腑气机。

2. 其他治疗

耳针：取胆、肝、腹、神门、交感、胃。每次选用3～4穴，毫针刺法或压籽法。

【按语】

(1) 针灸治疗胆绞痛有较好的疗效，对急性发作、病程短、无严重并发症者疗效更佳。对有并发症或结石较大、有梗阻倾向者，不宜单一使用针灸治疗，应采用综合疗法或手术治疗。

(2) 注意心情舒畅，饮食清淡，慎食肥甘厚味。

【文献摘录】

(1) 《素问·藏气法时论篇》：肝病者，两胁下痛引少腹，令人善怒……取其经，厥阴与少阳。

(2) 《素问病机气宜保命集》：两胁痛，针少阳经丘墟。

(3) 《扁鹊神应针灸玉龙经》：胁下筋边取阳陵。

三、肾绞痛

肾绞痛(renal colic)以阵发性剧烈腰部或侧腹部绞痛为主要特征，是由泌尿系结石引发的剧痛症。

肾绞痛属中医学的"腰痛""石淋""砂淋""血淋"范畴，其发生多与过食辛辣、情志不遂、肾气亏虚等因素有关。本病病位在肾、膀胱，与脾、三焦关系密切。基本病机是结石内阻，气机不畅，水道不通。

【辨证要点】

主症　剧烈腰部或侧腹部绞痛，或阴部急胀刺痛，多呈持续性或间歇性，或排尿困难或淋沥中断，或出现血尿。

下焦湿热　兼见小便黄赤浑浊，或尿血或淋沥不畅，舌红，苔黄腻，脉弦滑数。

肾气不足 兼见排尿乏力,小便断续,甚则点滴而下,腰膝酸软,舌淡,苔薄滑,脉弦细尺弱。

【治疗】

1. 基本治疗

治则 清热利湿,通淋止痛。取肾和膀胱的背俞穴、募穴为主。

主穴 京门 肾俞 中极 膀胱俞 三阴交

配穴 下焦湿热配阴陵泉、委阳;肾气不足配水分、水道;恶心呕吐配内关、足三里;尿中砂石配次髎、水道;尿血配地机、血海。

操作 中极、京门不可深刺,以防伤及内脏;余穴常规刺,可用电针。

方义 中极、膀胱俞、京门、肾俞分别是膀胱与肾的俞募穴,为俞募配穴法,可清利下焦湿热,助膀胱气化,通调肾与膀胱气机,行气止痛;三阴交穴通脾、肝、肾三经,可疏肝行气,健脾化湿,益肾利尿,化瘀通滞。

2. 其他治疗

耳针:取交感、皮质下、肾、膀胱、输尿管、三焦。每次选用3～4穴,毫针刺法或压籽法。

【按语】

(1) 针刺(尤其是电针)对泌尿系绞痛有较好的止痛效果。对于绞痛持续发作不能缓解者应明确病因,采取综合治疗,必要时应手术治疗。

(2) 治疗期间宜多饮水,多做跑跳运动,增强治疗作用。

【文献摘录】

(1)《备急千金要方》:石淋,脐下三十六种病不得小便,灸关元三十壮。

(2)《针灸资生经》:石淋,灸关元或气门或大敦各三十壮。

(3)《太平圣惠方》:中极……主淋,小便赤,尿道痛。

第六节　出血症

一、鼻衄

鼻衄(epistaxis)是指鼻腔不因外伤而出血的病证。中医学文献记载,又称"鼻红""鼻洪",妇女经期鼻出血为"倒经"。

鼻衄的发生多与外感风热、过食辛辣、情志不畅等因素有关。本病病位在鼻窍,与肺、胃、肝关系密切。基本病机是热伤鼻络,迫血妄行。

西医学中,可见于鼻腔局部的病证,如鼻中隔偏曲、鼻腔炎症和肿瘤、小儿鼻腔异物并发炎症;及全身性疾病,如高血压、动脉硬化、凝血障碍性血液病、肝硬化、重金属或药物中毒、维生素缺乏及营养不良等疾病中。

【辨证要点】

主症 一侧或双侧鼻腔出血。

肺经郁热 鼻血点滴而出,鼻咽干燥,发热,咳嗽,舌红,苔薄,脉数。

胃火炽盛　鼻血量多,齿龈红肿甚至出血,烦渴引饮,便秘尿赤,舌红,苔黄,脉滑数。
肝火上炎　鼻血量多,面红目赤,口苦咽干,烦躁不安,胸胁胀满,舌红,苔黄,脉弦数。

【治疗】

1. 基本治疗

治则　清热宁肺,凉血止血。取督脉、手太阴经、手阳明经和局部穴位为主。

主穴　孔最　上星　迎香　印堂　合谷

配穴　肺经郁热配尺泽、鱼际;胃火炽盛配内庭;肝火上炎配行间。

操作　上星、印堂均可用三棱针点刺出血;余穴常规刺,泻法。

方义　迎香、印堂为局部取穴,可调和气血,清热凉血止血;上星属督脉,位于头额,泻诸阳之热,清鼻窍之火,凉血止血;孔最为手太阴肺经的郄穴,肃肺清热,凉血止血;合谷是手阳明大肠经的原穴,调和气血,清泻阳明邪热。

2. 其他治疗

耳针:取内鼻、外鼻、肺、肾上腺、额。毫针刺法或压籽法。

【文献摘录】

(1)《灵枢·杂病》:衄而不止,衃血流,取足太阳;衃血,取手太阳。不已,刺腕骨下;不已,刺腘中出血。

(2)《针灸甲乙经》:衄而不止,承浆及委中主之……衄,腕骨主之。

(3)《备急千金要方》:凡口鼻出血不止,名脑衄,灸上星五十壮,入发际一寸是。

二、咯血

咯血(hemoptysis)是指气管、支气管、肺组织出血,随咳嗽咯出,多见于支气管扩张或炎症、肺结核、肺脓肿、肺癌、肺吸虫等,亦可见于风湿性心脏病、左心衰竭并发肺水肿等。

咯血中医称咳血,多与外感风热、情志恚怒等因素有关。本病病位在肺,与肝关系密切。基本病机是火热灼伤肺络,迫血妄行。

【辨证要点】

主症　咳嗽痰中带血,或咯血量多,呼吸气急。

肺热伤络　发热喘咳,咳痰带血,或咳出大量血痰,舌红,苔薄黄,脉数。

肝火伤络　因恚怒而咯血,面红目赤,口苦咽干,咳逆胁痛,舌红,苔黄,脉弦数。

【治疗】

1. 基本治疗

治则　清热宁肺,凉血止血。取手太阴经穴为主。

主穴　孔最　尺泽　鱼际　中府

配穴　肺热伤络配大椎、少商;肝火伤络配行间、太溪。

操作　尺泽、鱼际、大椎、少商点刺出血。中府向外侧斜刺,余穴常规刺,泻法。

方义　孔最是肺经郄穴,是治疗咯血的经验效穴;尺泽是肺经合穴,鱼际是肺经荥穴,中府是肺之募穴,三穴合用,可清泻肺经热邪,凉血止血。

2. 其他治疗

耳针:取气管、肺、肝、肾上腺。毫针刺法或压籽法。

【文献摘录】

(1)《针灸甲乙经》:唾血,时寒时热,泻鱼际,补尺泽。

(2)《备急千金要方》：唾血振寒咽干，太渊主之。
(3)《神应经》：咳血：列缺、三里、肺俞、百劳、乳根、风门、肝俞。

三、吐血

吐血(hematemesis)是指食管、胃或十二指肠出血，经口呕吐而出者，又称"呕血"，是上消化道出血的主要症状，其血色或鲜红或呈褐色，常混有食物残渣，或并发黑便。呕血量大时鲜血喷射而出，若不及时抢救，常危及生命。

吐血的发生多与过食辛辣、饮酒过量、情志恚怒等因素有关。病位在胃，与肝关系密切。基本病机是胃热、肝火灼伤胃络，气逆而吐血。

西医学中，可见于胃及十二指肠溃疡出血、肝硬化并发食管静脉曲张出血、肿瘤等疾病中。

【辨证要点】

主症　呕吐鲜血，或呕血褐色，或混有食物残渣，或并发黑便。

胃热伤络　多在嗜食辛燥厚味或大量饮酒后吐血，色或鲜或暗，舌红，苔黄腻，脉滑数。

肝火伤络　多因恚怒后吐血，色红量多，心烦胁痛，舌红，苔黄，脉弦数。

【治疗】

1. 基本治疗

治则　凉血止血，和胃止呕。取胃的募穴、下合穴及胃经郄穴为主。

主穴　中脘　足三里　梁丘　内关

配穴　胃热伤络配内庭；肝火伤络配行间。

操作　内庭、行间点刺出血，余穴位常规刺，泻法。

方义　中脘是胃的募穴，足三里是胃的下合穴，梁丘是胃经的郄穴，三穴合用，可和胃降逆，清热凉血；内关是八脉交会穴，通阴维脉，可宽胸降气，和胃止呕。

2. 其他治疗

耳针：取胃、肝、贲门、交感。毫针刺法或压籽法。

【文献摘录】

(1)《针灸甲乙经》：心下有膈，呕血，上脘主之。
(2)《备急千金要方》：虚劳吐血，灸胃脘三百壮，亦主劳呕逆吐血，少食多饱多唾。
(3)《针灸大成》：吐血等症，膻中、中脘、气海、三里、乳根、支沟……须分虚实，不可概治。
(4)《类经图翼》：中脘，虚劳吐血。

四、便血

便血(bloody stool)是血从大便而下，血量多少不一，血色鲜红或暗红，或先便后血或先血后便，或血与便相混杂，甚至单纯下血者，统称为便血。

便血的发生多与外感六淫、饮食不节、内伤七情、劳倦太过等因素有关。本病病位在大肠，与脾、胃关系密切。基本病机是湿热下注，灼伤血络，或脾不统血。

西医学中，多见于痔裂下血、肠道炎症(阿米巴痢、肠结核、溃疡性结肠炎等)等疾病中。

【辨证要点】

主症　排便下血，血量多少不一，血色鲜红或暗红。

大肠湿热　先血后便，血色鲜红，肛门灼热疼痛，舌红，苔黄腻，脉数。

脾不统血　先便后血，血色暗红或黑，或血与便相混杂，面色不华，神倦乏力，舌淡，脉弱。

【治疗】

1. 基本治疗

治则　清热利湿,化瘀止血。取大肠的背俞穴、下合穴及督脉、足太阳经穴为主。

主穴　大肠俞　上巨虚　长强　承山

配穴　大肠湿热配阴陵泉;脾不统血配脾俞、血海。

操作　长强穴沿骶骨内壁进针1~1.5寸,注意不要刺穿直肠。余穴常规刺。

方义　本病病位在大肠,故取大肠的背俞穴大肠俞、下合穴上巨虚,以调肠止血,不论寒热虚实皆可用之;督脉过后阴,长强属督脉,为局部取穴,是治疗肠风下血的经验效穴;承山是足太阳膀胱经穴,其经别入肛中,可疏导肠道气机,清热利湿,化瘀止血。

2. 其他治疗

(1) 耳针:取肛门、直肠、大肠、肾上腺。每次选用2~3穴,毫针刺法或压籽法。

(2) 三棱针:取膈俞、次髎。用三棱针挑刺并挤压出血,刺血后拔罐。

【文献摘录】

(1)《脉经》:关脉芤。大便去血数斗者,以膈俞伤故也……灸膈俞。若重下去血者,针关元。

(2)《备急千金要方》:劳宫主大便血不止,尿赤。

(3)《针灸资生经》:小肠俞治大便脓血出。下髎治大便下血。腹哀治大便脓血。

(4)《神应经》:便血,承山、复溜、太冲、太白。

(5)《针灸大成》:患大便下血,愈而复作……于长强穴针二分,灸七壮,内痔一消而血不出。

五、尿血

尿血(hematuria)是指尿液中混有血液或血块,又称血尿。少量血尿需显微镜检查才能发现,严重者肉眼即可发现尿中混血,更甚者即为全血尿。

尿血的发生多与嗜食辛辣油腻、五志过极等因素有关。本病病位在肾、膀胱,与心、小肠关系密切。基本病机是火灼血络,血不归经。

西医学中,多见于肾、输尿管、膀胱及尿道的结核、肿瘤等疾病中。

【辨证要点】

主症　肉眼或显微镜检查发现尿中混血或血块。

湿热下注　兼见小便热赤,或频或涩,舌红,苔黄腻,脉滑数。

心火亢盛　兼见心烦口渴,口舌生疮,舌尖红,少苔,脉数。

阴虚火旺　兼见头晕耳鸣,腰膝酸软,潮热盗汗,舌红,少苔,脉细数。

【治疗】

1. 基本治疗

治则　清热利湿,凉血止血。取膀胱的背俞穴、募穴为主。

主穴　中极　膀胱俞　肾俞　阴陵泉　血海　三阴交

配穴　湿热下注配曲骨;心火亢盛配大陵、神门;阴虚火旺配太溪、照海。

操作　毫针常规刺,泻法或平补平泻法。

方义　本病病位在膀胱与肾,故取膀胱的背俞穴膀胱俞,膀胱的募穴中极,肾的背俞穴肾俞,以疏利膀胱气机,通调水道;阴陵泉、三阴交清热利湿,血海凉血止血。

2. 其他治疗

耳针:取肾、膀胱、心、交感。毫针刺法或压籽法。

【按语】

(1) 针灸可作为出血治疗的一种应急辅助疗法。需尽快查明出血病因,明确诊断,以便采取相应的综合治疗措施,积极治疗原发病。

(2) 应注意平时情志和饮食的调摄,忌辛辣香燥之品,减少诱发出血的因素。

【文献摘录】

(1)《脉经》:尺脉芤,下焦虚,小便出血……灸丹田、关元,亦针补之。

(2)《备急千金要方》:小儿尿血……灸第七椎两旁各五寸,随年壮。

(3)《类经图翼》:尿血,膈俞、脾俞、三焦俞、肾俞、列缺、章门、大敦。

(4)《针灸集成》:尿血,胃俞、关元、曲泉、劳宫、三焦俞、肾俞、气海年壮,太冲三壮,少府三壮,膀胱俞、小肠俞。

第八章 其他

导学 本章介绍了其他针灸适宜病证的治疗方法。通过学习,要求重点掌握慢性疲劳综合征、肥胖症的针灸基本治疗方法,包括治则、主穴、配穴及特殊操作;熟悉其病因、病位、相关联的脏腑经络、基本病机、辨证分型、处方方义及其他疗法;了解其概念、临床表现及古代文献。要求重点掌握戒断综合征、衰老、针灸美容针灸基本治疗的主穴。

第一节 慢性疲劳综合征

慢性疲劳综合征(chronic exhaustion syndrome)是一种病因不明,以持续半年以上的慢性、反复发作性极度疲劳为主要特征的综合征,属中医学的"五劳""虚劳""失眠""心悸""郁证""眩晕"等病证范畴。

慢性疲劳综合征多与劳役过度、饮食起居失常、情志内伤等因素有关,与肝、脾、肾等关系密切。基本病机是肝气郁结或脾肾亏虚或心肾不交。

【辨证要点】

主症 持续或反复发作的严重疲劳半年以上。

肝气郁结 疲乏不适,生气后加重,活动后减轻,心烦易怒,善太息,胁腹胀痛,舌红,苔薄,脉弦。

脾气虚弱 神疲乏力,劳则加重,纳呆懒言,面色萎黄,舌淡,苔薄,脉细弱。

心肾不交 心烦少寐,惊悸多梦,头晕耳鸣,腰膝酸软,口干咽燥,舌红,苔少或无苔,脉细数。

【治疗】

1. 基本治疗

治则 补益气血,调理气机。取相应的背俞穴为主。

主穴 脾俞 肝俞 肾俞 关元 足三里 三阴交 百会

配穴 肝气郁结配太冲、膻中;脾气虚弱配中脘、章门;心肾不交配神门、太溪;失眠、心悸配内关、照海;头晕、注意力不集中配四神聪、悬钟。

操作 毫针常规刺。

方义　脾俞、肝俞、肾俞分别为脾、肝、肾的背俞穴,通调脏腑气机,善治本脏虚证;百会为督脉经穴,位于巅顶,为诸阳之会,清利头目,健脑益神;关元为任脉、足三阴经的交会穴,乃大补元气的保健要穴;足三里为胃的下合穴,三阴交为足三阴经的交会穴,二穴相配,益气养血,健运脾胃。

2. 其他疗法

(1) 皮肤针:取督脉、背俞穴和夹脊穴。叩刺至局部皮肤潮红为度。

(2) 耳针:取心、肾、肝、脾、脑、皮质下、神门、交感。每次选3~5穴,压籽法。

(3) 穴位注射:取脾俞、肝俞、肾俞、足三里。每次取2穴,选复方当归注射液、黄芪注射液等,每穴注入药液0.5~1 ml,每日或隔日注射1次。

【按语】

(1) 针灸治疗本病可以较好地缓解躯体疲劳的自觉症状,能调节患者的情绪和睡眠,并在一定程度上改善患者体质虚弱的状况。

(2) 应配合饮食疗法,补充维生素和矿物质;必要时配合服中药辨证治疗。

【文献摘录】

(1)《铜人腧穴针灸图经》:肾俞,治虚劳……五劳七伤虚惫。

(2)《普济方》:(足)三里……华佗云:疗五劳羸瘦,虚乏。

(3)《针灸大成》:思虑过多,无心力,忘前失后,灸百会。

第二节　戒断综合征

戒断综合征(abstinence syndrome)是指长期吸烟、饮酒、使用镇静安眠药或吸毒之人,在成瘾产生依赖性后,突然中断而出现的烦躁不安、呵欠连作、流泪流涎、全身疲乏、昏昏欲睡、感觉迟钝等一系列戒断现象。

中医学无此病名,但在"郁证""多寐""痫证""虚损"等病证中有相关症状。本病多与长期饮、吸、食用有毒之品有关,与心、脑、肺、胃等脏腑关系密切。基本病机是毒邪久滞、内扰心神。

一、戒烟综合征

【辨证要点】

主症　精神萎靡,疲倦乏力,焦虑不安,呵欠连作,流泪流涎,口淡无味,咽喉不适,胸闷,恶心呕吐,甚至出现肌肉抖动,感觉迟钝等。

戒烟综合征(smoking withdraw syndrome)主要与肺、心、脑有关。

【治疗】

1. 基本治疗

治则　宁心清肺,安神除烦。取手太阴、手少阴经穴为主。

主穴　尺泽　丰隆　神门　甜美穴(列缺与阳溪连线的中点)　百会

配穴　胸闷、气促、痰多配膻中、内关;咽部不适配列缺、照海;心神不宁、烦躁不安配内关;精神萎靡配脾俞、足三里;肌肉抖动配太冲、阳陵泉。

操作　甜美穴直刺或斜刺0.3寸,余穴位均常规刺,用泻法,可用电针。

方义　尺泽为手太阴肺经的合穴,丰隆为足阳明胃经的络穴,二穴相配,宣肺化痰、调和气血;神门乃心之原穴,甜美穴为戒烟的经验效穴,二穴配合,宁心安神、除烦止呕;百会为督脉穴,位于巅顶,为诸阳之会,清利头目、健脑益神。

2. 其他治疗

耳针:取肺、口、内鼻、皮质下、交感、神门。毫针刺法,或埋针法、压籽法。特别是在有吸烟欲望时应及时按压,能起到抑制的作用。

【按语】

(1) 针灸(尤其是耳针)戒烟效果良好,对自愿接受戒烟治疗者,大多可以达到预期的效果。但对于烟龄较长、平时每日吸烟量较大或因职业及环境造成吸烟习惯者,效果较差。戒烟的远期疗效较近期疗效差。

(2) 运用耳压或耳穴埋针戒烟时,要求戒烟者在出现较强抽烟欲望时,应自己按压已贴好的耳穴以加强刺激,促使烟瘾消失。

二、戒酒综合征

【辨证要点】

主症　全身疲乏,软弱无力,呵欠,流泪流涕,厌食,恶心呕吐,烦躁不安,精神抑郁等。

戒酒综合征(drug withdraw syndrome)主要与胃、脾、心、脑关系密切。

【治疗】

1. 基本治疗

治则　调和脾胃,宁心定志。取脾、胃的背俞穴为主。

主穴　脾俞　胃俞　足三里　神门　百会

配穴　烦躁不安、精神抑郁配内关、太冲;头昏、腰膝酸软配肾俞、太溪;恶心呕吐配内关、中脘;腹痛腹泻配天枢、上巨虚。

操作　毫针常规刺,动留针30～60 min,可用电针,宜持续保持较强针感。

方义　脾俞、胃俞分别为脾、胃的背俞穴,足三里为胃的下合穴,三穴合用,可健脾和胃,调和气血;神门乃心之原穴,可宁心安神;百会位于巅顶,属督脉要穴,内通于脑,可镇静宁神。

2. 其他治疗

耳针:取胃、口、内分泌、皮质下、神门、咽喉。每次选用3～5穴,毫针刺法或压籽法。如酒瘾发作时,可随时按压耳穴。

【按语】

(1) 针灸疗法戒酒有明显效果,对自愿接受戒酒治疗者,大多可以达到预期的效果。但对于酒龄较长、饮酒量较大或因职业或环境造成饮酒习惯者,效果较差。

(2) 应用耳压或耳穴埋针戒酒时,要求患者在酒瘾发作时自行按压已贴好的耳穴以加强刺激,促使酒瘾消失。

三、戒毒综合征

【辨证要点】

主症　神疲呵欠,流泪流涕,出汗寒战,打喷嚏,恶心呕吐,厌食,腹痛腹泻,肌肉抽动,软弱无力,失眠或夜寐易醒,心悸,烦躁易怒或精神抑郁,甚至打人毁物。

戒毒综合征(alcohol withdrawal syndrome)与心、脑、肝、脾、肾关系密切。

肝风扰动　性情暴躁,烦扰不安,抽搐谵妄,毁衣损物,碰伤头身,彻夜不眠,口苦目赤,涕泪齐下,舌红,苔黄,脉弦数。

心肾不交　精神恍惚,烦扰不安,眠而易醒,头晕心悸,舌红,苔白,脉弦细。

脾肾两虚　精神疲乏,肢体困倦,萎靡不振,口流涎沫,不思饮食,头晕不寐,心慌气促,汗出流泪,肌肉震颤甚或发抖,虚脱,卧床不起,二便自遗,舌淡,苔白,脉沉细弱。

【治疗】

1. 基本治疗

治则　调和气血,调神定志。取督脉及手厥阴、手少阴经穴为主。

主穴　水沟　百会　神门　内关　劳宫　合谷

配穴　肝风扰动配太冲、侠溪;心肾不交配心俞、肾俞;脾肾两虚配脾俞、肾俞;腹痛腹泻、便秘配天枢、上巨虚;烦躁惊厥配中冲、涌泉;毒瘾发作初期配太冲;肌肉抽搐配阳陵泉。

操作　水沟刺向鼻中隔,刺激强度要大;余穴毫针常规刺,动留针1 h,可用电针,宜持续保持较强针感。

方义　水沟、百会均为督脉穴,内通于脑,可清利头目,醒脑开窍;神门为心之原穴,可宁心安神;内关为手厥阴心包经的络穴,劳宫乃心包经的荥穴,二穴相配,可宁心安神,清心除烦;合谷为手阳明经的原穴,可通行气血,镇惊止痛。

2. 其他治疗

(1) 拔罐:取督脉、夹脊穴及膀胱经背俞穴。用皮肤针重叩出血后加拔罐,可行走罐法。

(2) 耳针:取肺、口、内分泌、肾上腺、皮质下、神门。肝风扰动加耳尖、肝阳、肝;脾肾两虚加脾、肾、艇中、腰骶椎;心肾不交加心、肾、交感;肢体抽搐加膝(腓肠点)、风溪;腹痛腹泻加交感、腹、胃、大肠。每次选用3～5穴,毫针刺法或压籽法。

【按语】

(1) 针灸戒毒有一定的疗效。只要患者有决心戒断,一般均可获得成功。

(2) 在进行戒毒治疗前要详细了解患者吸毒的原因和方式,有的放矢地进行宣传教育和心理疏导。对于因病(如肿瘤、呼吸系统、消化系统疾病及各类神经痛)而吸毒者,要给予相应的治疗,以免出现意外。

(3) 家庭及社会的配合是巩固疗效、断绝复吸必不可少的因素,应高度重视。

(4) 对出现惊厥、虚脱等病情较重者,应及时采取静脉输液、支持疗法等综合治疗措施。

第三节　肥胖症

肥胖症(obesity)是指人体脂肪积聚过多,体重超过标准体重20%以上。肥胖症分为单纯性和继发性两类,前者不伴有明显神经或内分泌系统功能变化,后者常继发于神经、内分泌和代谢疾病,或与遗传、药物有关。

肥胖症常与暴饮暴食、过食肥甘、安逸少动、先天禀赋等因素有关。本病与胃肠、脾、肾关系密切。基本病机是痰湿浊脂滞留。无论是胃肠积聚的痰热还是脾肾不能运化的痰浊，停滞于全身或局部都可形成肥胖。

【辨证要点】

主症　形体肥胖，面肥颈壅，项厚背宽，腹大腰粗，臀丰腿圆。

胃肠积热　兼见消谷善饥，食欲亢进，口干欲饮，怕热多汗，腹胀便秘，小便短黄，舌质红，苔黄腻，脉滑数。

脾胃虚弱　兼见食欲不振，心悸气短，嗜睡懒言，面唇少华，大便溏薄，舌淡，苔薄，脉细弱。

肾阳亏虚　兼见喜静恶动，动则汗出，畏寒怕冷，头晕腰酸，月经不调或阳痿早泄，面色㿠白，舌淡，苔薄，脉沉细。

【治疗】

1. 基本治疗

治则　祛湿化痰，通经活络。取手足阳明经、足太阴经穴为主。

主穴　曲池　天枢　大横　阴陵泉　丰隆

配穴　胃肠积热配上巨虚、内庭；脾胃虚弱配脾俞、足三里；肾阳亏虚配肾俞、关元；心悸配神门、内关；胸闷配膻中、内关；嗜睡配照海、申脉。

操作　诸穴均视患者肥胖程度及取穴部位的不同而比常规刺深 0.5～1.5 寸，可用电针。

方义　肥胖之症，多责之脾胃肠腑。曲池为手阳明大肠经的合穴，天枢为大肠的募穴，二穴相配，可通利肠腑，降浊消脂；大横为局部取穴，可健脾助运；阴陵泉为足太阴脾经的合穴，丰隆乃足阳明胃经的络穴，为治痰要穴，二穴合用，可分利水湿、蠲化痰浊。

2. 其他疗法

(1) 皮肤针：按针灸主方或加减选穴，或取肥胖局部阿是穴。用皮肤针叩刺。实证重力叩刺，以皮肤渗血为度；虚证中等力度刺激，以皮肤潮红为度。

(2) 耳针：取口、胃、脾、肺、三焦、内分泌、皮质下。每次选用 3～5 穴，毫针刺法，或埋针法、压籽法，其间嘱患者餐前或有饥饿感时，自行按压穴位 2～3 min，以增强刺激。

【按语】

针灸对单纯性肥胖症有较好的疗效。在取得疗效后应继续治疗 1～2 个疗程，巩固疗效，以防体重回升。

第四节　衰　老

人体衰老(senility)是一种自然规律，是一系列生理、病理过程综合作用的结果。

衰老多与肾气亏虚、阳气虚衰等因素有关。衰老主要与肾、胃、脾、肝、肺、心等脏腑关系密切。基本病机是肾精不足，脾胃虚弱，五脏失养。肾所藏之精是阴阳气血之本，对人的生长、发育、衰老起着决定性作用。随着肾气的衰退和脾胃虚弱，不能化生气血，五脏六腑、经络气血的功能也日渐衰退，阴阳失去平衡，衰老也就伴随而至。

【辨证要点】
主症　神疲健忘,表情淡漠,反应迟钝,形寒肢冷,腰膝无力,动作缓慢,发脱齿摇,眩晕耳鸣,气短乏力,纳差少眠,甚则颜面浮肿等。常伴有多种老年性疾病。

肾精不足　神情呆钝,健忘恍惚,动作迟缓,耳鸣耳聋,腰膝酸软,发脱齿摇,舌淡,苔薄白,脉细尺弱。

脾胃虚弱　神疲乏力,少气懒言,形体消瘦,面色萎黄,肢体倦怠,腹胀纳少,大便溏薄,舌淡,苔白,脉细弱。

心肺气虚　胸闷心悸,咳喘气短,动则尤甚,吐痰清稀,头晕神疲,语声低怯,自汗乏力,舌淡,苔白或唇舌淡暗,脉沉弱或结代。

【治疗】
1. 基本治疗
治则　调理气血,补益脏腑。取强壮保健穴为主。
主穴　关元　太溪　神阙　三阴交　足三里
配穴　肾精不足配肾俞;脾胃虚弱配脾俞;心肺气虚配心俞、肺俞。
操作　神阙用灸法,余穴常规刺或加灸,补法。
方义　关元为任脉与足三阴经的交会穴,可补益元气、益肾填精,太溪为肾之原穴,可补益肾气,化生精血,二穴合用,温肾壮元,以补先天之本;神阙为任脉穴,位居中腹,可温肾助阳;三阴交为足三阴经的交会穴,可健运脾胃、补益肝肾,足三里为胃的下合穴,可健脾养胃、调补气血,二穴合用,健脾胃、益气血,以补后天之本。

2. 其他疗法
(1) 皮肤针:取头部及督脉、背部膀胱经。轻叩至局部出现潮红为度。
(2) 隔物灸:取脾俞、肾俞、关元、气海、足三里等穴。每次选用2~4穴,隔附子饼灸(随年壮)。
(3) 耳针:取皮质下、内分泌、肾、心、耳迷根。每次选用2~4穴,压籽法。
(4) 穴位注射:取足三里、三阴交、脾俞、肾俞。每次选用2穴,选鹿茸精注射液、黄芪注射液或当归注射液,每穴注入1~2 ml,每周2次。

【按语】
(1) 针灸对延缓衰老有一定的作用,尤以灸法应用最多,但应持之以恒。
(2) 除了针灸疗法之外,还应结合按摩、运动、娱乐、饮食等多种养生保健方法同时进行治疗。

【文献摘录】
(1)《针灸资生经》:若要安,丹田、三里不曾干。
(2)《扁鹊心书》:中年以上之人,腰腿骨节作痛,乃肾气虚惫也,邪所乘之证,灸关元三百壮。

第五节　针灸美容

一、雀斑

雀斑(freckles)是发生在日晒部位皮肤上的黑色或淡黄色色素斑点,为常染色体显性遗传。本病无性别差异,多在5岁左右出现,随着年龄增长雀斑数目增多。俗称雀子斑。

雀斑多与风火相搏、气郁血瘀等因素有关。本病病位在面部肌肤,与阳明经关系密切。基本病机是风邪外搏,火郁络脉,循经上犯于面部。

【辨证要点】

主症　色素斑点常见于面部,呈点状或圆形、卵圆形,或不规则形态。大小如同针尖至米粒大,呈淡褐色至深褐色不等。少则数十,多者成百,密集分布,但互不融合。多数呈对称性。

【治疗】

1. 基本治疗

治则　祛风通络,化瘀消斑。取局部穴位及手足阳明经穴为主。

主穴　印堂　颧髎　合谷　血海　三阴交　足三里

操作　毫针常规刺,或点刺出血。

方义　印堂、颧髎位于面颊部,可疏通局部经络之气,活血祛斑;合谷为手阳明经的原穴,善治面部诸疾,可清泻阳明风火,凉血化瘀;血海和三阴交为足太阴脾经穴,脾主肌肉,经别上面,合而用之,可补血养阴,调和气血;足三里为胃的下合穴,合治内腑,可调和胃肠,通络化瘀。

2. 其他疗法

(1) 皮肤针:取面部雀斑处及风池、肺俞。轻叩至皮肤潮红为度。

(2) 火针:取雀斑处阿是穴。每隔3~4 d治疗1次。

(3) 耳针:取肺、心、胃、大肠、内分泌、神门。每次选用2~4穴,毫针刺法或压籽法。

(4) 穴位注射:取足三里、血海、肺俞、膈俞等。每次选用2穴,选当归注射液或复方丹参注射液,每穴注入1~2 ml,隔日1次。

【按语】

(1) 针灸治疗本病有一定的疗效。

(2) 火针治疗时要求严格消毒;操作必须准确、轻快;分期治疗,一次治疗面积不能太大;针后保持创面清洁,以防感染。

(3) 治疗期间应尽量避免日光照射,以免影响疗效。

二、黄褐斑

黄褐斑(chloasma)是以发生于面部的对称性褐色色素斑为主要特征的一种病证,多见于怀孕、人工流产及分娩后的女性。本病与雌激素代谢失调和自主神经功能紊乱有关,并与日晒、长期使用化妆品或长期服用某些药物(如避孕药)以及某些慢性病如月经不调、盆腔炎症、肝病、甲状腺功能亢进症、慢性酒精中毒、结核、肿瘤等有关。

中医学称本病为"面尘""肝斑""面黑皯""黧黑斑",俗称"妊娠斑""蝴蝶斑",其发生多与情志不遂、忧思恼怒、日晒过多等因素有关。本病病位在面部肌肤,与阳明经及肝、脾、肾三脏关系密切。基本病机是气滞血瘀,面失所养。

【辨证要点】

主症　面部色斑呈黄褐色、淡褐色或咖啡色,最初为多发性,渐渐融合成片,对称分布于面部,以颧部、前额、两颊最突出,有时呈蝶翼状,边缘清楚或呈弥漫性,面部无炎症及鳞屑。

气滞血瘀　斑色较深,面色晦暗,口唇暗红,伴经前少腹痛,胸胁胀痛,急躁易怒,喜叹息,舌暗红,有瘀点或瘀斑,脉弦涩。

肝肾阴虚　色斑呈咖啡色,伴手足心热,失眠梦多,腰膝酸软,舌嫩红,少苔,脉细数。
脾虚湿困　斑色暗淡,面色㿠白,体胖,疲倦乏力,舌淡胖,边有齿印,脉濡细。

【治疗】

1. 基本治疗

治则　调和气血,化瘀消斑。取局部穴位及手足阳明经穴为主。

主穴　颧髎　合谷　血海　三阴交　足三里

配穴　气滞血瘀配太冲、膈俞;肝肾阴虚配肝俞、肾俞;脾虚湿困配脾俞、阴陵泉;根据面部黄褐斑不同部位取阿是穴。

操作　毫针常规刺。

方义　颧髎为局部取穴,以疏调局部经络之气,化瘀消斑;合谷为手阳明经的原穴,沟通阳明经气,可和血消斑;血海、三阴交合用,补益脾胃,调和气血,使脏腑之精气、津血能上荣于面,祛瘀消斑;足三里为胃的下合穴,可益气养血、通络化瘀。

2. 其他治疗

(1) 耳针：取肺、肝、肾、心、内分泌、皮质下、内生殖器、面颊。每次选用2～4穴,毫针刺法或压籽法。

(2) 穴位注射：取肺俞、胃俞、足三里、血海等穴。每次选用2穴,选当归注射液或复方丹参注射液,每穴注射1～2 ml。隔日1次。

【按语】

(1) 针灸治疗黄褐斑有一定的疗效,但疗程较长。

(2) 黄褐斑的发生可受多种因素影响,要积极治疗原发病。因服用某些药物或使用化妆品引起的,要停用药物和化妆品。

(3) 在治疗期间,应尽量避免日光照射。

第六节　肿　瘤

肿瘤(tumor)是机体在各种致癌因素作用下,局部组织异常增生而形成的新生物,是全身性疾病在局部的表现。恶性肿瘤是目前严重危害人类健康的常见疾病之一,其中肿瘤疼痛是因肿瘤压迫、侵犯有关组织神经所产生的疼痛,多为持续性疼痛,是中晚期肿瘤最重要的症状之一;肿瘤发热是肿瘤本身引起的非感染性发热和患者在肿瘤发展过程中因治疗而引起的发热,是中晚期恶性肿瘤常见症状;放化疗后副反应则主要表现在骨髓抑制和胃肠道反应。

在中医学中,根据各种肿瘤的临床特点而予以相应的命名,如"瘕""积聚""肝积""乳岩""噎膈""石瘿"等。本病的发生多与正气内虚、感受邪毒、七情怫郁、饮食损伤等因素有关。基本病机是脏腑功能失调,气滞痰凝,瘀毒搏结。

【辨证要点】

主症　早期无明显症状,后期见肿块逐渐增大、表面高低不平、质地坚硬,时有疼痛,常伴发热、乏力、鼓胀、纳差、消瘦并进行性加重。

【治疗】

1. 基本治疗

(1) 改善症状,延长生存期

治则　扶正固本。以强壮保健穴为主。

主穴　关元　足三里　三阴交

配穴　肺癌配肺俞、内关、列缺、尺泽;胃癌、肠癌配胃俞、大肠俞、曲池、内关、上巨虚;肝癌配肝俞、中都、太冲;乳腺癌配内关、乳根、膺窗;食管癌配天突、膻中、巨阙、鸠尾。瘀血内停配膈俞、血海;痰湿结聚中脘、丰隆、阴陵泉;气血不足配气海、脾俞、胃俞;脾肾阳虚配肾俞、命门;肝肾阴虚配太冲、太溪、照海。厌食配下脘、天枢、上巨虚;呃逆配内关、中脘。

操作　可根据不同症状,配合艾灸,或用温针灸法或用艾炷灸法。

方义　根据不同病变部位及患者不同的体质类型选用3～5个穴位,每日或隔日治疗1次。

(2) 镇痛

治则　行气活血。以夹脊穴及手阳明、足厥阴穴为主。

主穴　夹脊　合谷　太冲

配穴　肝癌痛配阳陵泉、期门、章门;肺癌胸痛配孔最、尺泽、列缺;乳腺癌痛配内关、膻中、乳根;脑瘤痛配印堂、前顶、长强。

操作　常规针刺,也可加用电针。根据具体情况每日可治疗数次。

方义　选用相应夹脊穴,针对病变部位,鼓动脏腑气血,通调气机。合谷与太冲阴阳经上下相配。行气止痛。

(3) 减轻放化疗反应

治则　扶正化浊。以督脉、足阳明、足太阴经穴为主。

主穴　大椎　足三里　三阴交

配穴　免疫功能抑制配内关、关元;白细胞减少配膈俞、脾俞、胃俞、肝俞、肾俞;胃肠反应配内关、中脘、天枢;口腔咽喉反应配照海、列缺、廉泉;直肠反应配天枢、大肠俞、支沟、梁丘。

操作　针刺或加温针灸,或采用隔姜灸。

方义　大椎为诸阳之会,针灸有宣导阳气、消散瘀热之效;足三里、三阴交健脾益气、化湿祛痰。

2. 其他治疗

(1) 耳针:肿瘤相应耳穴部位压痛点、枕、皮质下、神门等。用毫针刺,中等强度刺激,留针1小时至数小时,可间歇行针。也可耳穴压丸法。用于肿瘤疼痛。

(2) 灸法:取大椎、足三里、三阴交、膈俞、脾俞、胃俞、肾俞、命门。用艾灸温和灸,每次选用2～3个穴,每穴施灸15～20 min。或在背俞穴隔姜铺灸。用于减轻放化疗后副反应。

【按语】

(1) 针灸可改善肿瘤患者的部分症状,具有较好的镇痛作用。

(2) 宜在放化疗前进行针灸治疗,可更有效减轻放化疗反应。

附篇

参考资料

第九章　子午流注针法与灵龟八法

导学

子午流注针法与灵龟八法同属于以时间为条件的配穴法,是我国古代时间医学的重要组成部分。通过学习,要求重点掌握子午流注推算法、按时开穴的规律、补母泻子取穴法及几个概念,如血归包络、气纳三焦、返本还原等,灵龟八法的临床应用;熟悉子午流注针法的天干、地支、阴阳、五行、脏腑、经络、五输穴以及相互之间的配对组合,灵龟八法的九宫、八卦、八脉八穴相互关系;了解子午流注、灵龟八法的起源及沿革。

第一节　子午流注针法

一、概述

子午流注针法是一种以时间为主要条件的独特针刺取穴治疗方法,是我国古代时间医学的重要组成部分,是古人在人与天地相参、与四时相应的"天人合一"思想指导下,根据脏腑、经脉的气血流注、盛衰开阖的规律,以四肢肘、膝关节以下的五输穴为基础,结合阴阳消长、五行生克、天干、地支的理论制订的一种逐日按时取穴的针刺方法。

子午流注是从时间角度研究、认识人体的生命现象,即研究人体脏腑、经脉的气血流注盛衰规律的一种理论,它是子午流注针法的理论基础。

"子午"是十二地支中第一和第七个数,二字具有时间、方位、阴阳等含义。从时间上看,用子午以分昼夜,子时是夜半,午时是中午;一年之中,子是农历的十一月,为冬至节气所在,午是农历五月,是夏至节气所在。从阴阳来看,子为阴盛之时,阴极生阳,是一阳初生的夜半;午为阳盛之时,阳极生阴,是一阴初生的中午。从方位来看,《灵枢·卫气行》曰:"岁有十二月,日有十二辰,子午为经,卯酉为纬。"经指南北(上下),纬指东西(左右)。因此,子午所涉及的时空概念是非常广泛的。

"流注"的本意是形容自然界水的流动转注,比喻自然界江河湖海水流的汇合和往返不息,也包含宇宙万物的即时变化。中医学将人体气血循环比作水流,用以阐明十二经脉气血的流注过程。

人的生命活动与自然界的变化是息息相关的。外界温热、冷湿和朝夕阳光的强弱,随时影响着人体的气血流注,并呈现一定的规律性。古代医家十分强调天人相应,注重时间和气候变化对人体的影响。近代的"生物钟"理论和子午流注理论有很多相似之处,但子午流注针法作为一门传统中医医学理论,仍需要利用现代科学技术手段进一步深入研究,不断注入新的内容,使其日臻完善。

二、子午流注针法的起源和沿革

子午流注,其学术渊源始见于《内经》《难经》,创立于宋、金时代。《素问·六微旨大论篇》指出:"天气始于甲,地气始于子,子甲相合,命曰岁立。谨候其时,气可与期。"提出了以干支顺序纪年,形成六十环周的岁次,并强调要候其气至再予下针,这样才可如期而愈。

《灵枢·九针十二原》说:"知机之道者,不可挂以发,不知机道,叩之不发。知其往来,要与之期。"《素问遗篇·刺法论》指出:"木欲发郁,亦须待时,当刺足厥阴之井……火欲发郁,亦须待时,君火相火,当刺包络之荥……土欲发郁,亦须待时,当刺足太阴之输……金欲发郁,亦须待时,当刺手太阴之经……水欲发郁,亦须待时,当刺足少阴之合。"这些都是按时取穴最早运用的经验总结。

《灵枢·本输》又说:"肺出于少商,少商者,手大指端内侧也,为井木……大肠,上合手阳明,出于商阳,商阳者,大指次指之端也,为井金。"这是"阴井木,阳井金",五行刚柔相济的最早依据。

《难经》继承了汉代以前的医学成就,对《内经》理论做了合理的分类。其中腧穴篇六十四难、六十五难将井、荥、输、经、合明确配合五行和阴阳属性。在针法篇六十九难中根据脏腑、经脉所属五行的母子关系,提出了"虚则补其母,实则泻其子"的治疗方法。

《内经》《难经》两书的问世,为中医学理论奠定了坚实的基础,成为历代医学研究、学习和应用的经典著作。其中子午流注、气血运行学说,对宋、金时代子午流注针法的具体实践提供了可靠的理论依据。

西晋时代,皇甫谧撰著的《针灸甲乙经》,对先秦、西汉针灸学成就做了系统总结,其中卷之三腧穴篇将心经五输穴补上,使子午流注针法的内容更加完善。盛唐时代,王冰创运气学说,其所注《素问·五运行大论篇》说:"首甲,调六甲之初,则甲子年也。"对宋、金干支学说的兴起,产生了积极的推动作用。

宋、金时代,干支学说盛行,同时也影响和推动了时间医学的发展,子午流注逐渐由理论走向临床应用,众多医家潜心研究子午流注,纷纷著书立说,并以歌赋形式编撰熟诵。如《流注指微赋》《标幽赋》《流注指要赋》《扁鹊神应针灸玉龙经》《井荥六十首法》等,都反映了当时子午流注已广泛应用于临床。至于《子午流注》《灵龟八法》两书的来源与上述著作有关。其中有些著作虽已散佚,亦可概其全貌。可以说,宋、金时代是子午流注针法的鼎盛时期。

明代,针灸名家辈出,各家在前代子午流注成就的基础上,进而对针法的运用和机制做了赋予新意的论述,如高武的《针灸聚英》曰:"使人知某病宜针灸某经某穴,当用某日某时开,方针。"其在选穴方面提出了不同见解,所论五输穴的补虚泻实,为干支法的取穴开创了先例。又如徐凤的《针灸大全》、杨继洲的《针灸大成》和李梴的《医学入门》等,对有关子午流注针法都有不同程度的发挥。其中《针灸大全》所载子午流注逐日按时开穴歌10首,对子午流注针法的开穴,提出了简明合理的方法,获得了后世医家的遵信。

清代,由于遭受"针刺、艾灸,究非奉君之所宜"的谬论影响,针灸学术逐渐衰落,针灸著作有《医宗金鉴·刺灸心法要诀》《针灸逢源》《针灸集成》《针灸易学》等,其与明代比较,已显著减少。子午流注针法几乎陷入失传的境地。

中华人民共和国成立后,中国共产党的中医政策的实施,推动了针灸事业的复兴和繁荣,子午流注针法重新受到众多学者的关注。尤其是近数十年来时间医学的兴起,使子午流注针法又有了新的生命力和科学的发展。

三、子午流注针法的内容

子午流注针法的基本内容包括天干、地支、阴阳、五行、脏腑、经络、五输穴以及相互之间的配对组合等。子午流注针法的临床运用包括"纳干法"和"纳支法"两大类,分别介绍如下。

(一) 纳干法的运用

子午流注纳干法又称"纳甲法",其运用方法是按天干的演变和十二经脉的气血流注规律开穴施治。

1. 干支配属阴阳 天干即甲、乙、丙、丁、戊、己、庚、辛、壬、癸,地支即子、丑、寅、卯、辰、巳、午、未、申、酉、戌、亥。凡逢单数(奇数)属阳,双数(偶数)属阴。因此,天干中的甲、丙、戊、庚、壬为单数属阳,乙、丁、己、辛、癸为双数属阴。十二地支中的子、寅、辰、午、申、戌为单数属阳,丑、卯、巳、未、酉、亥为双数属阴。按两阴相配、两阳相合的方法,形成甲子、乙丑、丙寅、丁卯……(表9-1)。

表9-1 干支阴阳属性

代数	1	2	3	4	5	6	7	8	9	10	11	12
天干	甲	乙	丙	丁	戊	己	庚	辛	壬	癸	甲	乙
地支	子	丑	寅	卯	辰	巳	午	未	申	酉	戌	亥

2. 干支配属五行 干支配属五行,并与四时季节相联系。五行是指木、火、土、金、水,四时为春、夏、(长夏)、秋、冬。其配属关系是甲、乙、寅、卯属木为春,丙、丁、巳、午属火为夏,戊、己、丑、辰、未、戌属土为长夏,庚、辛、申、酉属金为秋,壬、癸、亥、子属水为冬。

3. 天干配属脏腑、经脉 天干有阴阳之分,脏腑、经脉有表里关系。因此,将阴干配属六脏和六阴经,阳干配属六腑和六阳经。脏腑和经脉其数均为12数,天干为10数,两数不等,因此将同属相火的心包和三焦分别归属于心和小肠(表9-2)。

表9-2 天干配属脏腑、经脉

十天干	甲	乙	丙	丁	戊	己	庚	辛	壬	癸
十二经脉	胆	肝	小肠	心	胃	脾	大肠	肺	膀胱	肾

天干配属脏腑、经脉歌诀:

甲胆乙肝丙小肠,丁心戊胃己脾乡;
庚属大肠辛属肺,壬属膀胱癸肾脏;
三焦阳火须归丙,包络从阴丁火旁;
阳干宜纳阳之腑,阴干则配阴之脏。

4. 地支配属脏腑、经脉 地支配属脏腑、经脉是将十二时辰的推移和十二经脉气血流注相结合,两者数字相等,次序排列固定不变。经脉气血流注始于肺,顺序为大肠、胃、脾……而终于肝。地支的时序始于寅时,顺序为卯、辰、巳……至丑时乃尽,然后再由肝而注肺,如此循行往复,环注不息(表9-3)。

表9-3 地支配属脏腑、经脉

十二地支	子	丑	寅	卯	辰	巳	午	未	申	酉	戌	亥
十二经脉	胆	肝	肺	大肠	胃	脾	心	小肠	膀胱	肾	心包	三焦

地支配属脏腑、经脉歌诀：

气血流注十二经，肺寅大肠卯胃辰；
脾巳心午小肠未，申属膀胱酉为肾；
戌归心包亥三焦，子胆丑肝正通行。

5. 子午流注针法选穴 子午流注针法选穴以五输穴为基础。五输穴即十二经脉在四肢肘、膝关节以下的井、荥、输、经、合五类腧穴。《难经》将五输穴分属于五行，成为补母泻子法的依据。

五输穴与脏腑、经脉、阴阳、五行的关系见表9-4。

表9-4 五输穴与脏腑、经脉、阴阳、五行的关系

	经脉名称	井(木)	荥(火)	输(土)	经(金)	合(水)
阴经五输穴	肝经(木)	大敦	行间	太冲	中封	曲泉
	心经(火)	少冲	少府	神门	灵道	少海
	心包经(君火)	中冲	劳宫	大陵	间使	曲泽
	脾经(土)	隐白	大都	太白	商丘	阴陵泉
	肺经(金)	少商	鱼际	太渊	经渠	尺泽
	肾经(水)	涌泉	然谷	太溪	复溜	阴谷

	经脉名称	井(金)	荥(水)	输(木)	经(火)	合(土)
阳经五输穴	胆经(木)	足窍阴	侠溪	足临泣	阳辅	阳陵泉
	小肠经(火)	少泽	前谷	后溪	阳谷	小海
	三焦经(相火)	关冲	液门	中渚	支沟	天井
	胃经(土)	厉兑	内庭	陷谷	解溪	足三里
	大肠经(金)	商阳	二间	三间	阳溪	曲池
	膀胱经(水)	至阴	足通谷	束骨	昆仑	委中

6. 按时开穴的规律 纳甲法的运用是在熟悉上述多种配属关系的基础上，首先将患者来诊的年、月、日、时干支推算出来，结合十二经脉的流注和五输穴的相生规律依次开穴。推算时应掌握如下几点。

(1) 阳进阴退：根据干支的阴阳属性，天干属阳主进，地支属阴主退，即天干由甲进到乙，再由乙进到丙……地支由戌退到酉，再由酉退到申……。以井穴为例，如甲日甲戌时开取胆经井穴足窍阴，欲知乙日开井穴的时间，按阳进阴退原则，天干由甲进一数为乙，地支由戌退一数为酉，则乙日开井穴大敦应在乙酉时。余可依此类推(表9-5)。

表9-5 子午流注按时开井穴

日干	甲	乙	丙	丁	戊	己	庚	辛	壬	癸
时辰	甲→戌	乙→酉	丙→申	丁→未	戊→午	己→巳	庚→辰	辛→卯	壬→寅	癸→亥
经脉	胆	肝	肺	大肠	胃	脾	心	小肠	膀胱	肾
井穴	足窍阴	大敦	少泽	少冲	厉兑	隐白	商阳	少商	至阴	涌泉

注：→阳进　←阴退

流注从甲日起开穴,至癸日而终,至于癸日肾经开涌泉穴,则不按阴退的原则,而在癸亥时开涌泉。其因是每日每经值11个时辰,10日值110个时辰,10日应相差10个时辰,故不在癸丑时开穴而推后10个时辰在癸亥时开穴,这样使甲日戌时相交的流注循环不受影响。

(2) 经生经、穴生穴:继每日开取井穴之后,欲掌握当日以后时辰应开腧穴,可按经生经、穴生穴的原则推演。阳日阳时开阳穴,阴日阴时开阴穴。例如,甲日胆经主气(值日),甲戌时开胆经井穴足窍阴,甲为阳木,按阳日阳时开阳经穴,甲戌下一个阳时为乙日的丙子,丙为阳火属小肠,而上一个时辰所开井穴足窍阴五行属金,金生水,故丙子时当开小肠经的荥(水)穴前谷;丙子下一个阳时为戊寅,当开胃经输穴陷谷;戊寅下一个阳时为庚辰,当开大肠经经穴阳溪;庚辰下一个阳时为壬午,当开膀胱经合穴委中;壬午下一个阳时为甲申,与第一个时辰甲戌同起于甲,此为"日干重见",起于甲必重见于甲,起于乙必重见于乙,间隔四个时辰(表9-6)。

表9-6 甲胆主气日

时辰	甲戌	丙子	戊寅	庚辰	壬午	甲申(日干重见)
时间	19~21	23~1	3~5	7~9	11~13	15~17
经脉	胆	小肠	胃	大肠	膀胱	三焦(气纳三焦)
五输	井	荥	输	经	合	荥
穴名	足窍阴	前谷	陷谷	阳溪	委中	液门(他生我)
五行	金	水	木	火	土	水

依次如乙日肝经主血(值日),乙酉时开取肝经井穴大敦;乙为阴木,按阴日阴时开阴经穴,乙酉下一个阴时为丁亥,丁为阴火属心,而上一个时辰所开井穴大敦五行属木,木生火,故丁亥时当开心经荥(火)穴少府;丁亥下一个阴时为己丑,己丑为阴土属脾,当开脾经输穴太白;己丑下一个阴时为辛卯,辛为阴经属肺,当开肺经经穴经渠;辛卯下一个阴时为癸巳,癸为阴水属肾,当开肾经合穴阴谷;癸巳下一个阴时为乙未,其与第一个时辰乙酉同起于乙,亦为"日干重见"(表9-7)。

表9-7 乙肝主血日

时辰	乙酉	丁亥	己丑	辛卯	癸巳	乙未(日干重见)
时间	17~19	21~23	1~3	5~7	9~11	13~15
经脉	肝	心	脾	肺	肾	心包(血归包络)
五输	井	荥	输	经	合	荥
穴名	大敦	少府	太白	经渠	阴谷	劳宫(我生他)
五行	木	火	土	金	水	火

(3) 返本还原:返本还原,"本",指本日的值日经,"原",指值日经的原穴。其意为阳经在开腧穴的同时,必须同开原穴。开取原穴的时间是在开取井穴后的四个时辰。例如,胆经在甲日甲戌时开取井穴足窍阴,到乙日戊寅时则开取原穴丘墟。阴经无原穴,可以输穴代之。

(4) 气纳三焦：指天干重见日阳经五输穴均已开过，根据三焦为阳气之父，诸阳气皆归于三焦的理论，按"他生我"（"他"指三焦经的五输穴，"我"指值日经）的规律，开取三焦经的五输穴。例如，甲日五输穴开过以后，在日干重见的甲申时，则开三焦经的荥水穴液门。余皆类推。

(5) 血归包络：血归包络是指天干重见日阴经的五输穴均已开过，根据心包为阴血之母，诸血皆归于心包的理论，按"我生他"（"我"指值日经，"他"指三焦经的五输穴）的规律，开取心包经的五输穴。例如，乙日五输穴开过以后，在日干重见的乙未时，则开心包经的荥火穴劳宫。余皆类推。

开取三焦经和心包经的五输穴都在日干重见时，也就是主经（值日经）开井穴之后的五个时辰。此外，在壬、癸日开值日经原穴时，同开三焦经或心包经原穴。

（二）纳支法的运用

子午流注纳支法又称"纳子法"，其运用方法是按十二地支时间的推移配合十二经脉气血的运行顺序开穴施治，也可按五输穴配合五行相生的母子关系取穴针刺。

1. 按时循经取穴法 按时循经取穴法又称"一天六十六穴法"，是将一天分为十二时辰，一个时辰分属一经，即寅时属肺；卯时属大肠；辰时属胃；巳时属脾；午时属心；未时属小肠；申时属膀胱；酉时属肾；戌时属心包；亥时属三焦；子时属胆；丑时属肝。这种配属关系是固定不变的。

气血流注有盛有衰，肺气旺于寅时（清晨3~5点）而终于卯时。如肺经发生病变，可选取肺经的有关腧穴，当其方盛时，采用"迎而夺之"的泻法；肺气衰退之时，采用"随而济之"的补法。其他各经病变依此类推。

2. 补母泻子取穴法 补母泻子取穴法是根据五输穴与五行的相生规律，法于"虚则补其母、实则泻其子"的治疗原则，以子母穴作为基础。例如，肝经病变属实者，取肝经的子穴行间（五行属火），针刺用泻法；虚证则取肝经的母穴曲泉（五行属水），针刺用补法。各经病变依此类推（表9-8）。

表9-8 补母泻子取穴法

经脉	五行	流注时间	证候举例	补法		泻法		本穴	原穴
				母穴	时间	子穴	时间		
肺	辛金	寅	咳喘、心烦、胸满	太渊	卯	尺泽	寅	经渠	太渊
大肠	庚金	卯	齿痛、咽喉及口面鼻疾患	曲池	辰	二间	卯	商阳	合谷
胃	戊土	辰	腹胀、烦满、脚气	解溪	巳	厉兑	辰	足三里	冲阳
脾	己土	巳	舌本强、腹胀满、体重、黄疸	大都	午	商丘	巳	太白	太白
心	丁火	午	咽干、舌痛、掌热	少冲	未	神门	午	少府	神门
小肠	丙火	未	项强、颔肿、肩痛	后溪	申	小海	未	阳谷	腕骨
膀胱	壬水	申	头项腰背腘踹痛、癫疾	至阴	酉	束骨	申	足通谷	京骨
肾	癸水	酉	心悸、腰痛、少气	复溜	戌	涌泉	酉	阴谷	太溪
心包	丁火	戌	心烦、胁痛、妄笑	中冲	亥	大陵	戌	劳宫	大陵
三焦	丙火	亥	耳聋、目痛、喉闭、癃闭	中渚	子	天井	亥	支沟	阳池
胆	甲木	子	头痛、胁痛、疟疾	侠溪	丑	阳辅	子	足临泣	丘墟
肝	乙木	丑	胁痛、疝气、呕逆	曲泉	寅	行间	丑	大敦	太冲

四、子午流注推算法

运用子午流注针法治病，首先必须对患者就诊时的年、月、日、时的干支进行推算，求得逐日按时开穴的正确时间。因此,必须掌握年干支、月干支、日干支、时干支的推算方法,特别是日、时干支尤为重要。

1. **干支推算法** 干支推算法包括年干支、月干支、日干支、时干支的推算方法。

(1) 年干支推算法:年干支即"干支纪年",天干始于甲而终于癸,计有10数;地支始于子而终于亥,计有12数。干支配合,天干轮6次(10×6=60),地支轮5次(12×5=60),成为六十环周的年序(表9-9)。例如,2008年为戊子年,依次顺推则2009年为己丑年,2010年为庚寅年……

表9-9 干支六十环周次序

甲子	乙丑	丙寅	丁卯	戊辰	己巳	庚午	辛未	壬申	癸酉
甲戌	乙亥	丙子	丁丑	戊寅	己卯	庚辰	辛巳	壬午	癸未
甲申	乙酉	丙戌	丁亥	戊子	己丑	庚寅	辛卯	壬辰	癸巳
甲午	乙未	丙申	丁酉	戊戌	己亥	庚子	辛丑	壬寅	癸卯
甲辰	乙巳	丙午	丁未	戊申	己酉	庚戌	辛亥	壬子	癸丑
甲寅	乙卯	丙辰	丁巳	戊午	己未	庚申	辛酉	壬戌	癸亥

干支六十环周歌诀:

一子二戌三为申,四午五辰六为寅;

起于甲子终癸亥,六十花甲一周循。

确定年干支,还有一种更为简便的公式计算法,即以所求的年数减去3,再除以干支的周期数(60),所得商之后的余数就是所求年干支的代表数。如求2009年的干支,按上述公式就是:(2009-3)/60=33……26,余数26即为2009年的干支代表数。查对表9-9,26代表己丑,便知2009年为己丑年。倘若正好除尽,没有余数,则该年年干支即为第60数(癸亥年)。

(2) 月干支推算法:推算一年中每月的月干支,是以农历计算。每年的1月都是寅月,5月都是午月,11月都是子月,各月固定不变,具体推算时应从寅月开始。

月干支推算歌诀:

各月干支顺行流,甲己之年丙作首;

乙庚之岁戊在上,丙辛之年庚为头;

丁壬之岁是壬寅,戊癸之年甲寅求。

歌诀的首句,其意为逢甲、己之年,两年第一个月的干支都起于丙寅,丁卯即为第二个月的干支;乙年和庚年第一个月的干支都起戊寅,己卯即为第二个月的干支。以下顺次类推。

此外,还有一种简便方法,只要记住下面的简单数式即可。

1(甲)2(乙)3(丙)4(丁)5(戊)

6(己)7(庚)8(辛)9(壬)10(癸)

3(丙)5(戊)7(庚)9(壬)1(甲)

这个简单数式的意思是:1(甲)与6(己)年1月的天干是3(丙),其干支即为丙寅;2(乙)与7(庚)年1月的天干是5(戊),其干支即为戊寅;3(丙)与8(辛)年1月的天干是7(庚),其干支即为庚寅;4(丁)与9(壬)年1月的天干是9(壬),其干支即为壬寅;5(戊)与10(癸)年1月的天干是1(甲),其干支即为甲寅。例如,2009年是己丑年,1月的干支是丙寅。知道了1月的干支,其他各月的干支按天干地支60环周顺序向下推算。

(3) 日干支推算法:在推算年、月干支之后,还要推算日干支。日干支的推算不用农历而用阳历,因为农历存在大小月和闰月不固定的情况,推算比较困难。而阳历除了每4年有1次闰2月(2月份多1天,为29天)外,每年的大小月都是固定不变的,改用阳历推算日干支就比较容易。2000～2047年各年元旦的日干支见表9-10。

表9-10　2000～2047年各年元旦的日干支

闰年		平年					
年份	元旦干支	年份	元旦干支	年份	元旦干支	年份	元旦干支
2000	戊午	2001	甲子	2002	己巳	2003	甲戌
2004	己卯	2005	乙酉	2006	庚寅	2007	乙未
2008	庚子	2009	丙午	2010	辛亥	2011	丙辰
2012	辛酉	2013	丁卯	2014	壬申	2015	丁丑
2016	壬午	2017	戊子	2018	癸巳	2019	戊戌
2020	癸卯	2021	己酉	2022	甲寅	2023	己未
2024	甲子	2025	庚午	2026	乙亥	2027	庚辰
2028	乙酉	2029	辛卯	2030	丙申	2031	辛丑
2032	丙午	2033	壬子	2034	丁巳	2035	壬戌
2036	丁卯	2037	癸酉	2038	戊寅	2039	癸未
2040	戊子	2041	甲午	2042	己亥	2043	甲辰
2044	己酉	2045	乙卯	2046	庚申	2047	乙丑

日干支的推算方法是:平年可利用当年元旦干支的代数作为基础,加上所求的日数,然后再按各月或加或减,再除去干支的周转数,所得商之后的余数即为所求的日干代数。若逢闰年,因2月份多1天,故用上法推算时,从3月份起,应在所求出代数上再加1,即为闰年所求日干支的代数。日干支各月加减数见表9-11。

表9-11　日干支各月加减数

月份	1月		2月		3月		4月		5月		6月		7月		8月		9月		10月		11月		12月	
干支	干	支	干	支	干	支	干	支	干	支	干	支	干	支	干	支	干	支	干	支	干	支	干	支
平年	减1	减1	加0	加6	减2	加10	加1	加5	减1	加1	加0	加6	减0	加0	加1	加7	加2	加2	加2	加8	加3	加3	加3	加9
闰年	0	0	0	0	余数加1																			

例如,2009年元旦为丙午(从表9-10得知),丙的代表数是3,午的代表数是7,其各月1日的干支可按上述方法推算出表9-12的结果。

表9-12　2009年各月1日的干支推算法(平年,元旦为丙午)

月　日	推算方式	日干支
1月1日	干 3+1-1=3 支 7+1-1=7	丙 午
2月1日	干 3+1+0=4 支 7+1+6=14	丁 丑

续 表

月 日	推算方式	日干支
3月1日	干 3+1−2=2 支 7+1+10=18	乙巳
4月1日	干 3+1−1=3 支 7+1+5=13	丙子
5月1日	干 3+1−1=3 支 7+1−1=7	丙午
6月1日	干 3+1+0=4 支 7+1+6=14	丁丑
7月1日	干 3+1+0=4 支 7+1+0=8	丁未
8月1日	干 3+1+1=5 支 7+1+7=15	戊寅
9月1日	干 3+1+2=6 支 7+1+2=10	己酉
10月1日	干 3+1+2=6 支 7+1+8=16	己卯
11月1日	干 3+1+3=7 支 7+1+3=11	庚戌
12月1日	干 3+1+3=7 支 7+1+9=17	庚辰

如果想知道下一年元旦干支,只要推算出本年12月31日的日干支,就可以知道下一年元旦日干支。例如,2002年12月31日是"癸酉","癸酉"下是"甲戌",甲戌即是2003年元旦日干支。其他依此类推。

(4) 时干支推算:一日始于子时,所以时干支也从子时开始推算。每日子时的时干与日干相关,即甲己起甲子,乙庚起丙子,丙辛起戊子,丁卯起庚子,戊癸起壬子。

时干支推算歌诀:

甲己还加甲,乙庚丙作初;
丙辛生戊子,丁壬庚子头;
戊癸起壬子,周而复始求。

凡甲日或己日都从甲子起始,然后是乙丑、丙寅、丁卯……直至乙亥。乙日、庚日从丙子起始,丙日、辛日从戊子起始,丁日、壬日从庚子起始,戊日、癸日从壬子起始。由于5天为60个时辰,正值一个干支周期,所以甲日与己日、乙日与庚日、丙日与辛日、丁日与壬日、戊日与癸日的时干支是一致的(表9-13)。

表9-13 时干支推算法

日干	时辰(时)	子 23-1	丑 1-3	寅 3-5	卯 5-7	辰 7-9	巳 9-11	午 11-13	未 13-15	申 15-17	酉 17-19	戌 19-21	亥 21-23
	甲日、己日	甲子	乙丑	丙寅	丁卯	戊辰	己巳	庚午	辛未	壬申	癸酉	甲戌	乙亥
	乙日、庚日	丙子	丁丑	戊寅	己卯	庚辰	辛巳	壬午	癸未	甲申	乙酉	丙戌	丁亥
	丙日、辛日	戊子	己丑	庚寅	辛卯	壬辰	癸巳	甲午	乙未	丙申	丁酉	戊戌	己亥
	丁日、壬日	庚子	辛丑	壬寅	癸卯	甲辰	乙巳	丙午	丁未	戊申	己酉	庚戌	辛亥
	戊日、癸日	壬子	癸丑	甲寅	乙卯	丙辰	丁巳	戊午	己未	庚申	辛酉	壬戌	癸亥

此外,还有一种简便方法,只要记住下面的简单数式即可。

1(甲)2(乙)3(丙)4(丁)5(戊)
6(己)7(庚)8(辛)9(壬)10(癸)
1(甲)3(丙)5(戊)7(庚)9(壬)

这个简单数式的意思是:1(甲)与6(己)日子时的天干是1(甲),其干支即为甲子;2(乙)与7(庚)日的天干是3(丙),其干支即为丙子;3(丙)与8(辛)日的天干是5(戊),其干支即为戊子;4(丁)与9(壬)日的天干是7(庚),其干支即为庚子;5(戊)与10(癸)日的天干是9(壬),其干支即为壬子。

2. 子午流注计算盘推算法 子午流注计算盘是由3个大小不同的圆盘组成的(图9-1)。

第一盘(a盘):盘周1~0是代表阳历日数(1包括1、11、21、31四日,2包括2、12、22三日;3包括3、13、23三日……余可类推)。

第二盘(b盘):盘中1~12是代表阳历月数,其旁甲、乙、丙、丁……代表日干,边缘附地支对时表。

第三盘(c盘):从内向外第一、第二圈是子午流注所用腧穴,第三圈是时辰,第四圈是日干。

子午流注计算盘使用方法和步骤如下:

(1) 先将第一盘(a盘)1对准第二盘本年元旦的日干,如年元旦日是"己",那么"1"就应对着"己"这一格。

(2) 推算时,先找日,后找月,从月旁找日干,从日干找某时应开之穴。例如,推算2002年7月18日亥时应开之穴,应先在第一盘找到8日这一格,在同格第二盘上找到1月,1月旁日干是丙,然后将第二盘(主)穴缺口转到丙日,按十二地支子、丑、寅、卯、辰、巳、午、未、申、酉、戌、亥的顺序,找到丙日己亥时无开穴(主),同时在对面辛日缺口中出现己亥时阴陵泉(客)。若主日穴不开,即用(客日)开穴。若主、客两日均无开穴,是为闭穴。主客两穴可以互相调用,唯原穴不能互相通用。

(3) 以上推算指平年,若逢闰年推算时,1~2月同上,3~12月需将第一盘移前一格。例如,2004年是闰年,元旦日干是"己",推算3~12月的日干,应从"己"移至下一格"辛",然后按上法推算。

第九章 子午流注针法与灵龟八法

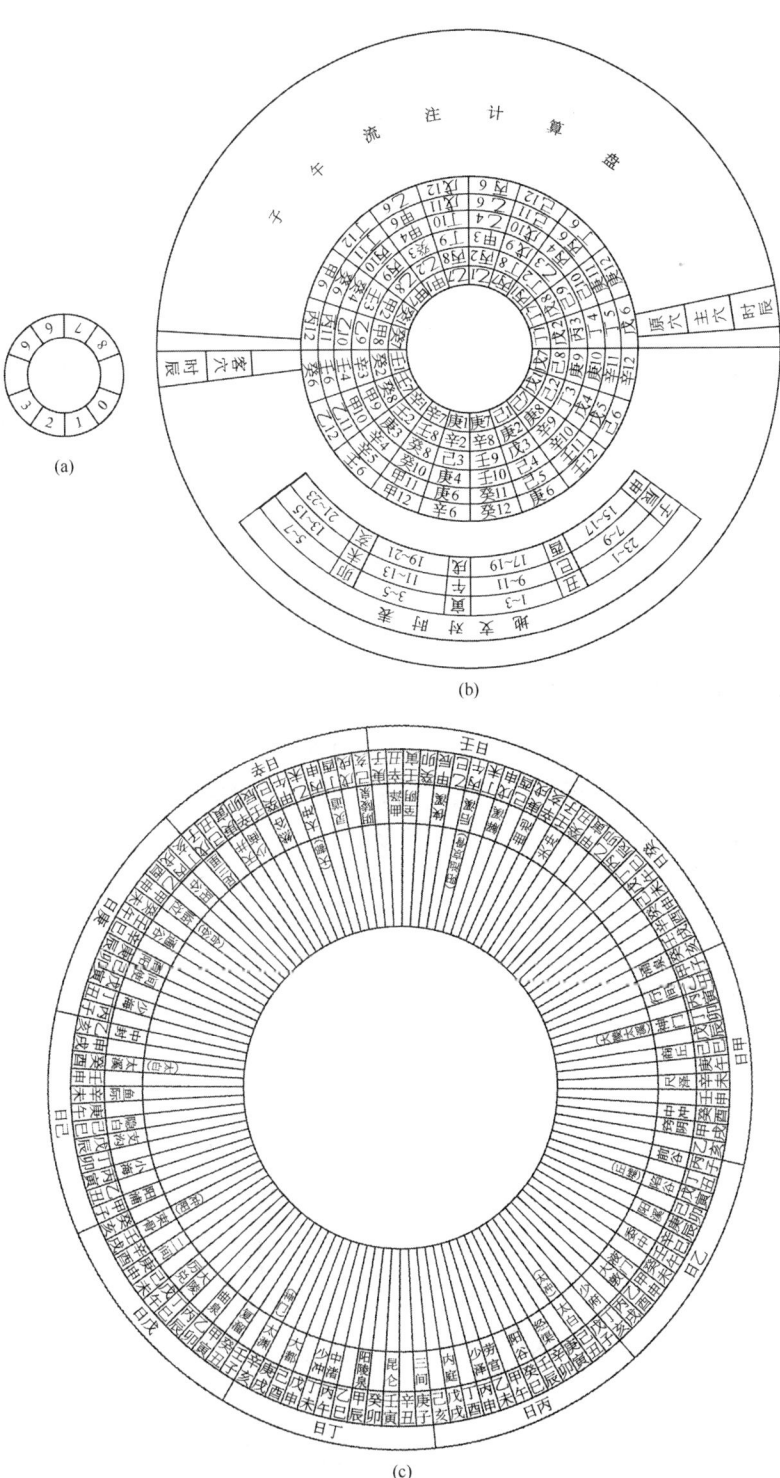

图9-1 子午流注计算盘

第二节　灵龟八法

一、概述

灵龟八法又称"奇经纳甲法""奇经纳卦法"。它是运用古代哲学的八卦九宫学说,结合人体奇经八脉气血的会合,取其与奇经相会的8个穴位,按照日时干支的推演数字变化,采用相加、相除的方法,作出按时取穴的一种针刺法。灵龟八法与子午流注针法同属于以时间为条件的配穴法,两者存在着相辅相成的关系。

灵龟八法是在窦汉卿著《针经指南》中所运用的八脉八穴基础上发展起来的,到宋、元时代干支盛行时才配以八卦九宫,到明代徐凤所著《针灸大全》中正式提出"灵龟八法"这一名称。杨继洲在《针灸大成》中指出:"八法神针妙,飞腾法最奇,砭针行内外,水火就中推,上下交经走,疾如应手驱,往来依进退,补泻逐迎随。"后人将灵龟八法作为一种针灸流派而传播至今。

二、灵龟八法的基本内容

1. **九宫、八卦、八脉八穴相互关系**　八卦是古人取阴阳之象,结合自然界的天、地、水、火、风、雷、山、泽而构成。即乾为天,作☰形;坤为地,作☷形;坎为水,作☵形;离为火,作☲形;巽为风,作☴形;震为雷,作☳形;艮为山,作☶形;兑为泽,作☱形。

九宫指的是四面八方及中央九个方位与八卦名称和图像结合而成。其配对的方法根据九宫歌,"戴九履一、左三右七、二四为肩、八六为足、五十居中、寄于坤局"。九宫配上八脉八穴即为八法,其配对的方法根据八法歌"坎一联申脉、照海坤二五、震三属外关、巽四临泣数、乾六是公孙、兑七后溪府、艮八系内关、离九列缺主"。八卦、九宫、八脉交会穴相互关系见图9-2、表9-14。

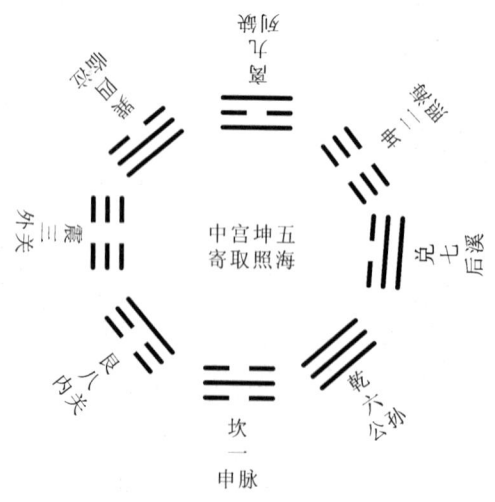

图9-2　八脉八穴配合九宫八卦图

表9-14 八卦、九宫、八脉交会穴相互关系

八卦	乾	坎	艮	震	巽	离	坤	兑
九宫	六	一	八	三	四	九	二、五	七
八脉交会穴	公孙	申脉	内关	外关	足临泣	列缺	照海	后溪

2. **八脉交会及八脉交会穴之间的相互关系** 八脉交会是指奇经八脉通过八脉交会八穴与十二经脉相通,起着统帅和调节十二经脉气血盈亏的作用。交会八穴所通奇经及所合部位、主治在上篇特定穴的临床应用一节中已详细介绍。而《难经》还将八穴分为四组,相互配合,喻之谓"父母"、"夫妻"、"男女"、"主客"相互间关系(表9-15)。

表9-15 八脉交会八穴的相互关系

穴名	互相关系	所通奇经	所合部位
公孙	父	冲脉	心、胸、胃
内关	母	阴维脉	
后溪	夫	督脉	目内眦、颈项、耳、肩
申脉	妻	阳蹻脉	
足临泣	男	带脉	目锐眦、耳后、颊、颈、肩
外关	女	阳维脉	
列缺	主	任脉	肺系、咽喉、胸膈
照海	客	阴蹻脉	

3. **八法逐日干支代数** 八法逐日干支代数是演算灵龟八法的基本数字,是八法取穴的依据。其由来是根据五行生成数和干支顺序的阴阳决定的(表9-16)。

表9-16 八法逐日干支代数

代数	10	9	8	7
天干	甲己	乙庚	丁壬	丙戊辛癸
地支	丑辰未戌	申酉	寅卯	子巳午亥

4. **八法临时干支代数** 每日每个时辰的干支亦各有一个代数,这个代数与逐日干支代数有着同样的意义(表9-17),是推演八法必须掌握的内容。

表9-17 八法临时干支代数

代数	9	8	7	6	5	4
天干	甲己	乙庚	丙辛	丁壬	戊癸	
地支	子午	丑辰未戌	寅申	卯酉	辰戌	巳亥

三、灵龟八法的临床运用

1. **开穴法** 临床运用灵龟八法是将日、时干支的数字共同相加,得出四个数字的和数,然后按照阳日除以9、阴日除以6的公式,所得商之外的余数,就是八卦分配某穴的代数,也就是当时应开

的腧穴。

公式： （日干＋日支＋时干＋时支）÷9(阳)或 6(阴)＝商…(余数)

如欲求甲子日的子、丑等时应开之穴,首先要从甲子日上推算出时干,甲子时按五虎建元(日上起时干)推算,则仍起于甲子,再按六十甲子的顺序排列,第二个时辰就是乙丑。

八法逐日干支代数,甲为10,子为7;八法临时干支代数,甲为9,子亦为9;四数相加的总和为35,由于天干的甲属阳,故用9除,所剩的余数是8,8为内关穴的代数。所以甲子日的甲子时当开内关穴。

甲子日乙丑时的代数是16,加上逐日甲子的代数17,合为33数,由于天干的甲属阳,故仍用9除,所剩余数是6,6为公孙穴的代数。所以甲子日乙丑时当开公孙穴。

又如,欲求乙丑日辛时应开之穴,乙日的辛时为辛巳,天干乙的代数为9,地支丑的代数亦为10,时干辛的代数为7,地支巳的代数为4,四数相加的合数为30,由于乙日属阴,所以要被6除,其结果是除尽无余(遇到这种情况,阳日作9计算,阴日作6计算),由于乙日为阴日,作6计算,故应开之穴为公孙穴。

以上仅是开穴的公式计算法,临床应用时,还有父母、夫妻、男女、主客等配穴关系,就是公孙配内关,后溪配申脉,外关配足临泣,列缺配照海。可以同上述计算法相互为用。

为了便于掌握和运用灵龟八法开穴,介绍灵龟八法逐日按时开穴环周盘的使用方法如下:灵龟八法逐日按时开穴环周盘(图9-3)。

2. **定时取穴、配穴治疗** 根据病情选取与病情相适应的八法开穴的穴位,再配以适当的经穴进行治疗。例如,头面疾患可选后溪、列缺、临泣、照海适应证的开穴时间;胃、心、胸等疾患可选公孙、内关适应证的开穴时间进行治疗。本法适用于治疗慢性疾病。

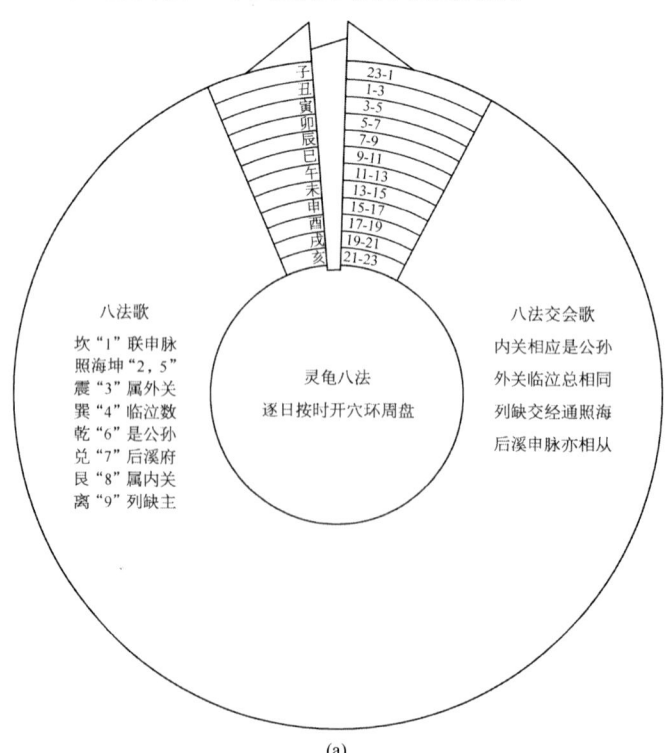

(a)

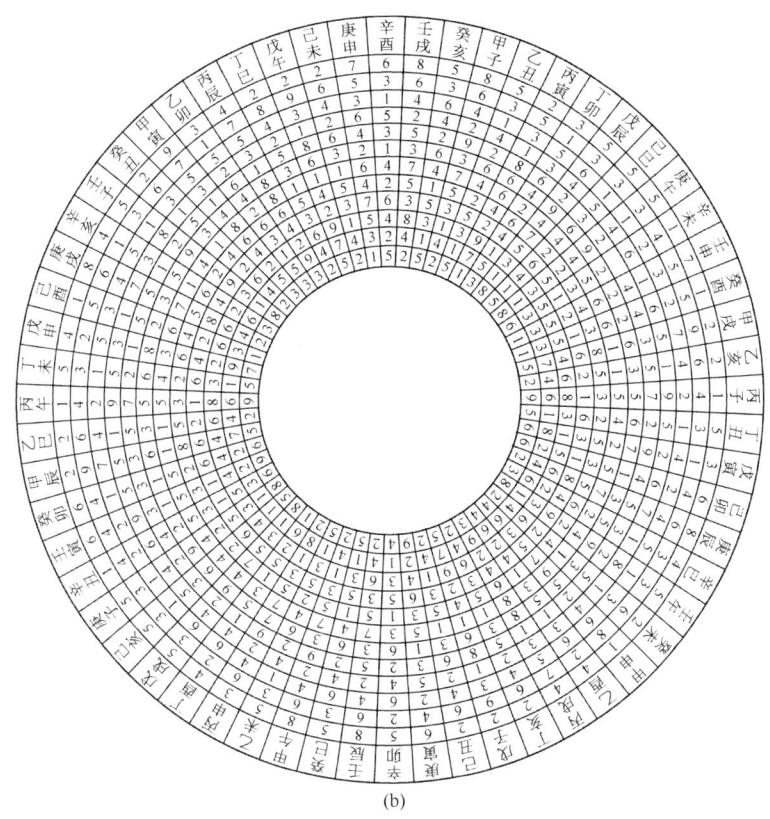

(b)

图9-3 灵龟八法逐日按时开穴环周盘

3. **按时取穴、配合病穴** 根据患者来诊时间所开的八法穴,再配合与疾病相适应的穴位进行治疗,以扶正祛邪,消除病痛。例如,厥心痛患者,适逢丙申日己丑时,即先开公孙、内关,再取厥阴俞、巨阙疗之;又如蛔厥患者,时逢壬午日癸卯时,即先开内关、公孙,再配中脘、肝俞、胆俞。此即开穴与病穴合用,以提高临床疗效。

4. **流注、八法联合应用** 子午流注法与灵龟八法皆以"时穴"为主,两者都是建立在"天人相应"基础上,按着气血盛衰规律进行选穴的。两者联合应用,可先开八法穴,再配纳干按时取穴;或先开八法穴,再配纳支取穴;或根据病情预定八法开穴时间,再配纳干定时取穴。临床根据具体情况适当配伍应用,才能更好地发挥时穴的疗效。

【附】 飞 腾 八 法

飞腾八法是以八脉交会穴为基础,按时开穴的一种方法。它的运用与灵龟八法略有不同,它不论日干支和时干支均以时干支为主(表9-18),不用零余方法。具体运用方法应根据飞腾八法歌诀。

表 9-18　天干八穴八卦配合表

天干	壬甲	丙	戊	庚	辛	乙癸	己	丁
八穴	公孙	内关	足临泣	外关	后溪	申脉	列缺	照海
八卦	乾	艮	坎	震	巽	坤	离	兑

飞腾八法歌：

壬甲公孙即是乾，丙居艮上内关然；
戊为临泣生坎水，庚属外关震相连；
辛上后溪装巽卦，乙癸申脉到坤传；
己土列缺南离上，丁居照海兑金全。

例如，本日天干是甲或是己，按"五虎建元"法推算，既是"甲己之日起丙寅"。丙寅应取内关穴，因丙配艮卦内关（其他如丙申、丙戌、丙辰、丙午皆同）。又如戊辰时取临泣，己巳时取列缺等均同此例。

第十章 针灸临床研究进展

导学

针灸临床近几十年来得到飞速发展,特别是针灸与其他学科的交叉,使针灸医学的临床研究出现了较大的跨越,尤其是在针灸作用机制方面的研究更加深入,为针灸临床提供了科学依据。本章系统介绍了针灸在神经系统、呼吸系统、心血管系统、消化系统、泌尿和生殖系统、运动系统、内分泌系统、妇产科、皮肤科、五官科等方面的研究进展。通过学习,要求熟悉并了解相关针灸前沿的知识,扩充知识面,为走向临床奠定基础。

伴随针灸临床的普及和发展,针灸疗法越来越得到公众的认可,近几十年来,针灸临床研究也有了快速的发展。特别是现代科学发展日新月异,可以用崭新的手段、不同的视角对针灸临床进行研究。而针灸医学与其他学科的交叉,使针灸临床的研究出现了质的飞跃。其表现为治疗病种的扩大、治疗手段的多样化、治疗效果的提高和研究层次的深入,部分研究已经深入到亚细胞及分子水平。

一、神经系统及精神心理疾病

神经系统及精神心理疾病是针灸临床的主要病种,针灸治疗本系统病证达70种左右,如中风、精神抑郁症、血管性痴呆、癫痫等。

(一) 中风

中风病是针灸临床最为常见的病种之一,在临床研究上有较大的突破。集中表现在对病机的认识、治疗思路和针灸治疗机制等方面。在发病机制上认识不断深化,如天津通过9 005例的大样本临床观察,提出了本病病机关键在于"窍闭神匿,神不导气"。"窍"指脑窍、清窍;"闭"指闭塞;"神"指脑神、心神;"匿"指藏而不现。"气"指脑神所表现在外的功能活动,如肢体活动功能、神志活动、吞咽功能等。"神不导气"指脑神对其所主导的功能活动失于调节。此外,对中风病的血瘀病机也进一步得到阐发。

在治疗脑梗死的思路方面,许多问题达成共识。集中表现在治疗时机的确立,即及早应用针刺则疗效越好,结束了中风急性期是否应用针灸的争论。急性期应用针刺的报道日渐增多,大部分学者认为,不仅急性期运用针刺的效果理想,而且用针刺可治疗和缓解部分危象,如呼吸衰竭用气舍穴等。实验研究也证实,针刺可改善微循环,及时有效地促进大脑表面的侧支代偿功能,提高SOD活性,减轻脑细胞损伤,减轻Ca^{2+}细胞内流等。

针刺治疗脑出血急性期取得了巨大的进展,肯定了运用针刺的必要性和良好疗效,但必须重视生命体征的平稳。较有意义的研究提示,继续出血量小于 40 ml 者,针刺疗效较好。当然讨论此问题还应结合出血部位。

针灸治疗中风的部分处方逐渐被相对固定与推广。如天津创立的"醒脑开窍"针刺法,施术手法规范,可操作性强,已在国内外数十个单位及地区推广。处方主穴为内关、水沟、三阴交,可用于出血性和缺血性中风的各期。头针处方报道也不少,较大样本的报道如顶颞前斜线、百会透曲鬓、颞三针等。

对于中风并发的假性延髓麻痹及失音的治疗,处方以重视头部、颈项部、舌体局部为主,尤其是舌体局部和咽后壁的点刺法,强调舌下出血和强刺激。还有针灸用于治疗中风痉挛性瘫痪也得到越来越多的临床医师和患者的认可。

综合治疗的观念已形成。大家一致认为,针刺治疗中风的同时,必须结合肢体功能、语言功能等的康复锻炼和训练性治疗。20 世纪 90 年代以来,在我国部分地区已建立了一定规模的康复中心,使综合疗法的思路得到实施。

(二) 周围性面瘫

周围性面瘫选用地仓、颊车、阳白、太阳、迎香、水沟、承浆、翳风、风池、合谷等穴进行针刺治疗,据 23 个单位 8 895 例的统计资料,总有效率为 96%,治愈率为 68%。用针灸、激光针和穴位注射等法治疗 1 014 例,治愈 613 例,显效 157 例,进步 242 例,总有效率为 98.82%。以辨证选穴治疗 1 008 例,治愈及显效者为 61%,有效率为 96%。

目前对于周围性面瘫治疗,无论中医、西医都已达成共识,针灸疗法是最为有效的治疗方法之一。

(三) 血管性痴呆

血管性痴呆(VD)系指各种脑血管疾病引起的脑功能障碍而产生的获得性智能损害综合征,主要以记忆、认知、言语、性格、行为、判断、注意力和逻辑推理等方面的障碍为主要表现。有人采用体针、头针、眼针、穴位注射、针药结合等方法治疗,以"调神益智、平肝通络"为主要治则,均使患者症状得到了明显的改善。针灸疗效可靠,无副作用,其对整体的良性调整作用已经得到广泛认同。

(四) 精神抑郁症

精神抑郁症的针灸治疗主要以调神疏肝为大法,取督脉、心经、肝经穴为主,如百会、四神聪、印堂、神门、内关、膻中、三阴交、太冲、华佗夹脊穴等,可结合毫针、皮肤针、艾灸等多种方法,根据精神抑郁症的分型和病程,采用分期治疗的方法,即早期行气解郁,中期下气开结,后期益气宁神,取得了满意的疗效。精神抑郁症属精神心理性疾病,在治疗过程中还必须重视心理治疗。心理疏导、认知行为等心理疗法可改善患者的错误认知观念,争取患者的主动配合。若同时配合气功、太极拳等,则疗效更佳。

(五) 其他疾病

神经系统的其他疾病如乙型脑炎后遗症,用头穴电针与体针交替治疗,总有效率为 83.4%,如再结合其他康复措施进行早期治疗,则疗效更好。

对癫痫常选用大椎、水沟、鸠尾、内关、神门、合谷、陶道、风池、间使、哑门等穴,据 9 个单位 1 934 例的针刺治疗结果显示,总有效率为 85%,治愈和显效率为 24%~66%。

针灸治疗精神分裂症以病程短、有明显诱因者疗效较好。据 11 个单位 1 825 例资料表明,总有效率为 87%,治愈率为 51.8%。按狂躁、抑郁、妄想等不同类型,分组选穴治疗 500 例,痊愈 275 例,显效 84 例,好转 83 例,总有效率为 88.4%;电针组 133 例与药物组 108 例相比,疗效无显著性差异。

有人针刺治疗坐骨神经痛 198 例,痊愈 352 例(88%),显效 41 例(10.25%),进步 3 例(0.75%),总有效率为 99%。

针灸对智能发育不全、皮质盲、遗传性共济失调、小儿脑瘫、小儿多动症等也有一定疗效。

二、呼吸系统疾病

针灸治疗呼吸系统疾病达 10 余种,最主要的是支气管哮喘、急慢性支气管炎等,但近年来针灸治疗的研究有较大的进展。

针灸治疗哮喘历史悠久,方法多样,目前开展广泛,在临床上发挥了很大的优势。针刺治疗本病时大多选用肺经腧穴及肺俞、定喘、翳风等,对于缓解哮喘有确切的疗效。

有人用三棱针挑刺膻中、肺俞、定喘,不但可减轻和缓解症状,还发现患者血清组胺含量下降,末梢血嗜酸性粒细胞减少,肺功能增加;并通过动物实验证实本方法可使豚鼠实验性哮喘症状减轻,哮喘潜伏期延长,有明显的抑制效应。

有人用"冬病夏治"法于三伏日取肺俞、膈俞、肾俞穴,治疗哮喘 117 例,结果临床控制 66 例,显效 31 例,好转 12 例,无效 8 例,有效率 93%。

有人在肺俞、心俞、督俞部位进行针刺后,行刺络拔罐,共治疗 1 200 例,临床治愈及显效率达 80%。

化脓灸、伏灸、穴位埋线、穴位埋藏兔脑垂体、穴位注射自血(或抗炎抗过敏的中西药物)、穴位激光照射等法对哮喘发作均有较好的疗效,可迅速解除呼吸困难,增加通气量。一般以定喘、大椎、肺俞、膏肓、膈俞、天突、膻中、孔最、鱼际、足三里、丰隆等为主穴。

据 13 个单位对 3 230 例哮喘患者的研究,结果显示,显效以上疗效(包括治愈、临床治愈和显效)为 40.2%,总有效率为 89.7%。

从针灸治疗哮喘总的研究情况可初步得出几点结论:① 预防性治疗比发作时治疗效果好。② 刺络拔罐疗效理想。③ 穴位埋线、穴位埋藏法远期疗效较好。④ 对症治疗和整体增强免疫治疗相结合更有意义。

多种针灸疗法治疗肺气肿,如针刺、灸法、穴位贴敷、穴位注射、穴位埋藏、耳针疗法等,都取得较明显疗效。

三、心血管系统疾病

针灸治疗心血管系统病证达 30 余种,最主要的是冠心病、心律失常、心神经症、无脉症和高血压病、休克等。

(一) 冠心病

冠心病的针灸临床治疗主要有三个方面的进展。① 心绞痛发作的针灸治疗:针刺治疗对于减轻、缓解心绞痛有确切的作用。选择穴位基本为内关、郄门、心俞、厥阴俞,也有人选耳穴的心区。在针刺手法上多运用强刺激手法。② 缓解期的针灸治疗:在冠心病的缓解期,运用针灸进行康复性治疗是极有意义的。在治疗时,多选用内关、心俞为主穴,然后根据中医辨证分型增加穴位。③ 针灸治疗机制的探讨:近年来探讨针灸治疗本病已从原来的心电图、血流变的简单指标发展到较先进的指标,如有人证实针刺对冠心病患者血栓素/前列环素有良好的调整作用,对心绞痛患者 cGMP 有增高的即时效应。有人用多导生理仪对针刺治疗本病进行观察,发现针刺可使心绞痛患者心脏射血前期、等容收缩期明显缩短,射血间期逐渐延长,进一步证实了针刺的疗效。还有人应用针刺内关等穴治疗心肌梗死后心律失常 60 例,其疗效与利多卡因无差异。动物实验亦表明,针刺组可明显缩小心肌梗死的面积。

(二) 心律失常

针灸具有一定的抗心律失常的作用。一般以冲动起源异常或冠心病引起者的疗效较为满意,传导阻滞和心肌疾病引起者较差。有人针灸内关、神门等穴治疗各种原因引起的心律不齐 426 例,冲动起源失常者 198 例,有效率 86.4%;冲动传导异常者 22 例,有效率 18.2%;冠心病患者的心律失常 33 例,有效率 75.8%;心肌炎和心肌病者 40 例,有效率 80%;高血压者 23 例,有效率 82.6%;风湿性心脏病者 16 例,有效率为 62.5%;神经功能失调或原因不明者 94 例,有效率为 84.4%。其中年龄小、病程短的疗效较好。

针刺内关对缺血性室性心律失常影响的实验观察结果显示,在交感神经系统完整的情况下,可提高心脏的起搏阈、反复的心室反应阈值和室颤阈值,可以延长心室相对不应期和有效不应期,并使强度间期曲线向右明显移位。

(三) 心神经症

随着工作节律的加快,心理压力增大,心神经症的出现率越来越高,针灸治疗本病有很好的疗效,解决了西医无药可用的局面并避免了西药的毒副作用。有人应用针刺方法治疗病窦综合征,对患者的症状和体征有明显的改善。

(四) 无脉症

无脉症是周围血管疾患,见于西医学的缩窄性大动脉炎。有人应用针灸方法先后治疗了 100 多例患者,获得了良好的临床疗效。在选穴上,以人迎、太渊为主穴,结合心经、肺经、脾经、胃经排刺。在病情稳定时,可取消激素治疗,单用针灸治疗,并宜适当配合中药。

(五) 高血压病

针灸治疗高血压病的研究表明,针灸疗法对 Ⅰ 期、Ⅱ 期的原发性高血压病疗效较好,对症状性高血压病也有一定疗效。据 25 个单位针灸治疗 2 492 例患者资料表明,有效率为 71%～98%。降压的穴位常用太冲、合谷、曲池、丰隆、足三里、丘墟、风池等。针刺治疗高血压病患者无论收缩压或舒张压都有所降低,针后平均动脉压较针前显著降低,血管外周阻力减少,心功能改善。疗程结束后血清胆固醇及其与磷脂的比值也有显著下降。说明针刺治疗有全面调整高血压病患者的心血管功能和脂质代谢、改善血液黏滞性、改善血流动力学、调节神经递质等作用。

但现有报道多以观察近期疗效为主,因而针灸降压的远期疗效尚待进一步研究。

(六) 休克

针灸治疗休克过程中对机体的影响是多方面的。对失血性休克动物,针灸可提高心排血量,降低外周阻力;提高血氧含量,增强氧的利用;活跃肝糖原的分解,改善组织的能源供应,从而纠正休克并缓解休克引起的后果。在针刺水沟、承浆治疗休克的研究中,观察到电针可使休克家兔动脉血氧含量增高,而对正常动脉血氧水平无影响。对休克动物组织氧耗量有重新分布的调整作用,同时也增高肺的摄氧率。针刺升压作用较强的穴位有素髎、涌泉、水沟、十宣、合谷、内关、足三里、百会。针刺升压以强刺激、久留针、持续或间歇运针为好。根据临床观察,针刺对微循环痉挛期和微循环扩张期早期有较好的升压效果,而对微循环衰竭期则疗效较差。

四、消化系统疾病

针灸可治疗消化系统的 40 多种疾病,主要有消化性溃疡、急慢性肠炎、痢疾、阑尾炎和习惯性便秘等,但以消化性溃疡的研究最为深入。

从报道资料看,针灸治疗消化系统疾病大多以中脘、天枢、足三里、内关、胃俞、脾俞、曲池、支沟、上巨虚、内庭等为主穴,并结合辨证分型增加穴位,疗效肯定。

治疗方法多种多样,有针刺、耳针、艾灸、TDP 照射及配合药物灌肠、穴位埋线、推拿等方法。尤其是溃疡性结肠炎,大多需配合药物治疗,方可取得显著疗效。

研究表明,针灸对消化道的运动、消化腺的分泌、胆汁流量以及胆囊、胆道的舒缩功能等均有调整作用。针刺膻中、天突、合谷和巨阙穴可使正常食管壁蠕动增加、增强,管腔放宽。若管壁为肿瘤组织所代替或放疗后发生纤维化,针刺则无明显改变。

针刺足三里、胃俞等穴可以明显地改变胃和小肠的活动,其作用取决于当时胃肠道所处的功能状态。如胃的运动处于比较抑制的状态时,针刺能使胃的活动加强,胃体收缩幅度增大,频率加快,胃液的酸度和酶的活性升高;反之,则出现完全相反的情况。据 11 个单位报道,针刺治疗胃下垂 2 226 例,治愈率为 38.4%,总有效率为 91.4%。X 线检查证明,针刺可增强胃蠕动,提高胃肌张力,使胃的位置得以回升。临床报道针刺足三里、中脘等穴治疗胃扭转也有一定效果。

(一) 消化性溃疡

对消化性溃疡,针灸可以调整自主神经功能,降低胃黏膜兴奋性,减少促胃液素和胃酸的分泌,有保护胃黏膜、促进溃疡愈合等作用。据 9 个单位对消化性溃疡 549 例的针灸治疗资料显示,治愈率为 59%。针刺中脘、章门、脾俞、胃俞等穴治疗 30 例住院患者,主要症状缓解率为 93%~100%,胃镜观察有效率为 73%。

在动物实验中描记胃黏膜电位同时记录胃运动,证明针刺对胃电和胃运动的影响是一致的。有实验表明,针刺对胃和十二指肠溃疡患者胃电振幅的抑制与针刺的穴位有一定关系,即针刺胃俞>中脘>足三里>脾俞>梁门>头维>阳陵泉>对照点。一旦胃溃疡发生穿孔,针刺还可使大网膜向胃壁创口移动,包裹创面,形成粘连;并能提高腹膜的吸收功能和机体防御功能,促进伤口愈合。

(二) 急性胃肠炎

针灸治疗急性胃肠炎,即使只使用中脘、内关、足三里穴,效果也较为显著。故有人特将此三穴命名为"胃病方"。据报道,7 个单位针灸治疗急性胃肠炎 492 例,结果治愈率达 95%,多数患者经 1~3 次治疗即痊愈。有报道针灸治疗暴发型胃肠炎 301 例,治愈 296 例,治愈率为 98.3%。

(三) 阑尾炎

据研究,针刺治疗阑尾炎的作用在于对肠道和阑尾运动以及机体防御反应的影响。阑尾炎患者在针刺阑尾穴后,阑尾排空时间延长,并伴有局限性压痛,按此诊断可使病理检查符合率由84.7%上升到100%,并使手术的可靠性由61.1%上升为100%。

(四) 肝胆疾病

针灸治疗胆囊炎有一定疗效。针刺日月、阳陵泉、期门穴治疗急性胆囊炎150例,治愈142例,治愈率为94.7%,随访1年均未复发。针刺治疗慢性胆囊炎,完全缓解者为72%,总有效率达96.5%。针刺至阳穴治疗胆道蛔虫症总有效率为97%。

对胆石症,针刺有使胆囊收缩、促进排石、影响胆色素代谢、预防结石形成等作用。有研究者通过对大量胆石症患者的临床实验观察后指出,针刺巨阙、不容、阳陵泉、足三里等穴,对胆道口括约肌有明显的解痉作用,且能促进胆总管的收缩。针刺还能促进胆汁分泌,且有良好的镇静作用,均有利于胆道结石的排出。

针灸对肝脏功能有一定影响。针灸治疗急性黄疸型肝炎212例,主穴取太冲透涌泉、足三里,临床治愈177例,有效34例,无效1例,总有效率高达99.5%。对肝硬化患者运用中药敷贴期门、神阙等穴,能减轻乏力、纳呆、腹胀、腹水等症。

(五) 其他疾病

针刺治疗细菌性痢疾除有提高机体免疫防御功能外,对肠道局部也有影响,可抑制亢进的肠蠕动及扩张肠血管,增加肠血流量,有助于肠道病变的愈合。尤其在解决腹痛、里急后重、减少排便次数等方面有较好的疗效。

应用艾灸中脘、天枢、关元等穴治疗慢性非特异性溃疡性结肠炎也有较好疗效。针刺外陵、少海、气冲、幽门可使痉挛性结肠炎患者结肠痉挛解除。针刺足三里、三阴交、合谷、内关等穴可使便秘患者直肠蠕动增加,便意出现。

五、泌尿、生殖系统疾病

(一) 尿潴留和遗尿

针灸治疗各种原因所致的尿潴留均有较好的疗效。如针刺气海等穴治疗尿潴留患者170例,30 min内自动排尿者86例,30 min~2 h自动排尿者75例。据6个单位治疗各种尿潴留403例资料显示,针灸治愈率为75%,有效率为95%,以产后、术后及精神因素引起者效果最好。对神经源性膀胱疾病,针刺可降低膀胱排尿阈值,增加膀胱肌张力,升高膀胱内压而促使排尿;并能促使逼尿肌收缩,使残余尿量减少,甚至消失。

针灸治疗遗尿症,据11个单位224例治疗资料显示,治愈率为52.8%,总有效率为93.7%。

(二) 泌尿系结石

针刺治疗泌尿系结石,对缓解肾绞痛和排出结石有较好的效果。针刺在一定条件下能增强输尿管蠕动,促进排尿,特别在"体外震波碎石"疗法中有利于推挤结石下移和排出。在中西医结合治疗急腹症的动物实验研究中,观察到针刺可增加输尿管蠕动和尿流量,强刺激效应比弱刺激好,但刺激过强反而引起抑制作用。

有人针刺两侧三阴交、昆仑穴代替腹部加压进行静脉肾盂造影,100例全部获得成功,比腹部加压法更能提高诊断率。以造影剂在尿路(肾盂、输尿管)中停留的时间来判断肾盂收缩和输尿管蠕动的情况,结果表明,弱刺激手法可减弱肾盂的收缩,减慢输尿管的蠕动;强刺激手法可使肾盂收缩增强,输尿管蠕动加快,排空加快,且针刺的后效应可维持一段时间。

(三) 前列腺炎

目前慢性前列腺炎发病率较高,有增加的趋势。但因对本病确切的病因病理迄今尚无定论,且由于前列腺特有的脂膜屏障特性,因而缺乏良好的治疗手段。近年来,众多学者开展了针灸治疗本病的研究,取得一定进展。主要表现为:① 治疗方法多样,有针刺、电针、激光针、穴位注射、芒针、耳针、艾灸、刺络、磁疗、脐疗等10余种,其中以针刺最为常用。② 取穴注重腰、骶、下腹部,按穴位出现的频率依次为关元、中极、曲骨、会阴、肾俞、膀胱俞、次髎、秩边、水道、天枢、会阳等。远端按辨证配穴。③ 手法重在得气,多数要求针感传至会阴、尿道口、睾丸、肛门等区域。有人以长针用秩边透刺水道的方法,使针感传至会阴、尿道口,总有效率达90%以上。尽管临床研究的报道中判定标准不尽严格、统一,但总的来看,针灸的疗效是肯定的,总有效率均在80%以上,显示出针灸疗法对本病的优势。可以肯定,针灸疗法将弥补目前西医学对该病治疗的不足。

(四) 性功能低下

性功能低下包括阳痿、早泄、遗精及性冷淡等表现。针灸对于非器质性因素所致的性功能低下有显著的作用,针刺主要选用肝经、肾经、督脉和腰骶部、下腹部穴位,针刺应有较强的针感。据9个单位报道,针灸治疗性功能障碍(包括阳痿、早泄、不射精和逆行射精等)847例,其治愈率为74.3%。针刺肾俞、次髎等穴治疗阳痿153例,痊愈和进步108例,有效率70.6%。治疗不射精患者45例,痊愈和进步34例,有效率为75.6%。据6个单位资料统计,针灸治疗男性不育症(包括精子缺乏、精子异常、精子活动力低下等)377例,治愈率为63.4%。针刺中极、归来、肾俞等穴治疗本病105例,治愈率为52.38%,显效率为33.33%,总有效率为85.71%。针灸可能通过调整性激素分泌,以利于精子的成熟和储存,从而维持正常的生育条件。

六、运动系统疾病

针灸治疗运动系统疾病的报道颇多,显示了针灸疗法对本系统疾病的优势,其中对运动损伤类疾病的效果尤为突出。

(一) 一般痹证

有人对80例痹证患者针刺后,76.2%~84.3%的患者腧穴部位温度、痛阈和皮肤电位均有显著升高。痹证患者肢体血流图波幅较正常人明显降低,实验中肢体血流图呈现低波幅的33例患者针刺后有29例得到改善,说明针刺有增强血管张力、促进局部血液供应的作用,这些指标的变化与临床效果一致。治疗时选择适宜刺激强度是一个重要因素,有人认为弱刺激可使血流图波幅上升,强刺激可使波幅下降。

(二) 肩周炎

根据19个单位针灸治疗肩周炎2 154例的结果显示,痊愈1 312例,治愈率为60.9%,总有效率在95%左右。局部主要取"肩三针"(肩髃、肩前、肩贞)为主,配合远端取穴。用缪刺、巨刺法治疗343例,痊愈222例(64.7%),总有效率98.1%。

(三) 类风湿关节炎

类风湿关节炎目前仍属世界性难题,但有人采用火针疗法治疗本病取得一定效果。实验亦表明针灸能缓解实验性类风湿关节炎大鼠关节皮下软组织及滑膜充血、水肿程度,减轻淋巴细胞、单核细胞等炎症细胞对关节滑膜的浸润,影响关节滑膜细胞的增生反应,并在一定程度上阻止病变的进展。针灸曲池、肩贞、巨骨等穴治疗类风湿关节炎468例,有效率88%。

(四) 各种扭伤及骨关节病

有人针刺水沟、睛明穴治疗急性腰扭伤1 000例,治愈77.2%,显效19.9%,无效2.9%,总有效率97.1%。针刺支沟、阳陵泉穴治疗挫闪胁痛120例,有效率为95%。根据上病下取、下病上取的原则,针刺对应点治疗急性关节扭挫伤1 000例,治愈891例,好转103例,无效6例,总有效率为99.4%。针刺夹脊、肾俞、大肠俞等穴治疗增生性脊柱炎194例,治愈74例,好转111例,无效9例,总有效率为95.3%。电针夹脊穴治疗腰椎关节突关节错位2 196例,治疗1~3次即见效,痊愈1 776例,好转408例,无效12例,总有效率为99.45%。新九针治疗第三腰椎横突综合征69例,症状、体征全部消失有57例(82.6%),症状消失仍有轻度压痛12例(17.4%),总有效率100%。

七、内分泌系统疾病

(一) 甲状腺病

针灸治疗内分泌系统疾病的研究以甲状腺疾病为最多,包括单纯性甲状腺肿、甲状腺功能亢进症、甲状腺肿瘤、甲状腺结节等。其中对甲状腺功能亢进症研究最多,据报道,这些疾病治疗的有效率在76%~96.9%。有研究者对甲状腺功能亢进症患者进行针药对照观察,针刺组46例,甲硫咪唑组41例,针药组33例,总有效率分别为73.9%、85.4%和93.9%。血清T_3和T_4含量明显下降,针刺组与针药组患者的甲状腺碘摄取率明显下降,症状改善。1年后3组复发率分别为36.4%、88.9%和29.6%。研究者还观察针刺气户、内关等穴对甲状腺功能亢进症患者血清促甲状腺素(TSH)受体抗体活性的影响,结果提示,针刺是通过消除或降低血清TSH活性,去除其对甲状腺细胞的病理性刺激,降低血清甲状腺激素的含量,促使甲状腺功能恢复正常。

以水突为主,配合谷、列缺治疗甲状腺疾病228例,其中单纯性甲状腺肿95例,有效率为87%;甲状腺功能亢进症74例,有效率为95.9%;甲状腺功能亢进性突眼症59例,有效率为92.9%。据报道,以针刺上天柱穴为主治疗内分泌性突眼症88例,有效率为82%,恢复正常为26%,64%的患者症状消失,突眼症基本控制。比较40例以上天柱为主和15例取眼周穴治疗的结果,发现上天柱穴组明显优于眼周穴组,其疗效与"气至病所"有密切的关系。

(二) 糖尿病

针灸治疗糖尿病有一定的疗效,针灸常用肺俞、膈俞、胃脘下俞、脾俞、尺泽、太溪、三阴交等穴。有学者认为,针刺对Ⅰ型糖尿病患者的治疗效果良好,对Ⅱ型糖尿病患者的治疗效果不佳。对于高胰岛素分泌型患者,针刺可使血浆胰岛素水平降低,胰岛素分泌指数增加;对于胰岛素分泌不足型患者,针刺可使其胰岛素水平及胰岛素各项比值增加。针灸对糖尿病的影响是多方面的,针刺后糖尿病患者血液比黏度明显好转,血细胞比容、血沉及其方程K值明显下降。34例Ⅰ型糖尿病患者经针刺治疗后,血糖下降的同时,T_3及T_4下降,cAMP明显下降,cGMP明显升高,血液比黏度有所改善。

此外,针灸治疗糖尿病并发症如周围神经病变,动眼神经、滑车神经麻痹,也取得满意疗效。

(三) 单纯性肥胖症

肥胖不仅给日常生活带来诸多不便,而且是高血压病、冠心病、糖尿病、高脂血症等疾病的危险因素,影响患者健康。针刺治疗单纯性肥胖症近年已被大众所接受,国内外报道也逐渐增多。据资料报道,针刺减肥有较好的近期和远期疗效,肥胖者针刺(或耳针)后胃纳减退,饥感降低。其机制除了针刺影响糖代谢、内分泌及消化液分泌过程和引起下丘脑摄食中枢、饱腹中枢的调节反应外,还与心理及暗示有关。常用穴位有中脘、曲池、支沟、合谷、天枢、水道、上巨虚、丰隆、内庭等。也有人用华佗夹脊穴治疗,认为针刺华佗夹脊穴可兴奋交感神经,抑制迷走神经亢进状态,增强肥胖患者下丘脑-垂体-甲状腺系统功能,促进新陈代谢,对治疗单纯性肥胖疗效满意。

耳穴在减肥中的作用不可忽视,常用有肺、心、脾、胃、肝、大肠、小肠、三焦、饥点、内分泌、交感、皮质下等。

针灸治疗单纯性肥胖症疗效肯定,有效率均在80%~95%,治疗期间无不良反应及并发症,是比较理想的减肥方法。

八、妇产科疾病

(一) 月经病

针灸治疗月经病有较好的疗效。据12组临床研究资料,针灸治疗痛经525例,总有效率为85.7%~100%,治愈率在60%~80%,对原发性痛经的疗效更为明显。

不少单位研究结果表明,针灸可通过诱发排卵治疗继发性闭经、丘脑-垂体功能失调性闭经、月经稀少等症。还可以通过诱发排卵治疗不孕,对基础体温(BDT)均为单相的无排卵型月经失调患者以电针关元、中极、子宫、三阴交等穴进行治疗,31例中16例BDT变成双相,出现排卵现象。

(二) 引产

以次髎、秩边、合谷、三阴交、足三里、交信等穴用于妊娠引产、催产或死胎引产的有效率较高。电针引产时,已破膜组比未破膜组的效果好,针灸催产比引产效果好。有人报道,针灸催产、引产219例,其中催产134例,有效率81.4%;引产85例,有效率65.8%,并认为针刺秩边等局部穴使宫缩反应迅速上升,起针后往往立即下降,具有明显的神经反应特征。针刺还能有效地解除产痛,据43例宫缩描记曲线分析,不协调的宫缩是产痛发生的原因之一,针刺后宫缩改善为正常曲线者达80.9%,疼痛减轻者占88.1%。

(三) 纠正胎位

针刺三阴交、合谷,艾灸至阴穴,矫正胎位总有效率在90%左右,明显高于自然转正率。一般以第一和第二次施灸时效果最为明显,第三次以后则效果较差。对胎位不正的孕妇,艾灸至阴穴可升高血浆皮质醇含量和前列腺素F/前列腺素E比值,导致子宫紧张性升高,宫缩增加,从而引起胎动,使之转为正常胎位。

(四) 乳腺炎

急性乳腺炎常常见于哺乳期的妇女,从大量的报道来看,针灸治疗以局部、远端配穴为多。局部治疗多运用火针刺患处,或三棱针点刺局部,针后加用火罐,拔出毒血,同时也在乳头部拔罐,以拔出郁积的乳汁。远端选穴多用有清热作用的穴位,如耳尖、少商、大椎、少冲、行间等刺络出血;也有采用背部压痛点点刺出血拔罐者,对于消除局部症状和发热有确切的疗效。有不少研究者主张乳房按摩、贴敷与针刺、拔罐相结合,按摩的目的在于使结聚的乳汁、乳络通畅,便于针刺、拔罐拔出乳汁和脓血,热敷可促进乳房的血液循环,促进康复。

相比之下,慢性乳腺炎的针灸疗效比急性差,需要较长的时间。针灸治疗主要选用手、足阳明经穴,如合谷、乳根、足三里、内庭、肩井等。也可按辨证分型酌加穴位,或配合激光、TDP 照射、艾灸等综合疗法。

(五) 产后乳少

针灸有明显的通乳作用,常用少泽、肩井、膻中、乳根、天池等。有人用针刺治疗缺乳症 98 例,治愈 88 例,好转 10 例。实验表明,针刺能使缺乳妇女血中垂体前叶泌乳素含量升高。

九、皮肤科疾病

针灸治疗皮肤科疾病主要有神经性皮炎、荨麻疹、带状疱疹、慢性湿疹、斑秃等,毫针围刺和皮肤针叩刺是最主要的治疗手段,针刺以泻法为主,或点刺出血。

(一) 神经性皮炎

对神经性皮炎的针灸治疗仅限于对局限性和初期患者有很好的疗效,其方法为:局部采用皮肤针重度叩刺;远端选用曲池、合谷、委中、大椎、阴陵泉等清热、凉血、除湿的腧穴。或者采用毫针、皮肤针、拔罐、中药外涂的综合疗法治疗。

(二) 带状疱疹

带状疱疹的治疗,针灸有明显的优势,主要可以采取毫针刺法、灸法、刺血疗法、火针速刺等方法,疗效均较显著。可单用某一种或两种以上疗法配用,均可很快止痛,一般局部 1~5 d 便可结痂而愈。

对于带状疱疹皮损痊愈后的后遗疼痛,针灸疗效也颇佳。

十、五官科疾病

(一) 眼部疾病

针灸治疗对多种眼病有效,如麦粒肿、霰粒肿、急性结膜炎、近视、色盲、电光性眼炎、眼肌麻痹、视网膜病变等。对单纯性青光眼、视神经萎缩、虹膜睫状体炎、巩膜炎、皮质盲等有一定疗效。有人用电梅花针等疗法治疗近视眼 1 185 例,显效 307 例,进步 598 例,无效 280 例,总有效率为 76.4%。针刺球后、睛明等穴治疗视网膜动脉阻塞 245 例,有效者 214 例,占 87.4%,其疗效优于有效率为 54%的西药组,并有较好的远期疗效。据目前研究的资料表明,视神经萎缩的针灸有效率在 50%~70%。色盲(尤其红绿色弱)的有效率大多在 90%以上。

(二) 耳部疾病

针灸对中耳炎、内耳性眩晕的疗效较好,对耳聋的治疗难度较大,但经针灸治疗后多数神经性耳聋或药物中毒性耳聋患者的症状也有不同程度的改善。其中,以突发性耳聋及年轻、病程短者较佳,后天性耳聋较先天性者为好。其疗效机制从 53 例神经性耳聋患者引导的耳蜗电位来看,电针刺激听宫或鼓岬,可使耳蜗电位加大,而电位加大者其疗效也较好,说明针刺能使耳蜗功能提高。

(三) 鼻部疾病

针灸治疗鼻部疾病的疗效肯定,常采用毫针刺法、穴位注射等疗法,腧穴以迎香、印堂、鼻通、通天、上星、风池为主,对慢性鼻炎、过敏性鼻炎、鼻窦炎都有良好的疗效。有人取迎香等穴治疗慢性鼻炎84例,经2~3次治疗,鼻塞症状改善,鼻甲缩小。

(四) 咽喉、口腔疾病

针灸治疗的咽喉部疾病有急、慢性扁桃体炎及急、慢性咽炎和慢性喉炎、咽部异物感等。据报道,在角孙穴施灸治疗急性扁桃体炎316例,治愈285例,有效率为90.1%。针刺人迎、水突等穴治疗声带炎60例,治愈54例,显效4例,好转1例。此外,各种原因所致的牙痛、牙周炎、口腔溃疡等针灸治疗也有较好的效果。

十一、痛证

痛证是针灸临床上重要的适应证。近年来,针灸治疗痛证有大量的报道,从总体上看,痛证包括神经痛、肌肉关节痛、内脏痛等,针灸治疗都具有较好的疗效。

在治疗上,以局部阿是穴为主,结合远端循经配穴。疼痛的发生病机为虚实两方面,即不通则痛和失荣则痛。在治疗方法上有针刺、耳针、火针、灸法、刺络拔罐等。针刺止痛的机制是复杂的,研究表明与促进人体镇痛物质(如脑啡肽等)的分泌、提高痛阈、解除肌肉痉挛、促进局部微循环等有关。病种涉及头痛、三叉神经痛、落枕、肩周炎、臂丛神经痛、肱骨外上髁炎、坐骨神经痛、风湿性和类风湿及退行性关节炎、肋间神经痛、扭伤、腰痛、胃痛、腹痛等。

在针灸治疗痛证的研究方面,不同电针参数的镇痛效果研究取得了突破性进展,发现低频、混合变化效果好,一次治疗的电刺激时间不宜过长,否则出现"针刺耐受"现象。这提示我们,针刺手法和刺激量是针刺镇痛效果中不可忽视的重要因素。目前针刺镇痛的中枢机制研究较为深入,外周机制研究相对不足,针刺镇痛的手法和刺激量的研究几乎是个空白。

十二、其他病证

(一) 肿瘤

针灸治疗肿瘤有几方面特点:① 止痛效果好,即使是恶性肿瘤的剧痛,也有较好的止痛作用。② 使某些肿瘤患者临床症状改善,延长生存期,使一些良性肿瘤缩小或消失。有报道,针灸配服中药治疗各种晚期恶性肿瘤365例,临床症状改善,延长了生存期。临床采用山莨菪碱、异丙嗪进行足三里穴位注射来缓解血液系统肿瘤患者化疗所产生的恶心、呕吐症状,其疗效明显优于西药组。③ 减轻和防止放疗、化疗对人体细胞免疫功能的抑制作用,对抗放疗对骨髓造血功能的破坏作用,缓解放疗的其他副作用,因而可以提高放疗的疗效。以针刺结合放疗和单纯放疗进行治疗的恶性肿瘤各49例患者作对比观察,结果观察组发生消化、神经系统症状反应者明显少于单纯放疗对照组,白细胞无差异,血小板上升,免疫球蛋白和E-玫瑰花结形成率均值显著增多,对照组白细胞明显减少,血小板显著下降。④ 抑制肿瘤生长或转移。针刺子宫、曲骨、横骨等穴,治疗子宫肌瘤346例,痊愈288例,有效39例,瘤体缩小2/3者19例。艾灸可提高肿瘤小鼠的胸腺指数,降低血清唾液酸含量,肿瘤结节数明显较对照组少,接种侧的腋窝淋巴结和肾门淋巴结重量也明显减小,癌细胞的侵犯程度轻,说明艾灸有抗癌细胞淋巴道转移的作用。有研究表明,温针灸可以通过调节肿瘤患者的抗癌免疫因子,达到治疗肿瘤、调节机体免疫功能的作用,从而改善患者的虚劳证候,提高肿瘤患者的生存质量,延长生存期。

针灸治疗肿瘤的研究尚处于探索阶段,需进一步深入研究才能找出其治疗规律、方法及机制。

(二) 艾滋病

近年国内外运用针灸配合其他方法治疗艾滋病取得一定的近期效果。针灸治疗可使疲乏、出汗、腹泻和体重下降等症状得到控制。有人用兔抗小鼠淋巴细胞血清(ALS)造成免疫功能低下的模型,艾灸其关元穴,可使其低下的 T 细胞、B 细胞增加,尤其是 T 细胞增加更为明显,可供针灸治疗免疫缺陷病参考。

(三) 戒断综合征

针灸对戒断综合征的治疗主要体现在戒烟、戒酒和戒毒方面。

1. **戒烟** 基本治疗原则是宣肺化痰、宁心安神,以针刺为主。多取尺泽、丰隆、合谷、神门、甜美穴(列缺与阳溪连线的中点);耳针取肺、气管、口、胃、内鼻、皮质下、交感、神门等,毫针强刺激。也可用王不留行籽贴压,每日自行按压 3~5 次。当烟瘾发作时,应随时重力按压耳穴。对自愿接受戒烟治疗者,确能收到满意的戒断效果。

2. **戒酒** 基本治疗原则是调和气血、宁心安神,以针刺为主。多取百会、神门、脾俞、胃俞、足三里、三阴交等穴;耳针取胃、肝、口、内分泌、皮质下、神门、咽喉,毫针浅刺,或用王不留行籽贴压,每日自行按压 3~5 次。如酒瘾发作时,应随时按压耳穴。对自愿接受戒酒治疗者,大多可以达到预期的效果。但对于酒龄较长、饮酒量较大或因职业及环境造成饮酒习惯者,效果较差。

3. **戒毒** 针灸在戒毒方面的研究越来越多。如观察电针足三里穴对吗啡戒断大鼠血清吗啡含量和 IL-2、β-EP 含量的影响,结果表明,针刺组血清吗啡含量明显降低,IL-2 和 β-EP 含量增加,与对照组相比,差异显著。提示针刺对戒断大鼠具有促进机体排泄余毒、使 β-EP 释放增加和调节免疫功能的作用。最新的研究还发现,1~2 Hz 的电针刺激有良好的戒毒效应。

"十二五"普通高等教育本科国家级规划教材
全国普通高等教育中医药类精编教材

医古文	中医眼科学	经络腧穴学	药用植物栽培学
中国医学史	中医皮肤性病学	刺法灸法学	药用动物学
中医各家学说	正常人体解剖学	针灸治疗学	中药化学
中医基础理论	局部解剖学	实验针灸学	中药药理学
中医诊断学	腧穴解剖学	针灸医籍选	中药炮制学
内经选读	正常人体解剖学实验指导	推拿功法学	中药鉴定学
伤寒论讲义	组织学与胚胎学	推拿手法学	中药药剂学
金匮要略讲义	医学免疫学与病原生物学	推拿治疗学	制药原理与设备
温病学	预防医学	小儿推拿学	药事管理与法规
临床中药学	医学生物学	高等数学	医药拉丁语
方剂学	生理学	物理学	中成药学
针灸学	病理学	中医药统计学	中医骨伤科学基础
推拿学	生物化学	解剖生理学	中医骨病学
中医内科学	药理学	生药学	中医正骨学
中医外科学	诊断学基础	天然药物化学	中医筋伤学
中医妇科学	内科学	药物化学	骨伤科手术学
中医儿科学	外科学	药物分析	
中医骨伤科学	中医英语	药剂学	
中医耳鼻咽喉科学	卫生法规	药用植物学	

◎ 责任编辑　侯　屹　◎ 书籍设计　赵　军

www.sstp.cn

上架建议：医学类教材
ISBN 978-7-5478-3977-5
定价：30.00元

易文网：www.ewen.co